AF269487

רבי אברהם אבולעפיא

RABBÍ ABRAHAM ABULAFIA

ספר אור השכל

SEFER OR HASEJEL

(EL LIBRO DE LA LUZ DEL INTELECTO)

EDICIONES OBELISCO

Colección Cábala y Judaísmo
SEFER OR HASEJEL
(EL LIBRO DE LA LUZ DEL INTELECTO)
Rabbí Abraham Abulafia

1.ª edición: noviembre de 2018
2.ª edición: noviembre de 2021

Título original: *Sefer Or haSejel*

Traducción: *Polilingva UK. Ltd.*
Revisión y notas: *Juli Peradejordi*
Maquetación: *Natàlia Campillo*

© 2018, Ediciones Obelisco, S. L.
(Reservados los derechos para la presente edición)

Edita: Ediciones Obelisco, S. L.
Collita, 23-25. Pol. Ind. Molí de la Bastida
08191 Rubí - Barcelona - España
Tel. 93 309 85 25 - Fax 93 309 85 23
E-mail: info@edicionesobelisco.com

ISBN: 978-84-9111-406-2
Depósito Legal: B-24.815-2018

Printed in Spain

Impreso en los talleres gráficos de Romanyà/Valls, S. A.
Verdaguer, 1 - 08786 Capellades - Barcelona

PRESENTACIÓN

Abraham Abulafia, hijo de Samuel Abulafia, el justo de bendita memoria, como él mismo describe a su padre, es un caso aparte en el mundo de la mística judía y de la cábala. Zaragozano por nacimiento, formado en Navarra y en Cataluña, este ciudadano del mundo nació en el año 1240 y pasó su juventud en Tudela junto con sus padres, hermanos y hermanas. En compañía de su padre estudió la Torah (los «veinticuatro libros», como él mismo escribe en su *Otzar Eden haGanuz*) y el Talmud, y con diversos maestros aprendería gramática, filosofía y medicina. La prematura muerte de su padre cuando nuestro autor tenía apenas dieciocho años podría haber truncado sus estudios. Pero no fue así. El joven Abraham, inquieto y ávido de sabiduría, seguiría aprendiendo, de todo y de todos. Políglota, contradictorio, apasionado y atormentado fue ante todo un espíritu libre.

A los veinte años el joven Abraham se dirige a Israel en busca del mítico Sambation, el río tras el cual se exiliaron las diez tribus perdidas, y llega hasta la ciudad de Acre de la que tiene que huir a causa de la guerra. Decide entonces regresar a Europa y al pasar por Grecia contrae matrimonio, algo que influiría enormemente en su vida interior. Cerca de Roma conoce a un tal Rabbí Hillel, médico y filósofo, «un gran sabio», y se convierte en su discípulo. Es allí donde lee y relee la *Guía de perplejos*.[1] En aquella época Abulafia tuvo unos cuantos discípulos pero no mucha suerte con ellos. Eran muy jóvenes y aparentemente no estaban dispuestos a comprometerse como exigía su maestro. En Roma sí conseguiría dos discípulos que reunían las condiciones requeridas, pero eran ancianos y murieron.

---

1. *Véase Guía de Perplejos o Descarriados,* Ediciones Obelisco, Barcelona 2010.

En el año 1271 lo encontramos en Barcelona donde se siente infundido de un espíritu profético. Tiene treinta y un años y a lo largo de toda su obra aparecerá y reaparecerá este número, que en hebreo se escribe El (אל), y es un nombre de Dios. En Barcelona tuvo dos discípulos de los que sentía muy orgulloso: un noble judío llamado Rabbí Kalonimus y un tal Rabbí Iahuda, que era uno de los dirigentes de la comunidad. En esta ciudad se enfrenta con el rabino Salomón ben Adret,[2] gran talmudista, probablemente la máxima autoridad rabínica de su época. En esa época emprende en la ciudad condal el estudio sistemático del *Sefer Yetzirah*[3] y de sus numerosos comentarios. Tiene diversas inspiraciones y visiones proféticas que, al parecer le generaron envidias y rivalidades entre sus correligionarios. De Cataluña pasa a Castilla y es en Medinaceli donde conocería y enseñaría la *Guía de Perplejos* a su discípulo por excelencia, Rabbí José Chiquitilla, el autor de las *Shaarei Orah*, los «Portales de la Luz», una de la obras más importantes de la literatura cabalística de todos los tiempos. A finales de los setenta regresa a Grecia y en 1279 lo reencontramos de nuevo en Italia donde a finales de 1280 escucha una llamada divina que lo anima a ir a Roma a convertir al Papa Nicolás V. Sus correligionarios judíos lo denuncian y es arrestado durante unos días. Consigue escapar y cuando llega a Roma es informado de que el Papa acaba de fallecer. Muy probablemente, a parte de la llamada divina, Abulafia estuvo influido por las palabras de Najmánides que sostenía que:

> «Cuando llegue el momento del fin, el Mesías, por mandato de Dios, vendrá al Papa y le pedirá que le conceda la liberación de su pueblo; sólo entonces se considerará que el Mesías ha venido, pero no antes de eso».

Vuelve a ser arrestado y encerrado en la prisión de los franciscanos. Durante su estancia en esta prisión comparte sus enseñanzas con ellos y probablemente venga de ahí que más tarde escriba:

---

2. Este enfrentamiento queda reflejado en la responsa n.º 548 de ben Adret, que acabaría excomulgándolo. La controversia entre estos dos cabalistas duraría cinco años. Abulafia no gozaba de la simpatía de los cabalistas de su época, entre ellos ben Adret, a los que acusaba de ser peor que los cristianos con su trinidad al ejercer una suerte de idolatría de las diez *sefirot*.

3. *Véase Sefer Yetzirah*, el libro de la formación, comentado por Najmánides. Ediciones Obelisco, Barcelona, 2013.

«No hay duda de que hay individuos entre los Cristianos que conocen este misterio. Discutieron los misterios conmigo, y me revelaron que coincidían con su opinión, y por lo tanto los juzgo como los piadosos de entre los gentiles».

Al año siguiente lo encontramos en Sicilia donde dirige un grupo de estudios. Probablemente a este grupo le debamos la redacción del *Sefer Or haSejel,* si hemos de hacer caso a lo que dice su autor:

«Y espero que con este libro se puedan beneficiar los iniciados en el estudio del *Shem haMeforash,* y les ilumine en el camino de su conocimiento, hasta que el valor de este tratado sobre el conocimiento de Dios en el camino de la Cábala Profética alcance el valor que tiene el *Maaseh Bereshit* para el *Maaseh Merkabah.* Y he aquí que me apresuré hacer esto debido al amor de dos amigos amantes de la sabiduría entre los habitantes de Mesina, en la isla de Sicilia, quienes me trajeron muy cerca de ellos y siguen mi disciplina. Y sus nombres son Rabbí Abraham el erudito y Rabbí Natán el sabio, sea bendita su memoria».

A partir de aquí no se tienen más noticias suyas por lo que se presume que moriría en aquel año o en el siguiente.

Conocido desde siempre en los círculos cabalísticos y desconocido ilustre fuera y dentro del mundo judío, Abraham Abulafia es autor de una obra extensa y original, que se apoya básicamente en dos textos fundamentales: el *Sefer Yetzirah* y la *Guía de Perplejos.* Nuestro autor llegó a escribir un comentario de la obra de Maimónides y diversas glosas del *Sefer Yetzirah.* La mayoría de sus obras se conservan en forma de manuscrito, aunque muchas de ellas, sobre todo aquellas que versan sobre la profecía, han desaparecido. De alguna manera los libros de Abulafia no se han reeditado hasta hace relativamente pocos años a causa de su enemistad manifiesta con las autoridades rabínicas, pese a que autoridades como Jaim Iosef David Azulai lo recomendaban.

El método de Abulafia, que él mismo denomina cábala profética o cábala de los nombres divinos, es un original sistema de meditación enfocado en la pronunciación de las letras hebreas, particularmente las que componen los nombres de Dios, acompañándose de ejercicios de respiración y movimientos de cabeza. A través de este método el cabalista se purifica a sí mismo para prepararse a penetrar en el *Olam haBa,* el mundo venidero.[4] El místico que desea acercarse a Dios ha de estar lo más puro posible: no se puede llenar una copa sin vaciarla previamente. Si la purificación del cuerpo, a través de baños y ayunos es importante, más aún lo es la de la mente. Ésta ha de alejarse de los pensamientos mundanos y las vanidades materiales. Y Abulafia, además de recurrir como otros cabalistas a la oración, nos propone su original método meditativo que recuerda a ciertas prácticas sufíes y de los yoguis de la India, un método que podemos vincular también con algunas prácticas del hesicasmo griego. Los resultados de estas meditaciones coinciden sorprendentemente con los *Kriyas* de los yoguis, aunque aquí van dirigidos a la experiencia del temor de Dios a la que nuestro autor aludirá al principio del *Sefer Or haSejel* comentando el libro de los Proverbios (1:7):

> «El temor del Eterno es el comienzo de la sabiduría; los necios desprecian la sabiduría y la instrucción».

En su *Otzar Eden haGanuz*, Abulafia escribirá:

> «Entonces todo tu cuerpo comenzará a temblar, y todas tus extremidades serán agarradas por escalofríos. Experimentarás el temor de Dios».

Abulafia comparará esta experiencia con el jinete y el caballo. El jinete está alegre y firme mientras que el caballo tiembla. La experiencia mística requiere de una separación entre el cuerpo, material, y el *Nefesh*, espiritual. Abulafia lo describe así:

> «Y debido a que el hombre posee una materia que cambia sus formas particulares, el espíritu debe separarse necesariamente del cuerpo para adherirse a su intelecto que fluye, comprendiéndose a sí mismo y a todas las sustancias bajo él».

Adherirse al *Sejel*, al intelecto, es imprescindible para reparar al hombre:

---

4. Nuestro autor juega en diversas ocasiones con el significado del verbo *Tzaraf*, «purificar», «depurar» y *Tzeref*, «combinar» en el sentido de que las combinaciones de las letras producen un efecto purificador.

«Y dado que la luz del intelecto es la causa primera que repara todas las fisuras, he compuesto este tratado para reparar cualquier fisura».

Abulafia describe esta separación como una muerte mística, pero no se trata únicamente de vivir una muerte en la separación, después de ésta ha de haber una reintegración del alma y del cuerpo que nuestro autor llama «vida». Se trata de un misterio íntimamente relacionado con el *Brit*, la circuncisión. En su *Ner Elohim* explica que la principal razón de la circuncisión es que la sangre del individuo sea purificada. La sangre purificada, *Dam Neki*, corresponde al justo, el *Tzadik*, ya que ambas palabras tienen la misma guematria, 204, y el *Tzadik* corresponde a la *sefirah* de Iesod, la que se relaciona con el miembro viril. En el *Sefer Or haSejel* podemos leer:

«Has de saber que el que conoce el Nombre debería conocer a su vez el nombre sustancial por el cual es llamado en el día de su *Brit*, y unirlo así al *Shem haMeforash*, pues también es un nombre sustancial».

Abulafia llegará a decir que «todo está en la alianza de Abraham». Se apoyará en el Salmo (25:14) que dice:

«El secreto del Eterno es para los que le temen; y a ellos hará conocer su pacto».

«Su pacto», *Britó*, es interpretado como la circuncisión, y «todo», *Kol* (כל), que los cabalistas a veces consideran un lugar concreto se deriva de Génesis (24:1):

«Y el Eterno bendijo a Abraham en todo».

Haciendo un ejercicio de simplificación, probablemente el punto central de la doctrina y el objetivo final de Abulafia se resuma en:

«Abrir el alma, quitar los nudos que la atan».

Ésta es la manera de reintegrar el estado de unicidad original liberándose de las barreras que separan la existencia personal del alma de la corriente de vida cósmica.

Poco conocida es la faceta profética de Abulafia, sin duda la que le ocasionó más problemas e incomprensión. Señalemos que cuando escribe:

> «Este encuentro incluirá todas las lenguas de la tierra y será la forma a través de la cual se volverá a hablar un lenguaje común. Así, todos los lenguajes volverán a combinarse en uno solo».

Nuestro autor parece aludir a ese idioma que incluye a los demás y que estaba destinado a ser el idioma de Israel: el esperanto.

Hemos de pensar que si Abulafia fue un gran incomprendido y se vio vilipendiado por los rabinos de su época es por algo muy simple: era un hombre libre y sus ideas sumamente originales. Quedar huérfano a los dieciocho años hizo que tuviera que arreglárselas por sí mismo. Sus antecesores, y particularmente Maimónides o Ibn Ezra, hablaban de la profecía, pero la relegaban al pasado, a los tiempos bíblicos. Abulafia se rebela contra esto y decide que quiere revivir la experiencia profética. La *Torah*, que nos habla de la historia sagrada, ha de ser actualizada en uno mismo revelándonos nuestra propia historia sagrada. Como escribíamos en una introducción a la cábala publicada en el año 1996:[5]

> «En su estudio el cabalista recorre cada uno de los signos del texto bíblico en una incomunicable aventura interior. Vuelve a vivir la salida de Egipto, el gran secreto de la Cábala, y penetra en vida en el Vergel perdido».

Si bien los demás cabalistas de su época, sobre todo en Castilla, concedían un valor especial a los preceptos, las *Mitzvot*, que pretendían utilizar para producir cambios en el árbol sefirótico, Abulafia tiene una idea muy personal de qué son los preceptos y de dónde se originan:

> «Sin embargo es sabido que los preceptos que hay que cumplir derivan del único precepto, y es el secreto del primero de los diez preceptos. Y todas las transgresiones derivan del segundo precepto».

Se trata, evidentemente del precepto que nos dice:

---

5. *Véase* Juli Peradejordi, *La Cábala*, págs. 18, Ediciones Obelisco, Barcelona 1996.

«Yo *soy* el Eterno tu Dios, que te saqué de tierra de Egipto, de casa de siervos».

y aquel del cual derivan todas las transgresiones es el que dice:

«No tendrás dioses extraños delante de mí».

Dicho de otra manera, nuestro autor nos descubre que todos nuestros actos han de estar enfocados en el Eterno y que todas las transgresiones tienen su origen en la idolatría. Abulafia está de acuerdo en que los preceptos tienen un sentido exotérico y uno esotérico, y que sirven para que los hombres se comporten bien en este mundo, pero,

«la finalidad final de los Preceptos es llevar a sus poseedores a la vida del mundo venidero».

«todos los preceptos que fueron ordenados están dispuestos en forma de introducción al verdadero conocimiento».

En otro de sus libros, establece una relación entre *Dat*, «mandamiento», «ley» y *Taga*, «corona». Ambas palabras tienen la misma guematria, 404. Abulafia relaciona *Taga* con el *Shem haMeforash*, el Nombre explícito que es la corona de la *Torah* y cuyo secreto es veintiséis. Nuestro autor está aquí haciendo un juego de equivalencias ya que la guematria de *Esrim vaShishah*, veintiséis, es 1231 y coincide con la de la expresión *Keter Torah*, «corona de la Torah». Veintiséis, por otra parte, es la guematria del Tetragrama.

El método de Abulafia, tanto en lo intelectual como en lo experimental, se perfila como una escalera. Nuestro autor escribe en su *Sefer Mafteaj haRaion*:

«A través del nombre, mi intelecto ha hallado una escalera para elevarse al grado de la visión».

En sus *Sheva Netivot haTorah* escribirá:

«No es indiferente que el texto precise que Moisés recibió la Torah del Sinaí y no en el Sinaí. Nos está dirigiendo a un misterio al que nuestros sabios han hecho alusión diciendo que la escalera que vio Jacob no es otra que el Sinaí. Y efectivamente ambas palabras tienen la misma guematria».[6]

Esta escalera se relaciona con un lugar muy preciso de la anatomía sutil. En su *Sefer haMelis*, Abulafia escribe:

> «Cuando contemples la verdad por ti mismo descubrirás que la escalera entera, en general y en particular, está formada entre los ojos de tu corazón. Contémplala bien y la conocerás».

Para nuestro autor la *Jojmat haMispar* o «sabiduría de los números» está ligada a la profecía. El *Sefer Or haSejel* nos parece uno de los textos de guematria más didácticos que nunca se han escrito. Para Abulafia[7] la guematria es superior a «los artificios de la lógica». En este libro nos ofrece cientos de ejemplos de un sistema exegético que los *Pirkei Avot* no han dudado en considerar entre las *Parparot haJojmah*, «aperitivo de la Sabiduría». En este sentido la guematria abriría o despertaría la sabiduría del que la practica, pero hay aún más: la raíz *Parpar* significa también «balancearse», «estremecerse» y bien podría aplicarse a la experiencia física a la que alude constantemente Abulafia.

Comúnmente sólo se conoce la denominada guematria *Raguil*, la que adjudica a las letras su valor numérico, pero hay muchos sistemas guemátricos menos conocidos (por ejemplo, *Atbash, Shemi, Millui*, etc.) que Abulafia conoce y utiliza con una agilidad y una libertad sorprendentes para una época en la que no existían ni calculadoras ni computadoras. Como escribe Elliot R. Wolfson:[8]

> «Cualquiera que intente leer a Abulafia sabe que es imposible descifrar una sola página sin lápiz y papel a mano a fin de desencriptar las múltiples asociaciones lingüísticas y matemáticas que establece intentando religar entre sí conceptos y expresiones disparatados».

Ésta es la razón por la cual nos hemos atrevido a inundar el texto con notas explicativas a pie de página señalando las guematrias que

---

6. Y efectivamente סלם, *Sulam*, «escalera» y סיני, *Sinai* tiene la misma guematria, 130.

7. *Sheva Netivot haTorah*, cap. 5.

8. Elliot R. Wolfson, *Abraham Aboulafia, cabaliste et prophète*, pág. 11, Éditions de l'Eclat, París 1999.

nos regala Abulafia, pero que rara vez explica. Aparte de la guematria, Abulafia recurre a menudo a la *Temurah* o sea al intercambio de letras, a la que dedica la Parte ש, Tema ב, Signo פ. Otra técnica exegética cara a nuestro autor es el Notarikon, que consiste en formar una palabra a partir de las iniciales de una frase. Abulafia nos ofrece un ejemplo clásico, tomado del Tanaj:

«Venga el rey con Hamán hoy (י'בוא ה'מלך ו'המן ה'יום)».
[Ester 5, 5].[9]

Las iniciales de estas cuatro palabras forman el Tetragrama y los cabalistas lo han citado para demostrar que aunque en el libro de Ester no aparece ni una sola vez este nombre, sí está presente por medio del Notarikon citado, a pesar de que está oculto. Y esto lo relacionan por medio de un juego de palabras entre Ester y *Mistori,* «oculto».

En otro texto va más allá y utiliza al mismo tiempo Notarikon y guematria cuando escribe que:

«las iniciales de *Kitav,* «escritura», *Lashon,* «lengua» y *Pe,* «boca» deletrean *Kefel* y son la escalera que es el Sinaí».

Esto es así porque la guematria de *Kefel, Sulam* y *Sinai* es la misma, 160.

Para nuestro autor el conocimiento del Nombre no puede ser logrado por los filósofos ya que está reservado a los profetas que lo reciben y transmiten oralmente. En *Sefer Or haSejel* hace una clara distinción entre la cábala profética y la meramente intelectual cuando dice:

«Cualquiera que haya recibido algo de conocimiento sobre cábala en relación al conocimiento del Nombre y desee perfeccionar su intelecto con ello y cambiar la cábala de su conocimiento intelectual no debe sorprenderse por lo que encuentre en este libro».

Abulafia ve a los demás cabalistas sumergidos en áridas y desencarnadas disquisiciones en torno a las *sefirot.* Él, sin embargo, las asimila a las diez *midot,* que considera canales a través de los cuales la

---

9. Las iniciales de las cuatro palabras que forman este versículo son las cuatro letars del Tetragrama.

Shefa, la abundancia divina, se derrama sobre el cabalista. Otra cuestión que también lo distingue, aunque no haya sido el único en hacerlo, es asociar las diez *sefirot* con las cuatro letras del Tetragrama. Y efectivamente el número triangular o secreto del 4 es el 10. «El Nombre, opina nuestro autor en su *Sefer haMelis*, está oculto a los sabios de nuestra nación» y

«cualquiera que interrogue a los sabios de nuestra generación a propósito de este Nombre o cualquiera de los demás Nombres sagrados, es igual que un herético o un apóstata. Ésta es la razón principal por la cual el conocimiento del Nombre está oculto y retirado de los libros del pueblo de Israel y su enunciación ha sido olvidada por sus bocas y su excelencia escondida a sus corazones».

No debe extrañarnos que alguien que piense así, sobre todo si tiene razón, fuera odiado por los demás cabalistas. Pero así era Abraham Abulafia.

JULI PERADEJORDI

SEFER OR HASEJEL

(EL LIBRO DE LA LUZ DEL INTELECTO)

אם מעט ימצא אתו לא יתכן שישפיע רב ואם רב ימצא אתו לא יתכן שישפיע מעט
ואם לא ימצא אתו דבר מהשפע לא יתכן שישפיע ממנו דבר,

Si hay poco en su interior, es imposible que su influencia sea grande; si hay mucho en su interior, es imposible que su influencia sea poca; y si no hay nada en su interior, entonces no es posible que él influya en nada.

הקדמה של המחבר:

בהיות המחשבה אנושית קצרה מאד מהשיג העניינים האלהיים הנעלמים מעיני בש׳ר, והשפע האלהי מכריח, ודוחק אותה דוחק גדול מאד לגלות ענין כחותיו התחייב על זה כל איש ואיש ממין האדם שלמד מלתחכם מכחו להמשך את דרכיו, ומפני מה שדחקו השפע ההוא הנכבד דחקתו מחשבתו להשפיע משל ממנו על זולתו וכפי מה שקצר שכלו יהיה קוצר שפעו משיעו־ רו וכפי מה שרחב והתפשט שכלו יהיה רוחב שפעו כשיעורו כלומר ברצותו להשפיע על זולתו ישפיע כפי הנמצא או מריבוי מדע ומיתרון חכמה, אם מעט ימצא אתו לא יתכן שישפיע רב ואם רב ימצא אתו לא יתכן שישפיע מעט ואם לא ימצא אתו דבר מהשפע לא יתכן שישפיע ממנו דב׳ר, כי איך יתן אדם לזולתו אשר לא נמצא אתו,

PRÓLOGO DEL AUTOR:[1]

Dado que el pensamiento humano dista mucho de comprender las cuestiones divinas que escapan a los ojos de la carne, y que la *Shefa*[2] divina lo reclama y lo empuja con mucha fuerza a descubrir la naturaleza de su fuerza, es necesario que cada una de las personas de la especie humana que ha aprendido a ser prudente con su esfuerzo sea atraída por su forma, y de acuerdo con la forma en que la honorable *Shefa* presiona su pensamiento, influenciando así a los demás a través de su propia perfección. Y de acuerdo con lo que su intelecto coseche, así será la cosecha de su *Shefa* de acuerdo a cómo su mente se ha abierto y abstraído, así será el alcance de su influencia en su medida. Es decir, que

---

1. Literalmente «del amigo». *Jaber* significa también «compañero» y se refiere a un compañero de estudios.

2. שפע, literalmente «abundancia», «prosperidad», pero también «efluvio». Este término aparece muy a menudo en los libros de Abulafia. Curiosamente en árabe esta palabra significa «sanación». Los cabalistas la relacionan con la luz y con la letra *Vav*.

su deseo de influir en los demás influirá de acuerdo a la pluralidad de conocimiento y abundancia de sabiduría que contenga. Si hay poco en su interior, es imposible que su influencia sea grande; si hay mucho en su interior, es imposible que su influencia sea poca, y si no hay nada en su interior, entonces no es posible que él influya en nada, porque ¿cómo puede un hombre dar algo a los demás cuando no se encuentra nada en su interior?

וכבר דימו חכמי העולם ענין השפע הנכבד העליון לענין שפע הממון, כלומר שיש ביד מי שה־
רבה לו ה' ממונו להעשיר זולתו, כי לא חלקנו זאת החלוקה הנזכרת בכלל כי אם לפי היכולת
לא לפי הרצון, כי יש מי שיכול להעשיר אנשים רבים ואולי לא יעזבנו רצונו, ואפילו להעשיר
עצמו עושר אמיתי, אך יקצר כחו מאד להיטיב לעצמו ממנו, כל שכן שלא ייטיב לזולתו, ועליו
אמר שלמה בחכמתו [קהלת ו, ב] ולא ישליטנו האלהים לאכול ממנו כי איש נכרי יאכלנו, ר"ל
שיעניישנו ה', על ככה בעבור היות עינו צרה בטובת האלהים,

Los sabios del mundo ya han comparado la cuestión de la *Shefa* suprema con la de la abundancia material,[3] es decir, que alguien cuya riqueza ha sido incrementada por Dios tiene la capacidad de enriquecer a los demás.[4] Porque no hemos dividido esta distinción por la habilidad ni por la voluntad. Porque puede que haya un hombre capaz de enriquecer a muchas personas, pero que su voluntad no sólo no se lo permita, sino que tampoco le permita enriquecerse a sí mismo con la verdadera riqueza. Y a medida que su poder de beneficiarse a sí mismo de su riqueza disminuya, tanto más no podrá beneficiar a los demás. Y acerca de ello dijo Salomón en su sabiduría «mas Dios no le dio facultad de comer de ello, sino que los extraños se lo comen» [Eclesiastés 6:2]. Esto quiere decir que Dios lo castigó por tener un ojo miserable[5] en lo referente a la bondad de Dios.

ואולם השפע הנכבד בהמצאו דוחק להוציא להוציא לפועל כח המחשבה לפועל אם לא ימנענו המקבל
מונעים פנימיים או חיצוניים, גם יבקש מי שקיבל לתת מאשר קבל,

Y a pesar de que la honorable *Shefa* de su presencia empuja a la realización contenida en el poder del pensamiento, si el destinatario no se ve

---

3. Literalmente «de la riqueza».

4. A través de la *Tzedakah,* la limosna o participando en negocios con ellos. Aunque esto no se aplica únicamente a la riqueza material.

5. Literalmente «extraño». Esta expresión se aplica a la idolatría.

impedido por obstáculos internos o externos, el que la ha recibido desea dar de lo que ha recibido.

ומפני שהשפע מביא לידי עניינים רבים יפעל מי שקיבלו מהעניינים ההם כפי מחשבותיו הקר־
דמות לקבלת השפע ההוא, וגם יתכן שיתחדש אצלו השפע העליון מחשבות אשר לא קדמו
לו ויכריחהו להוציא עניינים לפועל מהם הנהגות אנושיות כוללות, ומהם פרטיות מועילות או
מוכרחות להקדימם לפני המועילות, עד שתמצא התועלת שוכן במשכן חזק מדביק הכחות
ההכרחיות עם הכחות המועילות

Y dado que la *Shefa* comporta muchas responsabilidades, aquel que la recibió actuará en estas responsabilidades de acuerdo a los pensamientos anteriores a la recepción de dicha *Shefa*. Y también es posible que la *Shefa* divina influya en pensamientos que no la precedieron, por lo que será necesario renovar ciertas responsabilidades, entre ellas las prácticas humanas generales, prácticas necesarias y útiles, o aquellas que sean necesarias y que precedan a las útiles, hasta encontrar un beneficio semejante al que habita en una edificación fuerte, unida por las fuerzas necesarias y los poderes útiles.

כמו שמחנך הנער במעשים שהם הקדמות לחחמות המושכלות, מפני שהמעשים ההם הם
משכנות השכל,

Del mismo modo, el preceptor del joven utiliza acciones que son previas a los conocimientos intelectuales, ya que estas acciones son las moradas del intelecto.

ונמצא שאם אין מעשים הגונים אין שכל, שאחר שלא ימצא השכל משכן לשכון עליו לא
ישכון כלל ואע"פ שאין לעצם השכל צורך ולא הכרח לשכון במקום, שהשכל אינו גוף ולא כח
בגוף וגם אין לו בעצמו יתרון בשכנו על מקום רק שהדבר שהוא משכן לו, יתקדש בעדו אחר
ששכן עליו,

Y se ha encontrado que si no hay acciones morales no hay intelecto, ya que si el entendimiento no puede encontrar una residencia donde residir, no se detiene allí. Y para asegurarse, el intelecto en sí no tiene necesidad o la necesidad de morar en un lugar, puesto que el intelecto no es ni un cuerpo, ni un poder en un cuerpo y no posee ventajas particulares al morar en algún lugar, a excepción de que la morada sea santificada por él mismo después de habitar en ella.

ואחר שהיה בלתי קדוש בדמיון האור השמשי עם הבית האפל. שהבית לפני הגיע אליו אור
השמש הוא נקרא אפל,

Pues antes la casa oscura carecía de una santidad semejante a la luz del sol, y antes de que a la casa llegara la luz del sol, ésta era llamada «oscura».[6]

וכהגיע אליו האור יקרא מאיר, והבא אליו יראה מה שבבית, מפני ששכן עליו האור, והאור
אינו גוף, ואמנם אע"פ שהוא כח בגוף השמש אינו כח דבק בגוף הבית, ועל כן בהפרד אור
השמש מהבית ישוב הבית אפל וחשוך כבתחילה,

Mientras que con la llegada de la luz ésta será llamada «radiante», pues el que llegue a la casa verá que la luz mora en ella, y que la luz no tiene cuerpo. Y aunque es un poder en el cuerpo del sol, éste no se adhiere al cuerpo de la casa. Por eso, cuando la luz del sol abandone la casa, ésta volverá a ser oscura y sombría como al principio.

ואמנם כבר קבל בעל הבית התועלת ההכרחית לו מהעניינים אשר בבית מפני ששכן עליו
האור, והוא שבו השיג בראות עיניו מה שהיה בבית, ותקן כל דבר בו בעוד שהאור שם, וכשזז
ממנו אחר תקונו זז, אם היה בעל הבית זריז והשכיל שהוא יפרד בלילה מהבית עד שגנז בו
מה שראוי לגנוז, ועד שגלה בו מה שראוי לגלותו, ועד שגדר פרצותיו כדי שלא יזיקוהו גנבים
בעוד אורו.

Y aunque el dueño de la casa ya haya recibido los beneficios necesarios para el cuidado de la casa, debido a que la luz ha morado en ella, éste vislumbrará a través de sus ojos qué es lo que moró en la casa, arreglando todo lo que había en ella mientras la luz estuvo allí, pues se marchó tras arreglarla. Y si el dueño de la casa es inteligente y comprende que la luz se marchará de la casa durante la noche, atesorará en ella todo lo que valga la pena atesorar, y descubrirá en ella lo que valga la pena descubrir, reparando sus fisuras para que los ladrones no puedan deteriorarla tras la marcha de la luz.

כן אף גוף האדם הוא בדמות הבית, וחפצי הבית הם המעשים אשר לא יתכן לעשותם מבלעדי
האיברים, ובעל הבית הוא הרוח הנפשי המתקן ענייני הגוף,

Así el cuerpo del hombre es la imagen de la casa, y los objetos de la casa son las acciones que no pueden hacerse sin los órganos, y el dueño de la casa es el espíritu del alma que repara las cuestiones del cuerpo.

---

6. En otros textos el autor compara la luz del sol con la Torah, que es la que santifica.

ובהשפיע אור השכל על המוח ועל הלב ועל הכליות ועל שאר המקומות אשר אור השכל שוכן עליהם, בהיות הרוח זך ומבין כח אור השכל, ומשיג עם כחו מציאותו והעדרו,

Y con la influencia de la luz del intelecto sobre el cerebro, el corazón, los riñones y el resto de lugares en los que mora la luz del intelecto, el espíritu, siendo puro y comprendiendo el poder de la luz del intelecto, captará entonces su poder presente en el cuerpo, a veces en su nombre y a veces ausente.

והנה ישתדל לתקן כל העניינים הראויים לתקנם בעת מציאות אור השכל, כי כבר ישיג ענין היות מציאותו עם הגוף לעתים מצדו, והעדרו לעתים מצד מונעיו,

Y he aquí que se asegurará de reparar todas las cuestiones que merecen la pena ser reparadas en la presencia de la luz del intelecto, porque ya habrá captado a la luz presente en el cuerpo, a veces contando con su favor, y otras sin disponer de éste debido a los obstáculos.

והמעשים הטובים הם הגודרים הפרצות, ואם לא יגדרו המקומות הפרוצים בכח השכל, יתכן שיבאו מזיקים ויזיקו כל צרכם, ולא ימצאו מונע מהזיק, שהנה נשארה הפרצה בלתי גדר ופר־ צה קורא לגנב:

Las buenas acciones reparan las fisuras, pero si las fisuras no están reparadas con el poder del intelecto, es posible que los atacantes vengan y le causen todo tipo de daños. Y el atacante no encontrará obstáculos ya que la fisura permanece sin reparar,[7] y la fisura llama al ladrón.

ומפני שאור השכל הוא הסיבה הראשונה הגודרת כל הפרצות, חברתי אני זה החיבור לגדור כל פרצה, וקראתי שמו, כשם הסיבה הראשונה והוא אור השכל, ובעזרת אור השכל אאיר בחיבורי זה עיני לבות המשכילים, ומפני שאור השכל מיוחס בשם עשירי, אחלקנו לעשרה חלקים ראשונים, וכל חלק וחלק אסמנו באותיות אלפא ביתא, וכל אות ואות תכלול אות עד שיורכב מכללם שם אחד או תיבה אחת נחלקים לחלקים ידועים לפי הדיבו ה,

Y dado que la luz del intelecto es la causa primera que repara todas las fisuras, he compuesto este tratado para reparar cualquier fisura, y lo he llamado con el nombre de la Causa Primera, que es «Luz del Intelecto». Y con la ayuda de la luz del intelecto iluminaré en mi tratado

---

7. גדר. La raíz *gadar* que traducimos como «reparar» significa literalmente «cercar»; en prácticamente todos los casos la frase pude entenderse en los dos sentidos.

los ojos de los corazones de los *Maskilim*.[8] Y ya que a la luz del intelecto se le atribuye el Nombre de la décima,[9] la he dividido en diez partes principales, y marcaré todas y cada una de las partes con las letras del alefato, y todas y cada una de las letras incluirán asimismo sendas letras que formarán un nombre o un grupo de sílabas, divididas en partes conocidas del discurso.

ואכוין בזה הספר להועיל המתחילים בעיון השם המפורש ואורה להם דרך ידיעתו, עד שיהיה ערך זה החיבור אל ידיעת ה', הידוע על דרך הקבלה הנבואית בדרך חכמת מעשה בראשית אל מעשה מרכבה,

Y espero que con este libro se puedan beneficiar los iniciados en el estudio del *Shem haMeforash*,[10] y les ilumine en el camino de su conocimiento, hasta que el valor de este tratado sobre el conocimiento de Dios en el camino de la Cábala Profética alcance el valor que tiene el *Maaseh Bereshit* para el *Maaseh Merkabah*.[11]

והנה היערתני אל זה לעשותו כן אהבת שני חברים מאוהבי החכמה מכלל, מבחר בני מסיני אשר באיסקיליאה אשר הקריבוני אליהם מאד והם סרים אל משמעתי, ושמם ר' אברהם המשכיל ור' נתן הנבון ז"ל,

Y he aquí que me apresuré hacer esto debido al amor de dos amigos amantes de la sabiduría entre los habitantes de Mesina, en la isla de Sicilia, quienes me trajeron muy cerca de ellos y siguen mi disciplina. Y sus nombres son Rabbí Abraham el erudito y Rabbí Natán el sabio, sea bendita su memoria.

---

8. משכילים. Palabra que algunos traducen como «doctos», pero que significa más bien «inteligentes» e incluso «instruidos». Esta palabra, muy cara a los cabalistas, está tomada del libro de Daniel (12:3).

9. El autor se refiere a la décima *sefirah*, Maljut.

10. שם המפורש. El Nombre explícito de Dios.

11. La Obra de la Creación y la Obra del Carro, los dos grandes temas de la cábala. En palabras de Mario Sabán «Durante siglos, estos dos misterios fueron tratados con el máximo secreto por parte de los cabalistas, ya que entendían que había que llegar a un nivel de comprensión muy alto para poder estudiarlos. Es más, estos dos temas fueron considerados *peligrosos* para aquellos que los estudiaran sin un alto nivel espiritual».

וזה כי בהיותי עמם ימים מועטים ביקשו ממני לכתוב להם בקצרה הקדמות כוללות מעניין
ידיעת ה' הנכבד והנורא, ומרוב אהבתי אותם אהבת אמת, הכרחתי עצמי לתת את שאילתם
ברצון, כי הזמן והמקום והחסרון היו בזה כנגדי למנעני, אבל מתוך גבורת האמת על זה נצחתי
המונעים, והשתדלתי להשלים חפצם בע״ה:

Y esto se debe a que durante mi breve estancia entre ellos me pi-
dieron que escribiera una breve introducción sobre el conocimiento del
honorable y temible Tetragrama.[12] Y como en verdad les amé, me entre-
gué voluntariamente a cumplir su deseo, aunque el tiempo, el lugar y
su ausencia trataron de impedírmelo. Pero por medio de la fuerza de la
verdad superé para ellos todos los obstáculos y me aseguré de cumplir
su deseo con la ayuda de Dios.

ואני יודע שזה החיבור יועיל להם מאז, ולדומים להם בהיותם שומרים מצות הספר הזה עד
שיביאם מה שאכתוב בו על השגת השכל הפועל, אשר השגתו היא גם כן מביאה לידי קבלת
הדבור מפיו, ואם ימנעם מונע מזו המעלה העליונה חס ושלום, הנה יועילו בזה החבור ג״כ
תועלת שפע שכלי שבו ישכילו, וישיגו סתרי תורה, וטעמי מצות בכלל,

Y sé que este tratado será de gran beneficio para ellos, y para los
que como ellos guarden los mandatos de este libro hasta que lo próximo que les escriba los lleve a comprender el *haSejel haPoal*,[13] lo cual les
traerá también la recepción de las palabras de su boca. Y aunque algún
obstáculo les impida obtener esta elevación divina, Dios no lo quiera,
seguirán beneficiándose de este tratado por la *Shefa* intelectual con la
que llegarán a ser sabios y captarán los secretos de la Torah[14] y las razones de los preceptos (מצות) en general.

והנה אם כן לא ימלטו בעדו בשום תועלת. רב או מעט: ומפני שהשפע הרב מביא לידי חבור,
ולידי דיבור, יתכן שיקבלו מספרי זה דרך, עד שיחשקו להדבק בסבתם הראשונה, ונמצא
שיצא שכלם לפעל עמו עד שיוחסו אלי להיות בני, וגם יהיו מיד אחר בני האלהים,

Y he aquí que así no lo dejarán sin ningún beneficio, poco o mucho,
y dado que mucha *Shefa* conduce a la composición y al habla, es posible
que reciban todo esto de mi libro, hasta que deseen adherirse a la cau-

---

12. El Nombre de Dios de cuatro letras que en el texto de la Torah no se vocaliza por
respeto. *Véase* al respcto Talmud, tratado de *Kiddushin* 71 a.

13. השכל הפועל. El intelecto agente, concepto típicamente aristotélico que se refiere a
la parte divina del alma.

14. סתרי תורה, *Sitrei haTorah* o los secretos de la Torah es también el título de otra
obra de Abulafia.

sa primera. Y su intelecto se renovará, hasta unirse a mí como si fueran mis hijos, y también como si fueran hijos de Dios.

ואם יוחסו בני האלהים בשם בני, נמצא שהתועלת שבה גם כן אלי בצד מן הצדדים, שאם בבני גופי ונשמתי אשמח, כל שכן בבני שכלי, ואם תעבור חכמת נפשי אל נפש אברהם נתן, אלהים שכרי, ואחר שהקדמתי זאת ההקדמה המודיעה סבת החבור, אחל להודיע בו כוונתי, ומה' אבקש עזרה לעזרני בהודעת שמו לזולתי, למען ספר שמו בכל הארץ:

Y si los hijos de Dios se me atribuyen como si fueran mis hijos, resultará que el beneficio de esto se acumulará en mí. Puesto que si ya me alegro con los hijos de mi cuerpo y mi alma, tanto más lo haré con los hijos de mi intelecto. Y si la sabiduría de mi alma pasara al alma de Abraham, Dios me habría dado mi recompensa. Después de haber ofrecido la introducción que indica la razón de este tratado, indicaré cuál es mi intención con él, deseando la ayuda del Eterno para anunciarlo a los demás y que así su Nombre se divulgue[15] por toda la tierra.

יסתרו שמש וירח בעת שכלי נביאים יעלו שמים:

זרח מאד שכל ובו יתנבאו אישים בבוא יום אחרי יומים:

רוח אלהים תעלה מעלה וגם תשוב תרחף על פני המים:

El sol y la luna se esconderán cuando el intelecto
de los profetas se alce en los cielos.

El intelecto ha deslumbrado y los hombres lo profetizarán
en la venida del día después de los días.

El espíritu de Dios se alzará y volverá a flotar
sobre la superficie de las aguas.

החלק הראשון כולל חמש אותיות, והם א'ב'ג'ד'ה', ואותם כוללים חמשה חלקים מסומנין באותיות א'ב'ר'ה'ם', ובהם אכלול חמשה עניינים.

La primera parte contiene cinco letras,[16] א[17]ב, ג, ד, ה las cuales constan a su vez de cinco partes marcadas por las letras א, ב, ר, ה, ם y en las que incluiré cinco temas.

---

15. Divulgar en el sentido de componer libros.

16. En el sentido de apartados.

17. Que corresponden a los números 1, 2, 3, 4 y 5.

הא׳ אשר סימנו א׳, יכלול גדר כל פרצה. והב׳ אשר סימנו ב׳, יכלול תועלת מהות הגדר. והג׳
אשר סימנו ר׳, יכלול הכרח מציאות התועלת. והד׳ אשר סימנו ה׳, יכלול טעם הכרח המועיל.
והה׳ אשר סימנו מ׳, יכלול ענין הפסד העדר הגד ר, ונמצא שראוי לקבוע שם זה החלק הרא־
שון, בכללו גודר הפרצות:

La primera (parte), cuya señal es א, incluirá la cuestión de la reparación de todas las fisuras. La segunda, cuya señal es ב, incluirá la esencia
del beneficio de la reparación. La tercera, cuya señal es ר, incluirá la necesidad de la presencia del beneficio. La cuarta, cuya señal es ה, incluirá
la razón de la necesidad efectiva. La quinta, cuya señal es מ, incluirá la
cuestión de la pérdida debido a la ausencia de la reparación.[18] Debido a
esto veremos que el nombre de esta primera parte será «Reparador de
fisuras».[19]

והחלק השני כולל חמש אותיות, והם ו׳ז׳ח׳ט׳י׳, ואותם כוללים חמשה חלקים מסומנים
באותיות ס׳פ׳ר׳ד׳י׳, ובהם אכלול חמשה דברים. הא׳ אשר סימנו ס׳, יכלול ענין כלל כל
המצות. והב׳ אשר סימנו פ׳, יכלול מהות תועלת המצות. והג׳ אשר סימנו ר׳, יכלול הכרח
מציאות תועלתם. והד׳ אשר סימנו ד׳ יכלול טעם הכרח בכללו. והה׳ אשר סימנו י׳, יכלול ענין
הפסד העדר המצוה, ונמצא שראוי לקרא שם זה החלק השני בכללו בכל המצות:

La segunda parte contiene cinco letras que son ו, ז, ח, ט, י,[20] las cuales constan a su vez de cinco partes marcadas por las letras ס, פ, ר, ד, י,[21]
y en las que incluiré cinco temas. La primera, cuya marca es ס, incluirá
la cuestión concerniente a la regla de los preceptos. La segunda, cuya
señal es פ, incluirá la esencia del beneficio de los preceptos. La tercera,
cuya señal es ר, incluirá la necesidad de la presencia del beneficio. La
cuarta, cuya señal es ד, e incluirá la razón de la necesidad en general.
La quinta, cuya señal es י, incluirá la cuestión de la pérdida causada por
la ausencia del precepto. Debido a esto, veremos que el nombre de esta
segunda parte será «La inclusión de todos los preceptos».

---

18. Señalemos que estas letras forman la palabra Abraham.

19. De este modo nuestro autor se nos presenta también como un «reparador de
fisuras».

20. Que corresponden a los números 6, 7, 8, 9 y 10.

21. Que forman la palabra «Sefardí».

והחלק השלישי כולל שתי אותיות, והם כ'ל', ואותם כוללים שני חלקים מסומנים באותיות ב'ו', ובהם אכלול שני ענ""ני"ם. הא' אשר סימנו ב', יכלול סתרי הלשונות. והב' אשר סימנו ג', יכלול סוד הלשון המובחר שבהם, ועל כן ראוי לקרוא שם זה החלק השלישי, בכללו סוד לשון הקדש:

La tercera parte incluye dos letras, que son כ, ל,[22] las cuales constan a su vez de dos partes marcadas por las letras ב, ו,[23] y en las que incluiré dos temas. La primera, cuya señal es ב, incluirá los misterios de las lenguas. La segunda, cuya señal es ג, e incluirá el secreto de la lengua que hemos elegido. Debido a esto veremos que el nombre de esta tercera parte será «El secreto de la lengua santa».[24]

והחלק הרביעי כולל חמש אותיות, והם מ'נ'ס'ע'פ', ואותם כוללים חמשה חלקים מסומנים באותיות ש'מ'ו'א'ל', ובהם אכלול חמשה ענינים. הא' אשר סימנו ש', יכלול ענין יצירת האדם. והב' אשר סימנו מ', יכלול כ"ב אותיות שבהם נוצר. והג' אשר סימנו ו', יכלול התחלקם לשלשה חלקים ראשונים. והד' אשר סימנו א', יכלול המספר הכולל את כולם, וקצת מנסתריו. וההה' אשר סימנו ל', יכלול התחלקם לחלוק שוה חצים לשרשים, וחצים לשרשים ולשמשים, והנה ראוי שנקרא שם זה החלק הרביעי סוד אותיות היצירה:

La cuarta parte incluye cinco letras que son מ, נ, ס, ע, פ,[25] las cuales constan a su vez de cinco partes marcadas por las letras ש, מ, ו, א, ל,[26] y en las que incluiré cinco temas. La primera, cuya señal es ש, incluirá el asunto de la creación del hombre. La segunda, cuya señal es מ, incluirá las veintidós letras con las que fue creado. La tercera, cuya señal es ו, incluirá su división en tres partes principales. La cuarta, cuya señal es א, incluirá el número que incluye a todas las letras, así como algo de sus misterios. La quinta, cuya señal es ל, incluirá su división en partes iguales, la mitad de ella dividida en raíces, y la otra mitad en raíces y fracciones. Debido a esto veremos que el nombre de esta cuarta parte será «Los misterios de las letras de la creación».

---

22. Que corresponden a los números 20 y 30, pero son la undécima y la duodécima del alfabeto hebreo.

23. Que forman la palabra *Ben*, «hijo».

24. Se considera que *Lashon haKaddosh* o la lengua santa es el hebreo.

25. Que corresponden a los números 40, 50, 50, 70 y 80 y son la decimotercera, decimocuarta, decimoquinta, decimosexta y decimoséptima letras del alfabeto hebreo.

26. Que forman la palabra *Shmuel*, Samuel.

והחלק החמשי כולל שלש שלש אותיות, והם צ׳ק׳ר׳, ואותם כוללים שלש חלקים מסומנים באותיות א׳ב׳ו׳, ובהם אכלול שלש ענינים. הא׳ אשר סימנו א׳, יכלול סוד השמות. והב׳ אשר סימנו ב׳ יכלול ענין הפעלות. וג׳ אשר סימנו ו׳, יכלול דרכי המלות, ועל כן ראוי שנקרא שם זה החלק החמישי שלוש הדבור:

La quinta parte incluye tres letras que son ר, צ, ק,[27] las cuales constan a su vez de tres partes marcadas por las letras א, ב, ו,[28] y en las que incluiré tres temas. La primera, cuya señal es א, incluirá el secreto de los Nombres. La segunda, cuya señal es ב, incluirá el tema de las acciones. La tercera, cuya señal es ו, incluirá el camino de las palabras. Debido a esto, veremos que el nombre de esta quinta parte será «La trinidad del habla».

והחלק הששי כולל שתי אותיות, והם ש׳ת׳, ואותם כוללים שני חלקים מסומנים באותיות א׳ל׳, ובהם אכלול שני ענינים. הא׳ אשר סימנו א׳. יכלול אותיות השם המיוחד. והב׳ אשר סימנו ל׳, יכלול ענין הוראתם, ולפי נקרא שם זה החלק הששי יחוד השם:

La sexta parte incluye dos partes, que son las letras ש, ת,[29] las cuales constan a su vez de dos partes marcadas por las letras א, ל,[30] y en las que incluiré dos temas. La primera, cuya señal es א, incluirá las letras del Nombre unificado. La segunda, cuya señal es ל, incluirá el tema de su enseñanza. Debido a esto veremos que el nombre de esta sexta parte será «La unicidad del Nombre».[31]

והחלק השביעי כולל ארבע אותיות, והם ת׳ש׳ר׳ק׳, ואותם כוללים ארבע חלקים מסומנים באותיות ע׳פ׳י׳א׳, ובהם אכלול ארבע ענינים. הא׳ אשר סימנו ע׳, יכלול צירוף האותיות. והב׳ אשר סימנו פ׳, יכלול תמורת האותיות. והג׳ אשר סימנו י׳, יכלול משקל האותיות. והד׳ אשר סימנו א׳ יכלול גימ׳ ונוטריקון וראשי תיבות ותוכי תיבות וסופי תיבות, ולכן נקרא שם זה החלק השביעי בכללו הפוך האותיות:

---

27. Que corresponden a los números 90, 100, 200 y son la decimoctava, decimonovena y vigésima letras del alfabeto hebreo.

28. Que forman la palabra Abu.

29. Que corresponden a los números 300 y 400 y son la vigesimoprimera y vigesimosegunda letras del alfabeto hebreo.

30. Que forman la palabra *La*.

31. Cuando Abulafia habla del Nombre, en hebreo *haShem* (השם), se está refiriendo al nombre de Dios de cuatro letras, el Tetragrama, que traducimos como el Eterno.

La séptima parte incluye cuatro letras que son ש, ת, ר, ק,[32] las cuales constan a su vez de cuatro partes marcadas por las letras ע, פ, י, ה[33] y en ellas incluiré cuatro temas. La primera, cuya señal es ע, incluirá la *Tseruf haOtiot,* combinación de las letras. La segunda, cuya señal es פ, incluirá la *Temurah,* permutación de las letras. La tercera, cuya señal es י, incluirá el peso de las letras. La cuarta, cuya señal es א, incluirá Guematria, Notarikon, así como los comienzos, mitades y finales de las palabras. Debido a esto veremos que el nombre de esta séptima parte será «El giro de las letras».

והחלק השמיני כולל שלש אותיות, והם ה'ו'ה', ובהם כוללים לשלשה חלקים מסומנים באותיות ז'כ'ר', ובהם אכלול שלשה עניינים. הא' אשר סימנו ז', יכלול סוד הזכרת השם בני־ קודיו. והב' אשר סימנו כ', יכלול סתרי הניקוה. והג' אשר סימנו ר', יכלול ענין שתוף האותיות עם הנקוד. ועל כן נקרא שם זה החלק השמיני בכללו מבטא השם:

La octava parte incluye tres letras que son ה, ו, ה, las cuales a su vez constan de tres partes marcadas por las letras ז, כ, ר[34] y en ellas incluiré tres temas, La primera, cuya señal es ז, incluirá el secreto del recuerdo de la vocalización del Nombre. La segunda, cuya señal es כ, incluirá los misterios de la vocalización. La tercera, cuya señal es ר, incluirá la forma en la que las letras funcionan junto a la vocal. Debido a esto veremos que el nombre de esta octava parte será «El secreto de la vocalización del Nombre».

והחלק התשיעי כולל ארבע אותיות, והם ו'ה'י'ה', והם כוללים ארבע חלקים מסומנים באותיות צ'ד'י'ק', ובהם אכלול ארבע ענינים. הא' אשר סימנו צ', יכלול קשר הכחות הע־ ליונות והתחתונות בשם. והב' אשר סימנו ד', יכלול כמות השמות שבהם קושרים ומתירים. והג' אשר סימנו י', יכלול איכות הקשר וההיתר. והד' אשר סימנו ק', יכלול תועלת הקשירה וההתרה. ונקרא שם זה החלק התשיעי בכללו סוד איסור והיתר:

La novena parte incluye cuatro letras que son ו, ה, י, ה, las cuales a su vez constan de cuatro partes marcadas por las letras צ, ד, ק, י, ק[35] y en ellas incluiré cuatro temas. La primera, cuya señal es צ, incluirá las potencias superiores e inferiores unidas al Nombre. La segunda, cuya

---

32. Que corresponden a los números 100, 200, 300 y 400 y son la y son la decimonovena, vigésima, vigesimoprimera y vigesimosegunda letras del alfabeto hebreo

33. Que forman la palabra *Afiah.*

34. Que forman la palabra *Zejer,* «macho» pero también «recuerdo», «memoria».

35. Que forman la palabra *Tzadik,* «justo».

señal es ד, incluirá la cantidad de nombres que el Nombre puede unir y liberar. La tercera, cuya señal es י, incluirá la calidad del nudo y de la liberación. La cuarta, cuya señal es ק, incluirá el beneficio de unir y liberar. Debido a esto veremos que el Nombre de esta novena parte será «El secreto de lo prohibido y lo permitido».

והחלק העשירי כולל חמש אותיות, והם ו'י'ה'י'ה', ואותם כוללים חמשה חלקים מסומנים באותיות ל'ב'ר'כ'ה', ובהם אכלול חמשה עניינים. הא' אשר סימנו ל', יכלול השגת השכל. והב' אשר סימנו ב', יכלול צורת השגתו. והג' אשר סימנו ר', יכלול תואר דברו עם הנביאים בכלל. והד' אשר סימנו כ', יכלול ההבדל אשר בין המשיגים והמתנבאים. והה' אשר סימנו ה', יכלול ציור הכרח השפע המביא לדבר ולחב ה, והנה ראוי שנקרא שם זה החלק העשירי שהוא התכלית האחרון צורת הנבואה:

Y la décima parte incluye cinco letras, marcadas por las letras ו, י, ה, י, ה las cuales a su vez constan de cinco partes marcadas por las letras, ב, ה, כ, ה ל[36] y en ellas incluiré cinco temas. La primera, cuya señal es ל, incluirá la comprensión del intelecto. La segunda, cuya señal es ב, incluirá la forma de comprenderlo. La tercera, cuya señal es ר, incluirá la descripción de su habla con los profetas en general. La cuarta, cuya señal es כ, incluirá la diferencia entre los que comprenden y los que profetizan. La quinta, cuya señal es ה, incluirá la descripción de la necesidad de abundancia que traen el habla y la forma. Debido a esto se llamará veremos que el nombre de esta décima parte será «La forma de profecía».

ואחר שהשלמנו הי' חלקים, לפני סדורייהם נכלול שמותיהם בסדר שוה יחד. ואלה הם הא' גודר פרצות. והב' כולל מצוות, והג' סוד לשון הקודש. והד' סוד אותיות היצירה. והה' שלוש הדבוה. והו' יחוד ה'. והז' הפוך האותיות. וח' סוד מבטא השם. והט' סוד איסור והיתר. והי' צורת הנבואה. ואחר שזכרנום בכלל נשוב, לפרשם בכלל כל חלק וחלק כפי מה שסובל מה-פירוש, כאשר תשיג קצור יד שכלינו, אחר היותינו בטוחים בכח העליון המעורר דעתינו לזאת ואם לא היינו ראויים לכך:

Y tras haber descrito las diez partes junto con sus apartados, incluiremos sus nombres en el mismo orden: la primera es «*Reparador* de fisuras». La segunda es «La inclusión de todos los preceptos» y la tercera «El secreto de la lengua santa». La cuarta es «Los misterios de las letras de la creación». La quinta es «trinidad del habla». La sexta es «La unicidad del Nombre». La séptima es «El giro de las letras». La octava es

---

36. Que forman la palabra *LeBerajah*, y junto con la anterior *ZejerLeBerajah*, «de bendito recuerdo».

«El secreto de la vocalización del Nombre». La novena es «El secreto de lo prohibido y lo permitido». La décima es «La forma de la profecía». Y tras haberlas mencionado todas, volveremos a interpretar cada parte en detalle, en función de lo que pueda ser interpretado por nuestro limitado intelecto, ya que confiamos en que el poder supremo despierte nuestro intelecto. De lo contrario no seríamos dignos de esta tarea.

החלק הא׳ סימני אותיותיו א׳ב׳ג׳ד׳ה׳, חלקיו חמשה ועניניו חמשה והשם א׳ב׳ר׳ה׳ם׳:

חלק א׳ ענין א׳ סימן א׳ כולל גדר כל הפריצה:

Primera parte, cuyas letras son א, ב, ג, ד, ה, y tiene cinco partes en torno al Nombre de א[37] ב, ה, ר, ה, ם

Parte א Sección א Signo א, acerca de la reparación de cualquier fisura.[38]

תחלת מדרגות כל מבקש ה׳ לכבודו, הוא שלא יפרוץ גדר פן ישכנו נחש, הרגיל לבוא בפר־
צות לנשוך, שעל זה רמז שלמה החכם באמרו בקהלת [י, ח] חופר גומץ בו יפל ופורץ גדר
ישכנו נחש,

Éste es el inicio de los pasos que ha de seguir aquel que busca honrar
a Dios, no sea que se rompa la cerca en la que habita la serpiente, acos-
tumbrada a morder a través de las fisuras, tal y como enseñó el sabio
Salomón, según se dice en Eclesiastés [10:8]: «Quien cava una fosa, en
ella cae, y al que demuele la cerca, le muerde la serpiente».[39]

ומפני שזה החיבור כולל ענינים זרים מאד מאומתינו היום בדורינו זה, התחלנו בו בענין גדר
הפרצות אשר בימים הקדמונים נכשלו בהם רבים מן המשכילים, כמו שייעד להם דניאל באמ־
רו יבקשו להעמיד חזון ונכשלו, ואמר [דניאל יא, לה]

Y debido a esta expresión, incluso los asuntos extranjeros son auténticos en las generaciones actuales. El propósito de la cerca comenzó
en los días antiguos, tras el fracaso de muchos de los *Maskilim*, como

---

37. Abraham.

38. פריצה, *Peritzah*, «fisura», «brecha» está relacionada con *Paritz*, «ladrón», «ban-
dolero».

39. Según los sabios se refiere a Dinah, la hija de Leah, la cual, mientras sus hermanos y su familia estaban sentados estudiando en la casa de estudio, salía
para ver las mujeres del país (Génesis 34:1). Se preguntan: ¿Cuál es la serpiente
que la mordió? Y responden: fue Siquem, el hijo de Jamor.

aquellos que señalaron a Daniel y dijeron que su profecía se tambaleaba [Daniel 11:35].

ומן המשכילים יכשלו, ונתן טעם לדב ה, באמרו לברר וללבן וכל הנמשך לזה, עד שאמר כי באחרית הימים ישוטטו רבים ותרבה הדעת, מפני שאמר [עמוס ח, יב] (ירמיה בי עוד הרע) ישוטטו לבקש את דבר ה' ולא ימצאו, כי משרבו הפרצים מנעו מאז הכהנים מלברך בשם ככתבו, אבל הסכימו שיברכו את העם בשם במקדש ככתבו, ובמדינה בכנוייו [סוטה לח, א]:

Entre dichos *Maskilim* algunos vacilarán tras haberles dado la posibilidad de hablar, afirmando ser purificados y blanqueados, prologando dicha situación, pues se dice que en los últimos días muchos errarán con el fin de aumentar el conocimiento, tal y como dice [Amós 8:12]: [Jeremías aún es malvado] «andarán errantes buscando la palabra del Señor, mas no la hallarán». Está escrito que el avance de la fisura ha impedido que los sacerdotes bendijeran en Su Nombre, pero accedieron a bendecir al pueblo con Su Nombre en el Templo y cada territorio indicado, tal y como está escrito en [Sotah 38, 1].[40]

והנה הפרוצים בדעתם סוד ה', היו פורצים גדר התורה והמצוה, והיו מפסידים האמונה כשהיו מגיעים לדעת שהאמונה האמתית היתה הפך מחשבתם השקרית ומדמיונם הרע, וזה שהאדם המאמין דבר אחד ואין בידו מאזני שקל והשקול, אם האמונה ההיא אשר קבלה בימי קטנותו, אשר לא היה אפשר להיותו מאמין זולתה לפי מיעוט שכלו שאם לא היה מקבל שום אמונה, היה נשאר תמיד כבהמה בצורת אדם, ראוי עם כל זה אחר הגדיל שכלו שיחקור, וישים דעת באמונתו המקובלת, וילמוד עד שיוצאנה לפועל מושכל, שעל זה נאמר [משלי יד] פתי יאמין לכל דבר וערום יבין לאשורו,

He aquí que aquellos que rompen el conocimiento del secreto del Eterno rompen la cerca de la Torah y el precepto. Así perderán la *Emunah*[41] cuando crean saber que la auténtica *Emunah* es lo contrario a su falsa y malvada imaginación. Esto es así desde que el hombre cree en una cosa y no tiene la balanza del intelecto a mano para sopesar la *Emunah* que recibió en los días de su infancia, ya que no podría haber creído en otra cosa debido a la limitada capacidad de su intelecto por aquel entonces. Puesto que si no hubiera recibido ninguna *Emunah* habría permanecido como una bestia en forma de hombre. Merece la pena que después de haber aumentado su intelecto, investigue y ponga

---

40. El tratado de *Sotah* pertenece al Talmud de Babilonia.

41. אמונה, en castellano «fe» pero también «creencia». La traducción más correcta sería, sin embargo, «certeza».

su opinión en la *Emunah* recibida hasta que su intelecto sea renovado. Pues está escrito: «El simple cree cualquier palabra, mas el cauto presta atención a sus pasos» [Proverbios 14:15].

ואם הוא תמיד באמונה מקובלת בלתי מובנת, לפי הראוי להבין בה על פי המושכל האלהיי, הנה הוא עודנו עומד בפתיותו, ובהבינו אמנתו אשר קבל בקטנותו, הנה נעדר ממנה מקצת הפתיות ושב מבין, וכך עולה ממדרגה למדרגה מעט מעט, ושכלו מתגדל בכל יום בעיינו בע־ ניינים המושכלים אשר קיבלם, מרומים נמשכים אחר המורגשים,

Y si persiste en una *Emunah* convencional recibida de acuerdo con lo que vale la pena entender de ella según el intelecto divino, entonces se mantendrá en su necedad y persistirá en la *Emunah* que recibió en su infancia, llegando a perder un poco de su necedad y llegando a comprender. Así poco a poco sube de un nivel a otro, y su intelecto se incrementa día tras día en su estudio de los temas intelectuales que recibió como formas atraídas hacia las cosas sensibles.

ואין ראוי לחשוד יולדיו או רבותיו ומלמדיו, מפני שלא גלו לו סתרי האמונה בקטנותו כי לא נשאר בעדם, אבל נשאר בעד חלישות שכלו, כמו שאין ראוי שיאשים מיניקתו אשר היניקתהו מחלב שדיה בעבור שלא האכילתהו שאר המזונות העבים מיד, שהרי אם היתה עושה כן היה יותר קל עליה מאד לפרנסו מחוץ, ממה שתתפרנסהו מדמה, אבל היא כוונה להחיותו בחכמה ולא להמיתו במזון שאינו ראוי לו, שידוע כי הלחם והבשר והיין, אע״פ שהם חיים לגדולים שכחם סובלם, הם סם המות לקטנים שאין כחם סובלם, כן ענין קבלת האמונה המושכלת עם המקובלת.

No es adecuado que dude de sus padres, ancianos o maestros por no revelarle los secretos de la *Emunah* durante su infancia. Del mismo modo tampoco es adecuado que critique a la nodriza que le amamantó con la leche de su pecho por no haberle dado de comer con alimentos más sólidos. Porque si ella lo hubiera hecho, habría sido mucho más fácil para ella sustentarlo, en lugar de alimentarlo mediante su sangre. Pero ella sabiamente escogió darle vida y no matarlo con alimentos inadecuados para él, pues es sabido que aunque el pan, la carne y el vino son sustancias de vida para aquellos que tienen la facultad de ingerirlas, para los pequeños que no tienen la facultad de ingerirlas son sustancias de muerte. Así es la cuestión de recibir la *Emunah* intelectual junto a la *Emunah* convencional.

שאע"פ שהמשכלת סם חיים למשכילים אשר דעתם סובלה, והיא סם המות לפתאים אשר
אין דעתם יכול לסבלה, ועל כן משיגלה אדם האמונה האמתית למשכיל ישיג דעתו אם סובל
אם לא, וזה לך האות אם ישמח בה, ולא יבהל בשומעו סודה, ולא יפרוץ גדריה, אשר הם לה
מפתחות למנעול שבשניהם,

Por eso, aunque el intelecto sea una droga de vida que sustenta la mente de los *Maskilim*,[42] es una droga de muerte para aquellos que no pueden soportar su opinión. Por eso, cuando el hombre de verdadera *Emunah* revela su opinión al aprendiz, ciertamente se asegurará de que éste sea capaz de soportarla. Y la señal que has de considerar es que si él se deleita en esto y no se ve aturdido al escuchar el secreto, entonces no se romperán sus cercas, pues éstas con como las llaves de una cerradura.

ישמר הגן מליכנס בו חיות רעות, תבין מיד שזה המקבל האמונה המשכלת הוא החכם, ומבין
מדעתו, ותן לחכם ויוסיף עוד הודע לצדיק ויוסיף לקח, ואל תמנע טוב מבעליו בהיות לאל ידך
לעשות:

De todas formas, es necesario tener cuidado para evitar que los animales malvados entren en el jardín. Comprende inmediatamente que aquel que reciba la *Emunah* intelectual es sabio y la entiende por su propia razón. «Da al sabio y será aún más sabio; instruye al justo y crecerá en ciencia»[43]. «No niegues tu beneficio a quien le es debido cuando está en tu mano hacerlo».[44]

ואמנם אשר תגלה לו סוד אחד, ויבהל וישתומם עליו ויחשוב שסר מעליו כח אמונתו, ושאתה
שכל בעיניו או מין ואפיקורוס, אל תאכילהו סם חיים פן תמיתהו,

Si le revelas un secreto y él se siente sorprendido y aturdido por él, pensando que le han quitado toda su *Emunah* y que eres un necio o epicúreo ante sus ojos, no le alimentes con la droga de vida no sea que vayas a matarlo.

---

42. *Véase* nota 8.

43. *Véase* Proverbios 9:9.

44. *Véase* Proverbios 3:27.

ונפשו מידך יבוקש, שכבר הזהירך שלמה עליו באמרו [משלי כג] באזני כסיל אל תדבר כי
יבוז לשכל מליך, ואל תשג גבול עולם אשר גבלו ראשונים, וכפי העניין הזה תבחן כח כל מקבל
דבר מושכל או מקובל, ותבינהו כפי מה שהוא,

Y exigirá su espíritu de tu mano, tal y como Salomón advirtió al decir: «A oídos de necio no hables, porque despreciará la cordura de tus palabras» [Proverbios 23:9], no exceda los límites puestos por las generaciones anteriores, y de acuerdo a esta manera examina la capacidad de cada receptor del intelecto o tema convencional y júzgalo de acuerdo a lo que es.

והסוד הראשון אשר הגלה לו יהיה מן הקלים אשר בפיך, לא מאשר בלבך אשר לבא לפומא
לא גלי, ובעשותך כן תתן לכל אדם חקו, ותמשך אחר דרכי ה' יתברך אשר נותן לחם לכל
בשר, ומשביע לכל חי רצון, כל חי משביע לכל חי, מרצונו כאשר ירצה כפי מה שהכיר בו,
והשתדל בעניין זה לתת לאיש כדרכיו וכפרי מעלליו,

Y el primer secreto que le revelarás estará entre lo más sencillos de tu boca, pero no de tu corazón, más escondido que revelado. Y al hacer esto darás a cada hombre su ley y será atraído por los caminos del Eterno, bendito sea, que da paz a toda carne y sacia a todos los seres voluntariosos. Es decir, que sacia a toda vida de su deseo tal y como él desea de acuerdo a lo que han conocido de él, dando a cada uno de acuerdo a su parte y a su comportamiento.

ואם יצאו מפיך דברים מורים אשר פרצת הגדר אצלו, רוץ מהר וגדור מה שפרצת, עד שתהפך
כוונתו אל אשר היה בו מתחלה, ועשה בתחבולה עד אשר לא ירגיש בך ולא ישיג כוונתך
בשום פנים, ובזה תקרא גודר פרצות:

Y si le enseñas cosas que rompan su cerca, apresúrate y repara lo que has roto hasta que su intención sea la contraria a la que tenía al principio, y trabaja decepcionándolo hasta que él no te escuche ni entienda tu intención de forma alguna. De esta forma serás llamado «El reparador de fisuras».

חלק ב'. ענין ב'. סימן ב'. כולל מהות תועלת הגדר:

כל דבר שאדם מכוין אליו, צריך שיביא אל תועלת קטנה או גדולה, שאם לא יכוין לזה, תהיה פעולתו בלתי השגחה, שענין השגחה מורה על כוונה ורצון ובחירה, ומי שפועל פעולה בלע־ דיהם תקרא פעולתו מקרית, עד שאפילו אם בא לפעול פעולה הכרחית אצל הטבע שאין לו עליה שום כוונה, ויתכן שאם היה אפשר אצלו בלתה היה שמח בכך, ולא היה פועל אותה לעולם, כמזון לבעל שכל שהוא אצלו קשה, מפני שהוא לו מצד היותו בעל חיים, לא מצד היותו בעל שכל, או היציאה בהחליפו מה שהותך מן המזון שהוא לו הכרחית לקיים בה חייו זמן אחד, הנה גם לזה הפעל צריך שיכוין אליו קצת כוונה משותפת עם הכרח הטבעי, והיא שיכוין לאכול המזון המועיל, אשר אין הטבע מכריחו לאכול המזון המזיק,

Parte ב Sección ב Signo ב que incluye la esencia del beneficio de la cerca.

Cualquier cosa a la que un hombre esté atento debe traerle beneficio, pequeño o grande; porque si no se lo propone, su propósito carecerá de providencia. La providencia enseña acerca del propósito, la voluntad y la elección, y si alguien actúa sin ellos, sus acciones serán aleatorias: incluso si hubiera que actuar de forma natural, inintencionada, y en busca de la felicidad, él no lo haría. Del mismo modo, el alimento es algo desagradable para un ser intelectual, pues lo relaciona con su parte animal y no con la intelectual, o con los restos de lo que queda tras intercambiar lo que es puro de la comida con aquello que es necesario para mantenerle con vida. E incluso con esto el que actúa debe centrar alguna intención común con la necesidad natural, que es la intención de comer el alimento beneficioso, ya que la naturaleza no le obliga a comer alimentos dañinos.

אבל הכרח הטבע שאתו מצד המזון הוא שיהיה נזון לבד, אלא שאפילו הטבע מקבל המזון המועיל ופועל בו בדמות כוונה, ואע"פ שאינו בעל כוונה ואינו מקבל באותה הצורה בעצמה המזון המזיק, אבל שב אצלו המזיק כנגד פעולתו, שכוונת מטביע את הטבע היתה לשמור טבע הנזון מדת זמן כפי מזגו, ולשמור מן הנזון ההוא תמיד כהללת ההויה וההפסד, ואם מי שחצי כוונתו להוות הדברים בקש המועיל וההפסד הכרחי מפני ההויה, כל שכן שראוי למי שהתועלת כלה שלו שיכוין להועיל לעצמו בפעולתו, ואם עשה כן, אז תהיה פעולתו פעולת בעל שכל,

Pero la necesidad natural, debido a su parte animal, se encuentra únicamente en la alimentación, e incluso la naturaleza recibe el alimento beneficioso y actúa en él en la imagen de la intención. Y a pesar de que no tenga la intención ni reciba de la misma forma el alimento dañino, los rendimientos perjudiciales irán en contra de su acción, ya que la intención del que dio forma a la naturaleza fue preservar la naturaleza de los nutrientes de acuerdo a sus temperamentos, preservando al nutriente siempre el ciclo de beneficio y pérdida. Y si alguien sólo tiene la mitad de la intención al enseñar estas cosas, pidiendo el beneficio y la pérdida necesarios debido al Ser, tanto más es apropiado para aquel para quien el beneficio es a su propia intención beneficiarse a sí mismo de sus acciones. Entonces, si así lo hace, será un acto intelectual.

וכל מה שיהיה השכל האנושי יותר שלם באיש המכוון אל התועלת, תהיה התועלת יותר גדולה לפי עניינה, וכל שכן שתהיה יותר חזקה ושלימה, אם תשתתף קצת מהכוונה השכלית האלהית עם כוונתו, שאז תגיע אל המכוון מהות התועלת:

Y por mucho que el intelecto humano se perfeccione en la persona que tiene la intención sobre el beneficio, dicho beneficio se corresponderá con su contenido. Y en la medida en que la intención sea más fuerte y perfecta, si se participa un poco de la intención divina intelectual junto con su propia intención, entonces se alcanza la intención de la esencia del beneficio.

והנה נודע לכל משכיל שלם, שהתועלת המגעת לו בהיותו גודר פרץ נפרץ היא היותו ניצול מכל מיני הנזק האפשריים, ואם הפרץ היה קל שינזקו בו רבים, והוא גדרו שב מהות התועלת יותר רחק ויותר נכבד:

Y he aquí que todo sabio en su plenitud sabe que el beneficio que acumula por ser un *Reparador* de fisuras rotas es su forma de ser salvado de todo daño, y si la fisura era ligera[45] pero a través de ella muchos fueron dañados y él logró repararla, entonces la esencia del beneficio volverá a él de forma más fortalecida y honorable.

ואם גדר הפרץ, מועיל ליחיד ולרבים, בגופים או בממון, כל שכן אם גדר הפרץ מועיל ליחיד ולרבים בתשועת הנפשות, ועל כן כל מי שהוא מנהיג המדינה או חלק מחלקיה או מדינות הרבה, בהיותו מכוון בפעולותיו לסדר אנשי דורו, ומתקן תקנות, וגוזר גזירות כדי לגדור פרצות הדור, ומעלה סתריו ממעלה אל מעלה, עד שהגיע אל תועלת ריוח הממון לעם, ומשם אל תועלת היותם שלים ושקטים ובריאים בגופם, ומשם אל תועלת היותם נוחלים חכמה, המביאה לידי חיי הנפשות הנצחיים:

Y si la reparación de la fisura beneficia tanto al individuo como al grupo en sus cuerpos o en su riqueza, tanto más el *Reparador* de fisu-

---

45. En hebreo *Kal*, «fácil», «de poca importancia».

ras se beneficiará en la salvación de las almas del individuo y del grupo. Así, cada gobernante de un Estado o de las partes que componen un Estado, o de muchos estados, siendo intencionado en sus acciones para gobernar al pueblo de su generación, establece regulaciones y proclama decretos para reparar las fisuras de esa generación, demandando órdenes de diverso grado hasta que el beneficio de la riqueza llega al pueblo, y de ahí el beneficio de ser pacíficos, tranquilos y saludables en sus cuerpos. De este modo obtendrán el beneficio de ser herederos de la sabiduría que trae la vida de las almas eternas.

הנה זה האיש בעשותו כן, הגיע הוא וכל השומעין לדבריו והנמשכין אחריו אל תכלית התכלית בתועלת, שאם מהות כל תועלת בכלל הוא טוב, בהכרח זאת התועלת היא שיגיע אל מה שהיתה בעבורה יצירת האדם בעולם השפל,

He aquí que éste es el hombre que al hacer así ha llegado junto a los que escuchan sus palabras y son atraídos por ellas al final de todos los finales en beneficio, ya que si la esencia de cualquier beneficio es buena, es necesario que este beneficio sea equiparable al que fue empleado en la creación del hombre en el mundo inferior.

ואם כן מהות תועלת האחרונה, שבכל התועלות והנכבדת שבהן היא השגת החיים האחרונים הנצחיים, שבכוונת כל התועלות הראשונות והאמצעיות היתה להגיע כל זאת האחרונה הנזכרת, ואם הגיעה נשלמה הכוונה העליונה בהם, ואם לאו נעדרה הכוונה והיתה לבטלה,

Así, la esencia del beneficio final de todos los beneficios, y el más honorable de todos ellos, no es otra que el logro de la auténtica vida eterna, pues la intención de los beneficios iniciales e intermedios no es sino llegar a este último. Una vez alcanzada la intención celestial, ésta es cumplida. En caso contrario, entonces la intención ha estado ausente y todo ha sido en vano.

וידוע שמשים התועלת האחרונה בכלל המציאות משותפת עם מציאות האדם, מכוין תמיד להוציאה לפועל, ואם תקצר או תחסר מהמציאות, שלא תגיע אליה זה האיש הרמוז אליו ההוה הנפסד, הנה יתכן שיגיע אליה זה האחר, ועל זה נשמר המין כדי שישיג זה וישלים חסרונו של זה, ואם כן מצד המכוון התבאר שמהות התועלת האחרונה קיימת לקצת אישי המין:

Se sabe que el placer del beneficio definitivo en la existencia del hombre consiste en renovarse continuamente, pero si se queda corto o no se pierde en la realidad, entonces este hombre concreto no alcanzará el bien ansiado, por lo que cabe la posibilidad de que otro venga y lo obtenga. Cuando un hombre comprende y suple la ausencia de otro, entonces la especie se preserva. Tal y como se ha explicado, la esencia del beneficio definitivo existe únicamente en algunos seres humanos.

חלק ג׳. ענין ג׳. סימן ר׳. כולל הכרה מציאות התועלת:

אין ספק שאחר המכוון הראשון, כוון אל מציאות תועלת מאשר פעלו התועלת היא הכרחית ומחוייבת שתמצא, ואם מציאותה לחלק קטן מחלקי האדם מספקת, רק בהרבותה היא יותר נכבדת אצל העם המקבל,

Parte ג Sección ג Signo ר que incluye la razón de la necesidad del beneficio.

No hay ninguna duda de que la causa primera buscó la existencia del beneficio al crear el beneficio, ya que es esencial que el beneficio exista; y aunque sólo exista en un grupo muy reducido de personas y las mantenga en la abundancia, éste es muy apreciado por aquellos que lo poseen.

כמו שהוא הכרח שימצאו אישי האדם, ואע״פ שהוא איפשר שימצאו אילו הנמצאים, או זו־ לתם טרם המצאם, הנה אחרי המצאם, יאמר עליהם שהם מחוייבי המציאות בבחינת סיבתם, ואיפשרי המציאות בבחינת עצמם, ואשר היה סיבתם הראשונה להמצאתם הוא אשר כוון אל תכליתם, וצייר מהות תועלתם לפי עצמותם ועומדו איפשר בתחלתו במציאותם, ומחוייב והכרחי בסופו בעבור שהמציאם:

Esto es así del mismo modo que es necesario que existan personas distintas dentro de la especie humana. Y aunque es posible concebir estos seres existentes y otros como ellos antes de su existencia, tras su existencia se puede decir que están obligados con la realidad desde el aspecto de su causa, convirtiéndose en seres posibles de la realidad desde su aspecto subjetivo. Y cualquiera que fuera la causa primera de su existencia, ésa es la que buscó su propósito y señaló la esencia de su beneficio de acuerdo con su sustancia. Y como ésta, su existencia, es posible al inicio pero luego se convierte en necesaria y obligada, una vez que los trae a la existencia.

וזה כולו הוא לדעת מאמיני היות מציאות כל איש מצוייר מממציאו, ר"ל שמי שכוון להמציא
כוון ההכריח מציאות תועלתו, וחייבו להמצא לפניו או עמו או אחריו, ר"ל בעת הפרדנו מן
העולם השפל, כמו שאנו רואים שכוון להמציא לו צרכיו, ותועלותיו בעולם הזה, וזה לדעת
מאמיני היות כל זה בטבע, כבר הכריחם הרגשם וחייבם שכלם להודות שזה התקון דומה
לתקון מכוון, ואע"פ שאין שם כוונה נופל עליו בזה,

Y todo esto es según el conocimiento de aquellos que creen que la existencia de cada persona fue esbozada por su creador, es decir, aquel que tenía la intención de hacer que su beneficio estuviera también presente, obligó al beneficio a estar presente antes, con o después de la persona, es decir, cuando parte del mundo inferior, tal y como vemos que él buscó proporcionar sus necesidades y beneficios a este mundo. Y aquellos que creen que todo esto es natural también están forzados por sus sentimientos y obligados por su intelecto a admitir que esta forma de preparación es similar a una preparación con una intención. E incluso si no hay intención aparente, ésta se dará.

ואין לנו צורך להקשות עליהם במחשבותם, כי כוונתנו רחוקה מכוונתם, ואמנם אם לא היה
בעבור הכרה מציאות התועלת, לא היה שום דבר מתקיים, כמו שתאמר להמזון הכרחי לטבע
כל נזון, ואם לא היה בו תועלת הכרחית לקיומו לא היה נמצא:

Y no necesitamos estudiar su forma de pensar, puesto que nuestra intención está muy lejos de la suya. Ciertamente, si no fuera por la necesidad de la existencia del beneficio, nada existiría, pues es como si dijeras que la comida es naturalmente necesaria para cualquier ser que necesita alimento, y si no contuviera un beneficio necesario para el ser que se alimenta, entonces ésta no existiría.

ואמנם חמשת החושים הכוללים, הכח המרגיש הם לחי לתועלתו, ויש מהם הכרחיים, כלומר
שלא יתקיים בלעדם זמן אחד, ויש מועילים בלתי הכרחיים, וההכרחיים הם השתים הקרובים
אל חייו מאד, והם הטבע והשמוש,

En efecto, los cinco sentidos hacen que la realidad sensorial exista en beneficio del ser y de su beneficio. Y algunos de los sentidos son necesarios, puesto que no se existiría sin ellos aunque fuera un momento, mientras que otros sentidos son beneficiosos pero no imprescindibles. Los necesarios son aquellos dos ligados a toda vida: el gusto y el tacto.

והמועילים הם השלשה, שהם רוחניים יותר מהראשונים. והם הראות והשמע והריח, וזה שאם לא יראה אדם יתכן שיחיה וכן אם לא ישמע, או לא יריח, כי הנשימה שבאף אינה הריח, אבל הנשימה ששם החיים תלויין, אינה מכלל החושים,

Los beneficiosos son tres, más espirituales que los primeros: la vista, el oído y el olfato. Pues si un hombre no ve, puede seguir viviendo, y lo mismo ocurriría si no oyese o no oliera. Puesto que el aliento que entra por la nariz no es olor, ya que el aliento de toda vida no depende de los sentidos.

והעד התחרות, שאע"פ שאינו מריח הוא מנשם ואם לא ינשום ברגע קטן ימות, אבל אם לא יריח כל ימי חייו לא ימות בעבור זה, כי ענין הריח הוא שיריח ריח טוב, או ריח רע או בינוני.

Y el testigo de todo esto es una persona que respira incluso aunque no sea capaz de oler; pero si se interrumpiera su respiración, incluso por un breve instante, entonces moriría. Pero incluso si no oliese nada durante su vida, no moriría por ello, ya que el objetivo del olfato es oler algo, sea bueno, malo o entre medias.

והנשימה אם כן דבר אחר אינה הריח, אבל אם לא יטעם כבר היינו אומרים גם כן שיחיה בלי טעם, אחר שהמאכל אינו הטעם, אבל מפני שאנו רואים מי שלא יטעם לו האוכל לא תתעורר תאותו לאכול, ולא יוכל להעביר מזונו בושטו, ואם יעבירנו יקיאנו כי אם אצטומכתו לא תס־ בלנו, ויהיה זה הדבר סיבת מותו,

Si no pudiese sentir el gusto, también podríamos decir que puede vivir sin gusto, ya que el alimento no es sinónimo de gusto. Sin embargo, la necesidad de comer no aparecería en alguien que no encuentra apetecible la comida, siendo incapaz de ingerir la comida a través de su esófago y si la empujase por él, no haría más que expulsarla, puesto que su estómago no la aceptaría, lo cual sería la causa de su muerte.

על כן נידע שהטעם משותף עם המזון, וכמו שהמזון הכרחי לחיותו, כן הטעם הכרחי לחיותו, וכמו כן נאמר בהרגש המשוש לא שידוע שמי שאינו ממשש בשרו ודמו מתים, ואם הם שהם משכן החיים מתים, הנה כל שכן שאר הגוף שהוא מת, ואפילו בהיות הבשר והדם חיים כל שכן אחר מותם, ואם כן הנה הכרח מציאות. התועלת בהכרח מציאות החי בעודו חי, וכן בקצת דברים:

Así sabemos que el gusto está relacionado con la alimentación, y tan esencial para la supervivencia es la alimentación como el gusto. Y algo similar ocurre con el sentido del tacto, puesto que es sabido que la carne y la sangre de alguien que no siente se consideran muertas; y si están muertas, siendo ambas consideradas la morada de la vida, entonces del mismo modo estará muerto el resto del cuerpo. Y tan importantes son la carne y la sangre cuando están vivas como cuando están muertas. Por lo tanto, la existencia del beneficio es necesaria durante la vida del ser. Y lo mismo ocurre con otras cosas.

חלק ד' ענין ד' סימן ה'. כולל טעם הכרח המועיל:

בעבור שהתועלת הכרחית לפי כונת הממציא את בעל התועלת כמו שזכרנו, יראה כי ההכרח הוא הטעם בעצמו, אבל עם טוב עיון יתבאר שהטעם זולת ההכרח, וזה כי ההכרח אם היה איפשר להעבירו היתה מציאותו לבטלה, ואם היה הכרח בלתי מועיל לא היה ממציאו בעל הפועל בכוונה ורצון,

Parte ד, Sección ד, Signo ה que incluye la razón de la necesidad efectiva.

Tal y como hemos mencionado, el beneficio es necesario de acuerdo con la intención del que contiene la fuente del beneficio dentro de la propia existencia. Así se esclarece que la razón de la existencia es la existencia misma. Pero una investigación más profunda muestra que la razón es algo más que la mera necesidad. Y esto se debe a que, si la necesidad pudiera ser deshecha, la propia existencia no tendría sentido. Y si la necesidad no fuera beneficiosa, entonces su creador no la hubiera creado ni dotado de intención y voluntad.

אבל טעם ההכרח הוא שראוי לבקש מפני מה היה הדבר הפלא הכרחי בתועלת הדבר הפלני, ונתונת זה הטעם הוא מכלל דרכי סתרי התורה וסודות המציאות,

Pero en relación a la razón de esta necesidad, debemos preguntarnos por la necesidad de una cosa que beneficia a otra; y hallar esta razón se encuentra entre los caminos de los misterios de la Torah[46] y los secretos de la realidad.

---

46. *Véase* nota 14.

ושמע ענייננו בכלל, דע כי הטעם בזה המקום, ר"ל סיבה ומי שהשכיל שהמחויב המציאות בבחינת עצמו יתברך שמו הוא סיבת ראשונה לכל המציאות, כבר ישכיל שכל הדברים יש להם סבה הכרחיות, כי המציאות נמשך מסבה לסבה עד הגיע מהסבה ראשונה אל נמצא אחד שאינו סבה לדב ה, והוא תכלית לסבות כולם, ויהיה כל מה שבין הסבה הראשונה אשר אין לה סיבה, ובין הנמצא אשר אינו סבה סבות, ומסובבות כלומר עלות ועלולים בהכרח, והסבה הראשונה הוא האלוה הוא יתברך שמו, והסבוב האחרון שהוא האחרון שהוא העלול אשר אינו עילה לזולתו, הוא שכל האדם הנמצא לו בפועל שלם אשר אין אחריו דבר זולתו, וידמה זה לסוג הסוגים העליון אשר עליו בו, והוא העצם או הגשם לפי שתי הדיעות,

Así como prestar atención a este tema en general. Has de saber que la razón es sinónimo de causa. Y cualquiera que comprenda la necesidad existente en sí misma, bendita sea, es la causa primera de la existencia, ya que ha comprendido que todas las cosas tienen causas necesarias. La existencia es llevada de una causa a otra, desde la causa primera hasta alguna causa que no sea la causa de nada y suponga el fin de todas las causas. Y todas las cosas que se encuentran entre la causa primera, las cuales no tienen causa, y la existencia que no es causa, son necesariamente causa y efecto, motivos y consecuencias necesarias. La causa primera es Dios, bendito sea su Nombre, y la causa final, consecuencia de que no hay una causa sin otra, es el intelecto humano que funciona en su plenitud, y no hay nada tras esto. Es similar al más alto de los géneros, que no es parte de ningún otro género. Es la sustancia o lo físico, de acuerdo a dos opiniones.

ולמין המינים אשר אין אחריו מין, והוא החי המדב ה, או אמור האדם שגדרו חי מדבר מת, לפי שתי הדיעות הידועות, והנה כל שבין שתי הקצות, הוא סוג ומין בערך מעלה ומטה, וזה ידוע למי שידע מעט הגיון מן הדבור הפילוסופי:

Y es la especie que no es dividida en ninguna otra especie. Se trata del ser, o en otras palabras, del hombre, cuya definición es «ser viviente que habla», de acuerdo a dos opiniones conocidas.[47] Y todo lo que se encuentra entre estos dos extremos es un género y una especie relacionada con lo que se encuentra arriba y abajo. Esto es algo que no ignora cualquiera que sepa algo sobre lógica o especulación filosófica.

---

47. Cuando Dios crea al hombre, según el relato de Génesis 2:7, lo define como «ser viviente» y el Targum lo traducirá como «espíritu parlante».

והבן מזה שאין לך דבר בכל המציאות בלא טעם, ואיך יתכן עם זה להיות התורה והמצוה בלא
טעם, שאחר שלמציאות הפרעושים והכנים וביצי הכנים יש להם טעם בראותיו, ג"כ מה שהן
מצערין את האדם, כל שכן שיש טעם בדברים שהם ברומו של עולם, ר"ל לתורה ולמצוה:

Con esto puedes entender que nada en la existencia existe sin una
razón. Por lo tanto, ¿cómo es posible que la Torah y los preceptos existan sin una razón? Si las pulgas, los piojos y sus huevos tienen una razón de ser aunque sean sinónimo de pestilencia para el hombre, cuánto
más las cosas más superiores, es decir, la Torah y los preceptos.

וכבר כתבו אנשי החכמה בספריהם, שכל מעשה יש ארבע סבות למציאותו, והוא החומה,
והצורה, והפועל, והתכלית, ובארו כי התכלית היא הסיבה הנכבדת שבהן, ובעדה נמצא
השלש,

Hombres de sabiduría ya han escrito en sus libros que cada acción
tiene cuatro causas de existencia. Éstas son la materia, la forma, el creador y el propósito. El propósito es la causa más importante de ellas,
siendo el motivo por el que existen las otras tres.

ואם לא הגיעה התכלית לא נשלמה כוונת בעל התכלית, ואם הגיע נשלמה כוונתו, ואם כן
טעם הכרה המועיל, מבואר שהוא להגיע אל מה שכוון אליו בעל התכלית, כי תחלה עשה
הדבר, ואחר כך המציא לו תועלתו, ואחר כך עוד המציא לו הכרחי לקיומו, ואחר כך המ-
ציא לו התכלית, ואם כן התכלית הוא סבת ההכרח, וההכרח סבת התועלת, והתועלת סבת
מציאות הנמצא, כלומר שלא נמצא דבר בלתי תועלת, והכרח מציאות הממציא, הביאו להמ-
ציא הנמצא ותועלותיו, ואשר הוא הכרחי לו כדי להגיע אל תכלית כוונתו שהיא הסיבה הרא-
שונה, והיא האחרונה בעצמה, וזה מספיק בזה המקום לפי כוונתו בזה החבור, ואע"פ שביאור
אלה העניינים העמוקים, צריך להגדיל אף הספרים לאמתם בפרטיהם, ונתנו פה כוונתינו לקצר
ולא להאריך:

Y si no se alcanza el propósito, entonces la intención del que tiene
dicho propósito está incompleta; pero si se alcanza, su intención se ha
cumplido. Además, está claro que el motivo del beneficio de la necesidad consiste en alcanzar lo que realizó aquel que tiene el propósito. En
primer lugar, él hizo al ser, luego él creó los beneficios del ser; y luego
él fue más allá, creando todo lo que fuera necesario para la existencia
del ser, y finalmente él creó el propósito del ser. Además, el propósito es
la causa de la necesidad, siendo la necesidad la causa del beneficio, y el
beneficio la causa de la existencia del ser, significando que nada existe
sin su beneficio; y que la necesidad de la existencia del Creador le hizo
crear el ser junto con sus beneficios y todo lo que es necesario para su
existencia, para así alcanzar el propósito de Su intención, puesto que es

la causa primera y última al mismo tiempo. Ya se ha hablado suficiente sobre este asunto en este texto. Aunque se requiere la lectura de libros voluminosos para clarificar estos asuntos y verificarlos en detalle, nuestra intención aquí es ser breves y no extendernos.

חלק ה' עניין ה' סימן ה' כולל הפסד העדר הגדר:

כבר זכרנו שכל גדר הוא מכוון מהגוד ה, וכאשר הוא מכוון לתועלתו, והתועלת מגיע בשמירת הגד ה, ובהיותו מכוון כראוי, כן הנזק מגיע בהעדר תועלתו המכוונת, וכאשר תהיה תועלת הגדר גדולה לפי עצמותה ומהותה או קטנה, תהיה גם כן העדרת התועלת ההיא, כשיעורה למפרע מפסדת ההשגחה וההנהגה לפי הגודל והקטנות כערכם:

Parte ה, Tema ה, Signo ה, que incluye la cuestión de la pérdida debido a la ausencia de cercas.

Ya hemos recordado que cada cerca se establece con la intención que tenga el *Reparador* en la búsqueda de su beneficio, alcanzándolo al proteger la cerca con un propósito claro. No obstante, sin un propósito claro, la cerca será dañada. Y tal y como el beneficio de la cerca puede ser grande o pequeño de acuerdo con su sustancia y esencia, del mismo modo la ausencia de beneficio producirá la pérdida de *Hashagah*[48] y *Hanagah*[49] de acuerdo con la grandeza o pequeñez de su valor.

ואחר שהשלמנו חלקי החלק הראשון בפרטיהם, נודיע בכלל למה כווננו בהזכירנו אותם בראשית זה החיבור אשר כמעט יחשוב חושב שאינו מעניין כוונת החיבור, ואמיתת כוונתינו בזה היא זאת, דע כי תכלית תכליות מציאות האדם היא בעולם הזה, כדי שישכיל המושכל המורא שון, שהוא השכל הראשון העליון המשכיל כל מושכל, אשר תחתיו בהשכילו עצמותו הכוללת כל עצמותם, וכל מה שיוסיף כל משכיל, ומשכיל להשכילו,

Y después de haber completado los temas de la primera parte, comentaremos el motivo de haberlos presentado al comienzo de este texto, ya que algunos pueden pensar que es algo que no pertenece en absoluto al contenido de este texto. Y ciertamente nuestra intención es ésta: conocer que el objetivo definitivo de la existencia del hombre en el mundo se encuentra en la comprensión intelectual de la inteligencia

---

48. השגחה, en castellano «providencia» pero también «control», «vigilancia».

49. הנהגה, en castellano «gobierno», pero también «conducción», «comportamiento».

primera, el intelecto primario supremo, que intelectualmente concibe todo lo que se encuentra bajo él, concibiéndolo de su propia sustancia e incluyendo a todas las cosas en su sustancia.

יהיה יותר נכבד ומעולה אצלו ואהוב ונחמד לו מזולתו, ממי שלמטה מהמשכיל ההוא, ויהיה מתדמה לו יותר מזולתו, מהמשיגים שבימינו, וכל מה שיסבל אמתת מציאותו יתרחק מאתו, ויוסיף רוחק בעת התגדל דעתו, אם לא ישתדל להוסיף בהשגתו אותו, ור״ל בהתגדל דעתו בהיותו מתקרב לזמן ההשגה, והן ימי הזקנה והשיבה, שאם הוא מזקין בלתי היותו נותן לזקנ־תו חקה שהיא החכמה כמו שנאמר [איוב יב, יב] בישישים חכמה וארך ימי תבונה,

Y lo mejor es que una persona sea honorable, excelsa en sus ojos, amada y anhelada por cualquiera que se halle debajo de esa persona inteligente. Así, dicha persona será más parecida a sus semejantes. Por otro lado, cuanto más ignorante de la razón de la existencia es una persona, más lejos se encuentra de la misma, ya que aunque crece y su mente se desarrolla, su comprensión no aumenta, lo que implica que su mente se desarrolla y se acerca a su comprensión, pero ya en los días de vejez. Y ya que se envejece sin proporcionarle a la vejez aquello que ésta precisa, que no es otra cosa que la sabiduría, tal y como se dice: «en los ancianos está la sabiduría y en la longevidad la inteligencia» [Job 12:12].[50]

והוא מוסיף להדבק בהבלי העולם הזה בהתקרבו אל פרידותו ממנו בטבע, הנה הוא יוסיף דוחק מה בכל יום ויום, וזה האיש אם נזקן וחושב שהתחכם, הנה הוא זקן וכסיל:

De este modo se sigue aferrando a las vanidades de este mundo pese a que él está más cerca de abandonarlo, alejándose cada vez más de todo cada día. Y si esa persona envejece y cree que se ha vuelto más sabio, la realidad es que se ha vuelto más viejo y necio.

ואם יחשוב לומר הנני שומר מה שצווני קוני בשמרי קצת מצותיו, צריך שיתעורר משנתו, ואם היא שנת שכרות טוב שיעוררהו במרזפתא דנפחי, ממה שיעזבוהו לישון שנת עולם ולא יקיץ, והוא שיודיעוהו שאחר שזקן אין עת הזקנה זמן העבירות שיחסר מהם וישמור בזה מצות קונו, כמו שחשב שהנה העבירות אצלו כבר מתו בטבע ואין צורך לו לאזהרת קונו, והנה שאחר שהעבירות סבתם סבת יצר הרע,

Y si sigue diciendo: «Guardo aquello que mi Creador me pide», al guardar algunos de sus preceptos, debe despertar de su estupor. Y si se

---

50. O sea las *sefirot* Jojmah y Binah, llamada también Tevunah.

encuentra en el sueño de la intoxicación, es mejor que sea despertado con el martillo del herrero a ser abandonado al sueño eterno y que nunca despierte. Y es que debería ser informado que una vez se envejece, la edad de la vejez no es la de las transgresiones, por lo que debe abandonar éstas y cumplir el precepto de su Creador, puesto que considera que todas sus transgresiones han muerto de forma natural y ya no necesita de las advertencias de su Creador. Y el testigo de todo esto es la causa de las transgresiones, la imaginación, que verdaderamente es la Mala Inclinación.[51]

והוא באמת הדמיון הפועל הרבה בזמן הבחרות ומעט בזמן הנערות, ואין לנו פועל בזמן הז־
קנה, להוציא דבר לפועל, ואם יש לו מציאות בלב הזקנים הוא לפי הרוב בכח, ר"ל במחשבה
לא בפעל, כי הכח חלש לצאת לפועל,

Ésta es ciertamente muy activa durante la edad adulta y en parte durante la adolescencia, pero poco activa durante la vejez. Y si existe en los corazones de los ancianos, sólo existe en potencia, por lo que sólo es pensamiento y no realidad, puesto que la potencia es demasiado débil para convertirse en realidad.

וזה שהסיבה קרובה לעבירה בטבע היא רתיחת הדם, והזקן דמו קר מאד והוא בלתי חום חזק,
שכבר גובר עליו כח המרה השחורה, שטבעה קר ויבש, והעפר מבקש חלקו שהוא רוב הגוף
המורכב ממנו, וכל הדברים הקשים שבגוף, כגון העצמות, והגידים, והאלל, והצפורנים, והש־
ער, והדומים להם, שאינם מרגישים בחייהם הם מתים, אפילו בזמן שהדם רותח, כל שכן אחר
כן, ובעבורם נעשים המעשים שהתנועעה בם קרובה, ועל כן חלשו תנועות הזקנים עת הזקנה,
ואחר שהוא כן מה עבירות יעשה הזקן החלוש:

Esto se debe a que la causa más próxima a la transgresión es el hervir de la sangre, pero la sangre de un anciano es muy fría y carece de calor intenso gracias al poder de la melancolía, que refresca y reseca por naturaleza. La sangre que hierve domina y la tierra demanda su parte, puesto que la mayor parte del cuerpo está compuesto de ella. Y por eso todas las partes del cuerpo, desde los huesos hasta los nervios, la piel, las uñas, el pelo y el resto, que no tienen razón de ser, se encuentran muertos en vida. Si esto ocurre cuando la sangre hierve, cuanto más cuando no lo hace. Todas las acciones que necesitan del movimiento son hechas en pos de su beneficio, y por ese motivo los movimientos de

---

51. Lo que los cabalistas conocen como «imaginación no rectificada».

los ancianos son débiles al envejecer. Si esto es así, ¿qué tipo de transgresión realizará un anciano?

ואם תאמר יכול לחטוא בפיו ובלבבו, אחר שהעבירות נמצאות בג' מקומות ראשונות שהם הלב, והפה, והמעשה, הנה תשמע כוונתי בזה בחלק השני,

Y si dices que él puede seguir pecando con su boca y su corazón, ya que las transgresiones están localizadas en tres lugares diferentes, que son el corazón, la boca y la acción, ahora escucharás mi intención en relación a esto en la segunda parte.

ואולם המצות אשר יחשוב לקיימם ידוע שהן נמשכות כולן אחר המצוה האחת המיוחדת, והיא סוד הדבור הראשון שבעשרת הדברות וגם העבירות כולן נמשכות אחר הדבור השני, וכבר אמרו חכמינו זצ"ל [ספרי שלח טו] כל המודה בע"ז כופר בכל התורה כולה, וכל הכופר בע"ז מודה בכל התורה כולה,

Sin embargo es sabido que los preceptos que hay que cumplir derivan del único precepto, y es el secreto del primero de los diez preceptos. Y todas las transgresiones derivan del segundo precepto. Ya dijeron los sabios de bendita memoria (*Sifri, Shelaj* 15) que cualquiera que admite la *Avodah Zarah*[52] parcialmente, condena toda la Torah, y cualquiera que denuncia todas las formas de *Avodah Zarah* confirma toda la Torah.

הנה כבר אתה רואה שכל התורה כולה תלויה בשני הדברים הראשונים, ואם לא יכיר אדם אי זה דבר הוא הנקרא ע"ז בכלל ובפרט, לא ידע לכפור בה בלבו,

Por lo tanto, puedes ver que toda la Torah gira en torno a los dos primeros preceptos, y si una persona no reconoce lo que es llamado *Avodah Zarah* en general y en particular, entonces no sabrá denunciarlo con su corazón.

ואם יכפור בה בפיו זה אינו מספיק להשלמה, ואע"פ שהוא טוב ורחמנא לבא בעי, ואי אפשר להשיג מהות ע"ז בתכלית ההשגה, כי אם בהשגת ידיעת השם הנכבד והנורא, ומפני שזו ההשגה אינה ראויה אלא למי שהוא זקן בחכמה ובמנין, מפני שישיג בחכמת אמתת הדברים על בורריין וישיג במנין חלשת ע"ז וחזק ה',

Y si lo rechaza con su boca, si es imposible alcanzar la esencia de la *Avodah Zarah* con total comprensión, cuanto más el conocimiento del

---

52. Literalmente «culto extraño», se refiere a la idolatría.

Eterno honorable y temible. Comprender esto es algo imposible para aquel que no está repleto de sabiduría y años, puesto que así es como se puede alcanzar la sabiduría de la verdad, y ser capaz con los años de debilitar la *Avodah Zarah* y fortalecer el Nombre.

הסכימו למסרה לראוי, ולמנעה ממי שאינו ראוי, ומפני שאין כל הדעות שוות גדרו פרצות, ואמרו שידיעת שם צריכה אל תנאים רבים, כדי שלא יחשוב ג״כ היודע את השם שכבר פטר עצמו מכל מה שקדם בהכרח לידיעת השם, בהיות לאל ידו לעשות, אבל הראוי הוא לשמור שתי השמירות כי זו מקיימת זו, וזו את זו, בדמות הגוף והנפש שניתן צריכין זה לזה, ובדמות האות עם הנקודה, כי המציאות לשניהם יחד בזמן אחד, ואע״פ שהאות רומז לגוף, והנקודה לנפש, שהרי הנקוד מניע את האות והאות מתנועע, והמדע להניע את שניהם, דומה לשכל המנהיג הגוף והנפש יחד:

Todos están de acuerdo en que ésta[53] ha de entregarse al digno, y mantenerla lejos del indigno. Ya que no todas las mentes son iguales, se han cercado las fisuras e indicado que el conocimiento del Eterno requiere del cumplimiento de muchas condiciones, para que cualquiera que conozca al Eterno no piense que está exento de todo lo que necesariamente precede al conocimiento del Eterno. Lo idóneo es mantener dos defensas, ya que una sostiene a la otra del mismo modo que cuerpo y *Nefesh*[54] se requieren mutuamente, del mismo modo que la consonante y el punto vocálico existen juntos al mismo tiempo.[55] E incluso si una consonante se parece al cuerpo y el punto a *Nefesh,* ya que la vocal mueve a la consonante y así la consonante se pone en movimiento. El conocimiento de cómo mover ambos es como el intelecto que gobierna al cuerpo y a *Nefesh* juntos.

והנה כשירצה אדם למסור קבלה אחת בידיעת השם, צריך שימסרנה לגודרי הפרצות הם, אם לא היו מוצאים מצות כתובות בשום מקום, שכלם הטבעי החזק גוזר שהיו מחדשים אותם מדעתם, שהרי גדר הפרצה דומה אל נתינת המצוה, אלא שזה בשכל אנושי, וזה בשתוף שכל אלהי עם אנושי, ואחר שזה כן כל שכן שזה המקבל השלם לא יפרוץ שום גד ר, אבל ישתדל בכל כחו לגדור פרצות במקום הפרוץ לפי הדו ר, והזמן:

He aquí que cuando un hombre desea transmitir Cábala sobre el conocimiento del Eterno, él debe entregarla a los guardianes de las bre-

---

53. La sabiduría.

54. Espíritu.

55. Rabbí Bahia ben Asher, contemporáneo de Abulafia, escribía «el rollo de la Torah está sin vocales para que el hombre pueda interpretarlo como desee pues las consonantes sin las vocales son susceptibles de varias interpretaciones».

chas; puesto que si no encontraron los preceptos escritos en ninguna parte, su fuerte intelecto natural decrecerá hasta que puedan asentar uno nuevo en sus propias mentes, ya que la cerca de una fisura es similar a asentar un precepto, sólo el primero se lleva a cabo con el intelecto humano, y el siguiente mediante la combinación del intelecto humano y divino. Y si esto es así, cuanto más la totalidad del receptor de Cábala no romperá una cerca, sino que se esforzará con toda su fuerza en reparar las fisuras allí donde sea necesario, de acuerdo a la generación y al tiempo.

החלק הב' אותיותיו ו'ז'ח'ט'י' חלקיו חמשה ועניניו חמשה. והשם
ס'פ'ר'ד'י':

חלק ו' סימן ו' ענין א' סימן ס' כולל כל המצות:

כל מצוה ומצוה מן תריא מצות אשר צוה לנו משה רבינו ע"ה על פי ה', כמו שנאמר [דברים
לג, ד] תורה צוה לנו משה מורשה קהלת יעקב, היא ככלל חברתה קשורה בסוד ת'ו'ר'ה',
שהוא בגימ' ת'ר'י'א', וכן קשור"ה, וכן כתיב [דברים י, כ] את יי אלהיך ת'י'ר'א', וכן ויראת
מאלהיך והוא סוד יראת שמים,

**Parte segunda, cuyas letras son ו, ז, ח, ט, י, tiene cinco partes y
cinco temas en torno al Nombre ס, פ, ר, ה, י**

Parte ו, Signo א, signo ס, la cual contiene todos los preceptos.

Cada precepto de los 611 preceptos[56] que fueron transmitidos a Moisés, bendita sea su memoria, de acuerdo con el Señor, pues se dice «Una
Torah prescribió para nosotros Moisés, posesión de la comunidad de
Jacob» [Deuteronomio 33:4], siendo éste el principal misterio de la Torah, que numéricamente es 611 (תריא).[57] También está escrito «Temerás
al Señor, tu Dios» [Deuteronomio 10:20]; y se temerá tu divino poder,
que es el secreto del temor del cielo.

וכן כתיב [משלי א, ז] יראת ה' ראשית דעה חכמה ומוסר אוילים בזו, והנה תדע שנשארו מן
תרי"ג ב' מצות, והם ב' קצוות, הקצוה הראשונה הוא בתכלית המעלה שאין מעלה אחריה,
והוא סוד ידיעת השם, ואם תחשוב להגיע אל תכליתה תצטרך להיותך שכל נפרד, וזה נמנע
מכל בעל חומר, אבל צריך שתידע ממנה מה שאינך ראוי להיות שכל בו מצד היותך בעל צלם
אלהים, ובעל דמות אלהים,

---

56. En hebreo *Tariah* (תריא).

57. La guematria de la palabra Torah es 611 ya que *Tav* vale 400, *Resh* 200, *Iod* 10 y
Alef 1. Abulafia juega aquí con *Tirah*, «temerás», cuya guematria también es 611.

También está escrito «El temor[58] del Eterno es el comienzo de la sabiduría; los necios desprecian la sabiduría y la instrucción» [Proverbios 1:7]. Contempla y aprende que los dos preceptos permanecen en los 613, y forman sus dos extremos.[59] El primer extremo es el nivel esencial que no tiene ningún nivel más allá de él, ya que se trata del misterio del conocimiento del Eterno. Si aspiras a llegar hasta él, tendrás que mantener el intelecto separado que es negado a toda sustancia formada. Sin embargo, has de saber que no es apropiado que seas ignorante, ya que eres encarnación[60] de la imagen de Dios y encarnación de la semejanza de Dios.

ר"ל משיג המושכלים, ומנהיג הכחות הרוחניות הטבעיות והנפשיות שלכך נוצרת, ואם למדת תורה הרבה אל תחזיק טובה לעצמך כי לכך נוצרת [אבות ב, ט], כלומר להשיג הרבה ולא להיות סכל כבהמה בצורת איש.

Esto es para ser un conocedor de la iluminación y un maestro de los poderes espirituales naturales y del alma. Es por esta razón por la que fuiste creado. «Si aprendiste mucha Torah, no consideres que esto se encuentra a tu favor: por esto fuiste creado» [Avot II-40]. Por eso, aprende mucho y no seas ignorante como un animal con forma de hombre.

והקצוה השנית היא בתכלית הפחיתות שאין אחריו פחיתות, והוא הפך מידיעת השם, שהוא הרחקה ממנו בתכלית הרוחק, והוא שאם תהיה סכל מידיעת השם לגמרי שכל צד ומכל פינה, ואין לך עליו לא אמונה מקובלת, ולא מושכלת, הנה אז אתה כמי שאין לו אלוה, ומי שאין לו אלוה אינו אדם, וכמו כן אם יש לך עליו אמונה מקובלת בלתי מושכלת, אתה תלוי בין האמת, והשקר, שאינך יודע אם קבלתך אמת או שקר,

El segundo extremo es la esencia de la reducción de lo que es menos que esto. Es lo opuesto al conocimiento del Eterno, distanciado de él en la esencia de la distancia. Si es así, eres completamente ignorante del conocimiento del Eterno desde todo lado y perspectiva, y no has recibido o entendido la *Emunah* en él, siendo como alguien que no tiene fuente divina; y alguien que no tiene fuente divina no es un hombre. Del mismo modo, si has recibido la *Emunah* en él pero no la has entendido, entonces te encuentras entre la verdad y el engaño, ya que no sabes si has recibido la verdad o la mentira.

---

58. Irat, «temor», su guematria es 611.

59. De este modo 611 + 2 = 613.

60. En hebreo *Baal* (בעל), literalmente «marido», «patrón».

ואם היא אמת ואתה עובד אלוה לפי קבלתך אתה עובד את השם באמת, אבל במקרה לא בעצם, וכמו שעבודתך מקרית, כן גמולך מקריי, ואם היא שקר ואתה עובד מה שאין לו מציאות לשם אלוה, נמצא שאתה עובד ע"ז במקרה, ואתה חושב לעבוד אלוה,

Si es cierto que sirves a tu fuente divina de acuerdo con tu tradición,[61] entonces estás sirviendo al Eterno verdaderamente; aunque sea de forma fortuita y no esencial. Por eso, si tu entrega es fortuita, así será tu recompensa. Por el contrario, si a lo que es sirves es falsedad y carece de fuente divina, entonces estás sirviendo de forma accidental a una deidad extranjera (*Avodah Zarah*), mientras piensas que estás sirviendo a tu fuente divina.

על כן ענשך גדול מגמולך, וכמו שאתה חושב ליגמל בעבור עובדתו, כן ראוי שתחשוב שאם לא תעבדנו באמת אתה חייב ליענש על היפוך עבודתו אשר אין לו חפץ בה, וכן אין השלימות העליון המבוקש ממך תגיע עליו בענין האמונה, כי אם בציירך מציאות השם וייחודו, והיותו בלי גוף, ובלתי כח בגוף, באמונה מקובלת ומושכלת, ואם האמונה הראשונה שלימה עמך כל מעשיך יהיו לשם שמים, ואם היא חסירה ממך כל מעשיך יהיו לשם הפכם:

Por lo tanto, tu castigo será mayor que tu recompensa, por lo que considera ofrecerte a su servicio, ya que es adecuado suponer que si no le sirves correctamente mereces el castigo por el mal servicio que él no desea. Si es así, entonces la perfección superior que se pide que alcances no es la *Emunah*. Es más bien tu camino de concebir la formación de la realidad del Eterno, Su unidad y la ausencia de un cuerpo o cuerpos físicos que han recibido y entendido el conocimiento. Si tu *Emunah* inicial es total en ti; entonces todas tus acciones serán por el beneficio del cielo; si careces de *Emunah* en tu interior, todas tus acciones serán para lo contrario.

וסוד שם בן ד' אותיות, הוא ש'מ'י'ם', לפי דרך הכפלת חציו הראשון על עצמו, והוא בעצמו, עוד על חציו האחרון. ואמנם חציו על חציו, וחציו על חציו, כלומר זה על עצמו וזה על עצמו י'ה'ו'ה' ש'מ'ו', וכשתשים אותו מלא במבטאו על ש'מ'ו' ויעלה ד'ם', תמצא סוד ז'כ'ר' ו'נ'ק'ב'ה' בראם, והיא של הי"ה שמות מיוחדים, ז' מהם סימנם י'ע'ק'ב', וח' מהם סימנם י'צ'ח'ק', והם ב' מדות אמת ופחד, האחת כוללת ידיעת ה' שהיא מדת האמת, והשנית כוללת יראת השם שהיא מדת הפחד:

<hr>

61. Literalmente «tu cábala».

El secreto del Nombre de cuatro letras es ש,מ,י,ם [62] a través de la multiplicación de su primera mitad por sí misma[63], sumando después la primera parte con la segunda parte;[64] y de nuevo con su segunda mitad por sí misma;[65] por lo que en total obtenemos 225 + 26 + 121 = 372. Así es como su primera mitad se multiplica sobre su primera mitad,[66] y su segunda mitad sobre su segunda mitad.[67] Así se dice que la primera parte está en sí misma y la segunda parte está en sí misma: «YHVH es su Nombre».[68] Y cuando sitúes su expansión prolongada[69] en «Su Nombre» será igual a *Dam*.[70] Te darás cuenta de que el secreto de «Macho y Hembra los creó» [Génesis 1:27] es igual a 15 Nombres únicos. Siete de los cuales tienen la señal de Jacob, y ocho de ellos tienen la señal de Isaac. Tienen dos atributos: *Emet*[71] y *Pajat*.[72] El primero incluye el conocimiento del Eterno, siendo su atributo la «verdad», y el segundo incluye miedo hacia el Eterno, siendo su atributo el «temor».

והנה אחר שתצייר שתי הקצוות הנזכרות האמונה אשר לא נתלו במעשים, תצייר היות תורה אמצעית, בין שתיהם, מפני שתלמוד תורה מודיעך דרך המעשים, ההגונים שתלך בה, ודרך המעשים המגונה שהתרחק מהם, ומפני היות כל המצות נמשכות אחר האמונה, עלו כן במס־ פר שווה לידיעת השם, וסודם [שמות ג, טו] זה שמי לעולם וזה זכרי לדור ודור,

He aquí que después de que observes los dos extremos de la *Emunah* que no están basados en las acciones, observarás cómo la Torah es el medio que actúa entre ambos; ya que el aprendizaje de la Torah te hace conocer las acciones adecuadas a las que debes acercarte y a las acciones repugnantes de las que debes alejarte.[73] Todos los preceptos son dirigidos por la *Emunah*, cuya suma es igual al equivalente numéri-

---

62. *Shamaim*, «cielos».

63. O sea 15, la guematria de *Iod He*. Multiplicado por 15 = 225.

64. O sea 15 sumado a 11, la guematria de *Vav He* = 26.

65. O sea 11 multiplicado por 11 = 121.

66. *Véase* nota 48.

67. *Véase* nota 50.

68. 372 = יהו'ה ש'מ'ו.

69. El Tetragrama deletrado como יוד ה א ו ו ה א = 44.

70. «Sangre»(44 = דם).

71. אמת, en castellano «verdad». *Véase* Miqueas 7:20.

72. פחד, en castellano «temor», «miedo». *Véase* Génesis 31:52.

73. *Véase* Salmos 34:14.

co del conocimiento del Eterno. Su secreto es «Éste es mi Nombre para siempre jamás y éste es mi recuerdo para las sucesivas generaciones» [Éxodo 3:15].

כי כשתחבר זה שמי, תמצאם שס"ב, וכשתחבר ז"ה זכר"י תמצאם רמ"ט, חבר שס"ב עם רמ"ט יעלו תור"ה, גם תחבר עוד י"ה שמי. ותמצאם שס"ה, ותחבר עוד ו"ה זכרי, ותמצאם רמ"ח, חברם יעלו תרי"ג, וסימניך מ"ש"ה' ר'ב'י'נ'ו', שים כ' מן רבינ"ו עם מש"ה, ויהיו שס"ה, וכתוב רבינו, וחסר כ' מן רבינ"ו וישאר רמ"ח, כתב משה רבינו וצרפיהו ויצא לך י"ה מבשרנ"ו:

Cuando sumas «Éste es mi Nombre» (זה שמי), la cifra obtenida es 362 (שס"ב); y cuando sumas «éste es mi recuerdo» (זה זכרי), la cifra obtenida es 249 (מר'ט). Si sumas 362 y 249 obtienes «Torah» (611 = תור'ה). Además, si combinas YH (15, י'ה), con «Mi Nombre» (שמי), obtienes 365, y si combinas VH (11, ו'ה), con «Mi recuerdo» (237, זכרי) verás que obtienes 248; y juntos ambos suman 613.[74] Tu señal es «Moisés nuestro Rabbí». Pon 20 de «nuestro Rabbí» con «Moisés», y será igual a 365; quita 20 de «nuestro Rabbí» y será 248. Si escribes *Moshe Rabbeinu*[75] y lo permutas,[76] el resultado será «YH de nuestra carne» (י'ה מבשרנ'י).[77]

והנה שס"ה מניינם כמניין ימות החמה, ורמ"ח כמנין אברי אדם, ומה שהוא כנגד איבריך צוך השם לעשות בם מצות,

Aquí se encuentran 365, el número de días del año; y 248, el número de órganos que hay en un hombre.[78] El Eterno ha ordenado que lo que corresponde a cada uno de tus miembros sea para los preceptos.

---

74. *Véase* Zohar III-110 b.

75. משה רבינו, en castellano «Moisés nuestro maestro». La guematria de esta expresión es 613.

76. O sea, cambias el orden de las letras.

77. La guematria de esta expresión es 613.

78. El Talmud (Tratado de *Makkot* 23b) nos enseña que hay 613 mandamientos de la Torah; 248 mandamientos positivos y 365 mandamientos negativos. Según el Zohar (I-170b) Los 248 mandamientos positivos están conectados con los 248 huesos y los 365 mandamientos negativos con los 365 tendones y los 365 días del año. Según el cabalista Jaim Vital «cada hueso de los 248 huesos se nutre de su propio mandamiento; cuando una persona no cumple un determinado mandamiento, al hueso correspondiente le faltará el alimento que atrae».

כלומר לרמוז לא נברא בך שום אבר כי אם לעבוד בו את הבורא לא לזולת זה, שהרי הם כמספר מצות עשה, ואם תעבוד בם לזולתו בעצם אתה עובד אלהים אחרים,

Esto alude a que cada órgano ha sido creado únicamente para servir al Creador y nada más, puesto que son el número de los preceptos positivos. Si fueras a emplearlos para cualquier otro fin, sería como si estuvieras sirviendo a otros dioses.[79]

ואם יהיה מקרה הנה אלהים אחרים ועל כן ראוי שתעבוד את השם, שהוא אל שדי, ושהוא כנגד אלהים אחרים, בכל איבריך במצות עשה, ואם תשכיל את השם, הנה עבודתך שלי־מה שכל איבריך יתנועעו בכל תנועתם, אחר כוונת תשלום התכלית ההיא המיוחדת בכל תכליותיך, ואפילו בשעת משאך ומתנך ומאכלך ומשתך בו תחשוב, ולא יטעך הזמן בהבליו להמשך אחריו במעשיך כי אם במקרה או בהכרח טבע האנושות:

Si es por accidente, estás sirviendo a otros dioses. Por lo tanto, es adecuado que sirvas al Eterno, a El Shaddai, a aquel que se opone a los otros dioses, con todos tus órganos a través de los preceptos positivos. Si eres iluminado por el Eterno, entonces tu labor será completa, tus órganos se moverán con el fin de completar el anhelo específico y único de entre todos tus anhelos. Serás consciente de él incluso cuando estás en tus asuntos de trabajo, comiendo y bebiendo, y no estarás distraído por el tiempo y sus vanidades. No te desviarás de la acción a no ser que sea por una causa circunstancial o de naturaleza humana física.

ועל זה היו מצות לא תעשה כמנין ימות החמה שס"ה, לרמוז שלא תעשה מעשיך על פי הבלי הזמן, ומפני שהחמה נכרת לכל יות ר, ורום עניני בני האדם מתגלגלים משנה לשנה, ומשתנים גם כלל ימות:

En torno a esto, los preceptos negativos son 365, el número de días en el año, por lo que no deberías estar distraído por las vanidades temporales y por eso deberías reconocerlas. La mayor parte de los asuntos del hombre cambian de un año a otro hasta que muere.

---

79. Literalmente «dioses extraños».

איברי האדם הם נמנים על פי השנים השמשיים, נרמז הענין להזהיר האיברים העניינים המ־
תהפכים המשתנים מעת אל עת בדמיון ההנאות המדומות המורגשות, א״כ הם כולם הבל
ורעות רוח אשר הם עוברים לשעתם, כענן בקר וכטל משכים הולך ואין להם שום השארות
בענייני האיש הפרטי, לא בעצם ולא במקרה כי אם רגע קטן מדומה:

El total de los órganos de un hombre se cuenta de acuerdo con el calendario solar. Ésta es una referencia para proteger a los órganos del
cuerpo de esas cosas que son transitorias y cambian de un momento a
otro. Así son los placeres viscerales e imaginarios que no son sino vanidad y locura. Su tiempo pasa como la mañana y el rocío, que aparece
por la mañana y luego desaparece. No dejan marca en el interior de la
persona ni de forma esencial ni accidental, sólo durante un pequeño
momento imaginario.

והנה כל המצות שנצטוינו עליהם באו לנו כדמות הקדמות להשגה שאם אין הקדמה אין
השגה מושכלת, ואם אין השגה מושכלת אין אמונה נשלמת, ואם אין אמונה נשלמת אין
עבודה קיימת, ואם אין עבודה קיימת אין גמול נפרע. ואם אין גבול נפרע לא השלים הנברא
אמתת ברייתו, והמשל בזה מי שלא הלך בשוק לא קנה מזון.

Y he aquí que todos los preceptos que fueron ordenados están dispuestos en forma de introducción al verdadero conocimiento, ya que
si no hubiera introducción no habría comprensión del conocimiento; y si
no hubiera comprensión, entonces la *Emunah* estaría incompleta; y si la
Emunah estuviera incompleta, entonces el servicio no sería permanente,
y si el servicio no fuera permanente entonces la bondad no sería retribuida. Y si la bondad no fuera retribuida, él no cumpliría la verdad de
su creación. Esto se comprende a través de la metáfora de aquel que fue
al mercado y no compró comida.

ואם קנה ולא הביאו אל ביתו אל לתקנו לא יבשלנו, ואם שמהו בקערה אחר שבישלו אם הגיע
לכך לא יאכלנו, ואם אכלו לא יחיה בו, ואם אכלו הגיע אל תכלית כוונתו, שאכלו בכמות
שוה ובאיכות ממוצע וחי בו, כן המצות אם עשה אחת מהן, ועזב אחרת הקרובה לה בטבע
ימצא שהפסיד ראשונה, ואם קיים השנייה, צריך עוד לקיים הקרובה לה, ועל זה רמזו באמרם
[אבות ד, ב] ממצוה גוררת מצוה,

Y en caso de haberla comprado, no la habría llevado a casa a prepararla y esta comida no habría sido cocinada. Y si la hubiera colocado en otro
recipiente tras cocinarla, no la hubiera comido. Y si no la comió, entonces
sería incapaz de vivir gracias a ella. Y si se la comió, finalmente alcanzó
la esencia de su objetivo; si come en la justa y equilibrada medida debe
sentirse vigorizado. Eso es lo que ocurre con los preceptos: si una perso

na cumple uno y abandona su contrapartida, encontrará en la naturaleza que ha abandonado el primero; y si cumple el segundo, él debe cumplir también el que se encuentra próximo a éste. A esto hace referencia la expresión «Un precepto conduce a otro precepto» [Avot IV-2].

וכן העבירות זה דרכן זה כי עבירה גוררת עבירה, ועל זה נרמז באמרם [שם] בענין זה שכר מצוה מצוה ושכר עבירה עבירה, ואם עלה ממצוה למצוה בין מקטנה לגדולה, בין מגדולה לגדולה, יתכן שיושלם לו סוד התכלית האחרונה:

Además, ésta es también la naturaleza de las transgresiones, ya que «Una transgresión conduce a otra transgresión» (Ibíd.). A esto es a lo que alude el dicho «La recompensa por un precepto es el precepto, y la recompensa por una transgresión es una transgresión». Si uno asciende de un precepto a otro, ya sea de uno pequeño a uno grande, o de uno grande a otro mayor, entonces es posible enmendarse en el misterio del propósito último.

וידוע שמי שהושלם שכלו ישמור כל המצות בכל יכלתו, שאילולי לא היה להם מציאות הוא היה מחדשם וממציאם, כל שכן בהיות להם מציאות שלם, שאי אפשר לחדש טובות מהם לעולם,

Y has de saber que aquel que perfeccione su intelecto cumplirá los preceptos al máximo gracias a su habilidad, por lo que si no tienen una realidad, él los restauraría y crearía de nuevo. Cuanto más después de que tengan una realidad completa donde ningún bien adicional pueda ser cosechado de ellos.

ועל כן אין ראוי להוסיף עליהם ולא לגרוע מהן, ואם תאמר בדעתך שאחר שאדם במעלה העליונה מהן והיא התכלית האחרונה, שהיא ידיעת ה', מעתה מה צורך מהן, הנה הראיתיך שצריך אליהם האדם כל ימי חייו, מפני שהן לא נצטוינו עליהן לשמרן, אלא כדי לעמוד בכחם נגד יצר הרע, ולהחזיק כח יצר טוב

Por lo tanto, es innecesario eliminar o añadir nada en ellos. Puedes preguntarte, «Después de que un hombre haya alcanzado el nivel más alto y el propósito último, ¿cuál es el conocimiento que proporciona el Eterno ahora y qué necesidad hay de Él?» Mantente atento, pues te mostraré que el hombre necesita de los preceptos durante todos los días de su vida, ya que no fueron ordenados por el beneficio de su cumplimiento ni para hacer frente a la Mala Inclinación ni para mantener la Buena Inclinación.

ואחר שלא יפרדו מן האדם כל ימי חייו שני היצרים, הנה אם לא ישמור המצות תתהפך בו כוונת השם, ואולי ישלוט טבעו על שכלו עת מן העתים, ויפסיד כל מה שהרויח כל ימי חייו,

Después de toda la vida de un hombre, las dos inclinaciones permanecen junto a él; y si no se guardan los preceptos, la intención del Eterno será trastocada en la persona; siendo posible que su naturaleza más baja gobierne su inteligencia aunque sea por un momento; y así perderá todo lo que ha conseguido en este mundo.

ועוד אתה רואה מה' יתברך שאע"פ שברא את עולמו, לפי פשט התורה בששת ימי בראשית והשלימו, לא עזבו בלתי השגחה, אבל שומרו תמיד עוד, כן התורה והמצוה, אע"פ שאתה מגיע אל תכלית אחת מהן, צריך לך לשמור פרטן וכללן,

Y también verás que el Eterno, bendito sea, tras haber creado su mundo de acuerdo al simple entendimiento de la Torah en los seis días de la creación, no lo dejó desatendido. Él está en preparado eternamente, junto con la Torah y los preceptos, y por eso, aunque hayas alcanzado la perfección en un aspecto, nunca debes bajar la guardia en los detalles y principios.

בהשגחה גמורה תמיד, והעד שאם לא תלמוד תמיד, תשכח מה שלמדת, כן אם לא תעשה המצות, תמיד יחלש כח יצרך הטוב, ואתה לא תרגיש. ומה אוסיף להודיעך בענין כלל המצות, שאני יודע שאם אתה בעל שכל מבין כוונת ה' בכל המצות, אחר זאת ההערה הנרמזת בזה החלק השני, ואם לאו כל מה שאני [אומר] באזנך בענין שמירת המצות, אני דומה לפניך כמי שמנגן לפני הצלמים:

Y si no aprendes constantemente, olvidarás lo que has aprendido, y así no cumplirás los preceptos constantemente, por lo que tu inclinación se debilitará y no lo sentirás. ¿Qué puedo añadir a la hora de informarte del concepto general de los preceptos? Sé que si tienes buen intelecto entenderás la intención del Eterno en todos los preceptos tras el contenido indicado en esta segunda sección. Si éste no es el caso, entonces todo lo que he dicho a tus oídos en relación al tema de guardar los preceptos es como si hubiera estado tocando música ante los ídolos.

ואחר שהודעתיך זה כולו אשלים לך ענינו, במה שידעתי להודיעך אותו בזה הספ ר, מענין היות האיש הזקן יכול לחטוא בפיו ובלבו, והוא בעני ן הדיבור והמחשבה, שאחר שהדיבור הוא הבדל שבו נבדל האדם משאר בעלי חיים, גם המחשבה היא מסגולת האדם, ומהנכ־ בדות שבסגולותיו, הנה יתכן לחשוב שחטאם גדול מחטא העובר על המעשים, והוא אמת מצד אחד:

Ahora que te he hecho conocer esto en su plenitud, terminaré lo que originalmente traté de hacerte saber en este libro, ya que incluso el anciano puede pecar en sus labios y en su corazón. Estos son los conceptos del habla y el pensamiento, siendo el habla la diferencia principal entre el hombre y el animal, y el pensamiento se encuentra entre las cualidades esenciales más nobles del hombre. Es posible pensar en la transgresión que pueden causar palabra y pensamiento, ya que se puede pecar de obra, lo cual es cierto por un lado.

הנה אודיעך אני זה כלו בקצור, דע שהאדם ראוי להיות נדון על הענין שבו יוכל להשלים חפץ קונו, יותר מעת שלא ישלים חפצו, ממה שראוי לדון אותו על הענין הרחוק מחפץ קונו, והענין הקרוב אל חפץ ה' יותר הוא ממעשה הטוב,

Y he aquí que te expondré este principio brevemente. Has de saber que es apropiado que un hombre pueda ser juzgado en relación a las obras en las que ha podido llevar a cabo la voluntad del creador, mucho más que cuando no la ha llevado a cabo. Y es por esto por lo que es apropiado juzgarle por las cosas que se encuentran lejos de la voluntad del creador. Lo que está más cerca de la voluntad del Eterno es la buena acción.

והראייה על זה שה' יתברך אע"פ שדיבורו היה שלם בעצמו, ומחשבתו שלימה אצלו, עד שהוציא דבורו ומחשבתו לפועל מלאכתו אשר עשה לעין כל חי, לא נודעה שלימותו, ואע"פ שאין לו צורך בכך, הנה אנו רואים שחפץ בזה, וכבר עשה שהם יראו הנבראים מעשיו הנפ־ לאים,

La prueba de esto es que el Eterno, bendito sea, ya era absolutamente perfecto en su habla y pensamiento al expresar su pensamiento y habla al manifestar la realidad que él había creado ante los ojos de toda vida; aunque su perfección no fuera enteramente conocida. Incluso si no tuviera necesidad de ello, él tuvo deseo de ello, por lo que toda la creación reconoció sus obras maravillosas.

ואם לא היה בעבור מעשיו, מי היה משיגו מהמשיגים אותו, ואע"פ שהמעשים גם משותפים
עם המשיגים והמשיגים ג"כ עשויים:

Además, si no fuera por sus obras, ¿quién lo comprendería de entre aquellos que Lo intuyen? Es a través de todas las obras como se unen las intuiciones y se forma la intuición.

הנה הודיענו שאין השגה לנו בו אלא מתוך הביטנו במעשיו אשר הם יעידו על מעלתו. כן על
דרך משל בענין הזקן, אע"פ שכבר חלש כחו כבר עשה מעשים, ואם היו טובים כבר ניכר
מהם, ואם רעים ניכר בם, ועוד נמשך גם כן אחריהם,

He aquí que te he hecho saber que no hay forma de comprenderle si no es a través de sus acciones, las cuales atestiguan Su grandeza. Así, y también a través de la metáfora del anciano, aunque su poder haya disminuido, si ha llevado a cabo actos que fueron buenos, entonces estos serán reconocidos, y si hizo actos que fueron malos, estos también serán reconocidos. Se encuentra conectado y arrastrado por ellos.

ואם יאמר בפיו מה שאינו ראוי, מי יחס לו השומע המעשה הרע, ויקראהו אדם רע, ואם יאמר
דבר טוב יחס לו הצדק ויקראהו צדיק. ואולם מחשבתו אין בה כי אם דמיון, ואם יחטא בו
בהיותו שכל כבר עבר על הכוונה, אבל אינו נדון כי אם על המעשה, שאם חשב לעבור עבירה
אינו נתפש על מחשבתו, עד שיוציאנה לפועל, בטובה הדבר להפך. ועל זה רמזו רז"ל [קידושין
מ, א] מחשבה טובה הקב"ה מצרפה למעשה,

Y si pronuncia con su boca algo que no es adecuado, entonces le atribuirán malas obras y le llamarán malvado. Y si dice algo bueno, entonces le serán atribuidas buenas obras y será llamado justo. Sin embargo, su pensamiento es abstracto, por lo que puede pecar siendo ignorante, transgrediendo así el propósito último. Aún así sólo es juzgado por sus acciones, por lo que si piensa y transgrede, esto no importa a no ser que lo manifieste, y lo bueno se convierte en lo opuesto. Esto es aludido por los sabios a través del dicho «Un buen pensamiento debe estar seguido por la acción del Santo, bendito sea» [Kedushin 40a].

ומחשבה רעה אינו מצרפה למעשה עד שיעשה מעשה. וזה מכלל מדות הרחמים, ועל כן אין התכלית הנחשבת והנדברת נכרת בלתי המעשה, והמעשה הוא המוציא התכלית לפועל כפי מה שנדבר ונחשב, ולבעל השכל הטוב כבר כללתי לו סוד כלל כל המצוות, במעט דברים לפי הענין:

Y un mal pensamiento en realidad no se adjunta hasta que ha pasado a la acción. Se trata del concepto del atributo de la *Rajamim*.[80] Además, la esencia definitiva considera que el pensamiento y el habla no son reconocibles sin la acción, ya que la acción manifiesta la esencia de acuerdo con lo que se habla y se piensa. Para el poseedor de una buena inteligencia espiritual ya he resumido el secreto de todos los preceptos en estas pocas palabras, de acuerdo con el concepto.

חלק ז' ענין ב' סימן פ' כולל מהות תועלת המצות:

באמרי שכל מצוה קשורה בחברתה, והעולם כולו לעד, שכלו נקשר קצתו בקצתו, והוא כלו איש אחד כאברהם ונתן באישות, וגוף האדם לעד שני, שכל איבריו נקשרים קצתם בקצתם,

Parte ı, Tema ב, Signo פ, que incluye la esencia del beneficio de los preceptos.

En torno a mi afirmación de que todos los preceptos están conectados unos con otros y con el mundo eternamente, estos se encuentran unidos de un extremo a otro. Es como si un solo hombre, como Abraham, contase con su personalidad y cuerpo como dos testigos de que todos sus órganos están interconectados.

ופסוקי התורה לעדים שלישיים שאלה נקשרים באלה, יודע מזה סוד מהות תועלת כל מצוה ומצוה, כמו שיודע גם כן מהקשרים הנקשרים יחד הנזכרים, מהות תועלת מציאותם והקשרם זה בזה, וזה שהתועלת במה שיכוון בו תועלת, יתכן שיהיה נמצא בתחלת הענין או בתוכו או בסופו או בשלשתם או בקצתם, רק בענין המצוה, שכל מצוה ומצוה עולם בפני עצמה,

Los versículos de la Torah son los tres testigos a los que estos órganos están conectados. Has de saber que éste es el secreto de la utilidad esencial de cada precepto. Del mismo modo has de saber que la interconexión mencionada es la esencia de la utilidad de su realidad interrelacionada. Por tanto, la utilidad se encuentra alineada a través del pro-

---

80. רחמים, en castellano «piedad», «compasión», «amor entrañable».

pósito, ya sea al inicio de la idea, en la mitad de la misma o en su final, o en los tres momentos combinados al mismo tiempo. Ésta es la idea de que cada precepto es un mundo en sí mismo y que el beneficio de cada precepto se encuentra inicialmente en sí mismo.

יהיה התועלת בה בעת מציאותה בעבור עצמה תחלה. ואולי אחר כן תביא אל תועלת, ואחר שאינו נמנע מהיות במצוה תועלות רבות לפי כוונת המצוה אותה יתברך, ותהיה התועלות המעלה שבכל תועלותיה, היא המכוונת האחרונה מה׳ יתברך, וכבר רמז החכם [הרמב״ם] בעל המורה ז״ל ענין זה בעצמו במציאות הגלגל, כמו שנודע מספרו הנכבד מורה הנבוכים בחלק השלישי ודעהו משם,

Tras esto, es posible que obtenga otro beneficio que no esté limitado, lo cual implica que un precepto tiene numerosos beneficios latentes de acuerdo con el propósito de el Eterno, Bendito sea, en su precepto. Este beneficio inicial es el que el Eterno, Bendito sea, ha destinado. Esto ya fue indicado previamente por el sabio y maestro de la Guía de Perplejos [Rambam],[81] de bendita memoria, en la realidad de la esfera expuesta en la tercera sección, y a partir de ahí deberías saberlo.

ואחר שהמצוות נקשרות זו בזו, כבר התבארה מהות תועלתם בכלל בעבור הקשר אשר ביניהן ובין ידיעת השם, ועל כן הזהירו חכמינו ז״ל [אבות ב, א] על המצות באמרם הוי זהיר במצוה קלה כמצוה חמורה, שאין אתה יודע מתן שכרן של מצות:

El hecho de que los preceptos estén interconectados el uno con el otro ya esclarece la naturaleza de su utilidad en general, de acuerdo con la conexión que se encuentra entre ellos y en el conocimiento del Eterno. Esto es lo que los sabios de bendita memoria nos indicaron «Sé tan celoso con un precepto liviano como con uno pesado».[82]

---

81. *Véase Guía de Perplejos o Descarriados*, Ediciones Obelisco, Barcelona 2010.

82. El texto completo dice: «Y sé sopesado (en el cumplimiento) del mandamiento fácil como del difícil, ya que no conoces el premio de cada mandamiento, y cuenta el daño que hay en no cumplir tal mandamiento más que la ganancia que hay en observarlo». *Pirkei Avoth*, Cap. II-1, Ediciones Obelisco, Barcelona, 2008.

לק ח' ענין ג' סימן ר' כולל הכרח מציאות תועלת המצוה:

ידוע שאחר שתועלת המצות היא להמשיך דעת האדם לעבודת ה', ולהגיע להשגתו יתברך, אם לא היה מציאותם הכרחי לפי טבע האנושות, לא היה השם מקדימה להשגה, ואחר שה־ תועלת היא תכלית המצוה, הנה מציאות התועלת הכרחי יותר ממציאות המצוה, והתועלת נחלק לחלקים ידועים קצתם בעולם הזה, וקצתם בעולם הבא, ואם כן הנה התבאר לך שזה הקשר דבוק, ר"ל קשר הכרח מציאות המצוה וקשר הכרח מציאות תועלתה, וזה מבואר אין צורך להאריך בו ביאור:

Parte ח, Tema ג, Signo ר, que incluye la necesidad de la realidad del beneficio del precepto.

Se sabe que el beneficio de un precepto es canalizar el conocimiento de una persona a través del servicio al Eterno, Bendito sea, a fin de llegar al conocimiento íntimo. Si su realidad no fuera necesaria de acuerdo con la naturaleza de la humanidad, el Eterno no la hubiera precedido a través de la consecución del conocimiento. En el beneficio se encuentra el objetivo del precepto, siendo la realidad del beneficio resultante más esencial que el precepto en sí mismo. El beneficio se encuentra dividido en secciones conocidas, algunas de las cuales se encuentran en este mundo y otras en el mundo venidero. Así se esclarece que esta conexión se encuentra fusionada, siendo la conexión con la realidad inherente del precepto su beneficio. Esto ya ha sido explicado y no hay necesidad de extender su explicación aquí.

חלק ט' ענין ד' סימן ד', כולל טעם הכרח המצוה, ותועלתה בכלל:

מבואר הוא שאדם שהוא משיג את קונו ושומר מצוותיו, וירא ממנו, הוא אשר ראוי לאמר עליו שבעבורו נברא העולם מצד אחד,

Parte ט, Tema ד, Signo ד, que incluye la razón de la necesidad del precepto y su beneficio en general.

Está claro que es inapropiado que una persona que obtiene el conocimiento íntimo de su Creador, guarda sus preceptos, y le teme, diga que el mundo fue creado por su beneficio desde una única perspectiva.

ומי שראוי לאמר עליו שהעולם נברא בעדו, יתבאר מהרה שיש טעם גדול מצד טבעיו להמציא
לפניו מצוות הכרחיות ומועילות, וזה שאם לא היו המצוות מכריחות את האדם ומישבות
דעתו,

Y en relación al único, de quien es apropiado decir que el mundo fue
creado por sus medios, rápidamente quedará claro el increíble motivo
de por qué trajo su naturaleza ante sus preceptos, confiriéndoles una
naturaleza esencial y beneficiosa. Esto se debe a que los preceptos necesitan y regulan el conocimiento de los hombres.

אין לך בכל בעלי חיים חי יכול ויודע להושיע כמו האדם, ולפיכך לא היה אפשר מבלעדי מצות
משלימות החסרים ומחסרות מהמותרים, עד שיסודר כל חסר בסדר שלם, והמוסיף יגרע עד
שישתנה ענינו, והגורע יוסיף עד שימזוג דרכו, וזה כולו היה תחבולה אלהית עד שיעלה העניו
הטבעי, הכולל יצירת האדם ברוב הנהגה ישרה תורה,

No existe otra criatura en todo el mundo viviente capaz de conocer
la salvación como el hombre. Además, esto no es posible sin los preceptos, que completan lo que es defectuoso y eliminan lo excesivo hasta
que toda deficiencia haya sido reestructurada en un orden completo. Lo
excesivo será minimizado y lo defectuoso será aumentado hasta que su
forma se encuentre equilibrada. Se trata de la estrategia divina que sustenta el orden natural, incluyendo la creación del hombre a través de la
edificación de las modalidades de la Torah.

ויהיה כל איש שכל דומה לבעל שכל, עד שיושלם המכוון באישים היוצאים מהם לפועל, ואחר
שהוא כן, הנה התבאר טעם כל מצוה בכלל וטעם תועלת, וטעם הכרח מציאותם, ר"ל המ-
צוה, והתועלת הנוצר ממנה:

Y cada hombre con intelecto será similar al dueño del intelecto hasta que el propósito definitivo sea alcanzado y se manifieste. Tras esto,
el significado de cada precepto se esclarecerá indicando el beneficio y
la razón de la necesidad de su realidad, el precepto y el beneficio resultante.

חלק י' עניין ה' סימן י' כולל הפסד העדר המצוה:

אחר שנודע שתכלית תועלת המצוה היא להביא את בעלה לידי חיי העולם הבא, אם כן הנה
הפסד העדרה כנגד הוויית מציאותה, על זה רמזו באמרם [אבות ב, א] הוי מחשב הפסד מצוה
כנגד שכרה, ושכר מצוה כנגד שכרה,

Parte י, Tema ה, Signo י, que incluye la pérdida resultante de la ausencia
del precepto.

Es sabido que la finalidad última de los preceptos es llevar a sus poseedores a la vida del mundo venidero; y así la pérdida en su ausencia
es equivalente a la existencia de su realidad. Esto es mencionado en el
dicho «Calcula la pérdida de un precepto contra su ganancia, y la ganancia de una transgresión contra su pérdida» (Avot II-1).

כלומר תדע שכמו שהתועלת גדולה כן הפסדה גדול, ומה גדול הפסד המצוה, בהיותו סבת
הפסד חיי העולם הבא, אשר הוא הפסד אשר אי אפשר למצוא אבידתו עוד לעולם, כמו שאי
אפשר להפסיד מה שהרווח בעדה לעולם, ואחר שהקדמנו שני הפרקים הראשונים הנזכרים
על עניין הכרחי, וגם מועיל אדם לכוונתינו, נשוב לדבר עוד בשמנה החלקים הנשארים בע"ה:

Esto significa que, al igual que su beneficio es grande, la pérdida in-
currida por su ausencia también es grande. ¿Cuán grande es la pérdida
del precepto, y de qué forma te hace perder la vida en el mundo venidero? ¿Cómo puede ser una pérdida imposible de encontrar una vez se
ha ido para siempre? Ahora que hemos introducido las ideas necesarias
en los dos primeros capítulos, que han sido de gran ayuda en nuestro
objetivo, iremos más allá en los ochos capítulos restantes con la ayuda
del Eterno.

החלק הג׳ סימני אותיותיו כ׳׳ל׳ חלק ב׳ ועניניו ב׳, והתיבה ב׳ן׳:

חלק כ׳ ענין א׳ סימן ב׳ כולל סתרי הלשונות:

Capítulo Tercero, cuyas letras son כ׳ ל, cuenta con dos partes y dos temas en torno al Nombre בׄן.

Parte כ, Tema א, Signo ב, que incluye el secreto de los idiomas.

כל לשון ולשון הנמצא מתפשט בכל אומה ואומה, צריך להבין שאין הכוונה במציאותו לפי טבע האנושות,

Cada idioma e idioma extendido entre las naciones ha de ser entendido como una realidad cuyo propósito en la existencia no es una expresión de la naturaleza humana.

אלא כדי להעתיק הענין הנחשב בנפש מנפש זה האיש אל נפש זה האיש האחר, והיה הלשון עם חמשת מקומות הפה, כלי מכוון לפעולת ההעתקה הנחשבת ההיא. ור׳׳ל בלשון האומה המוסכם, והנה נודע והתפרסם לכל, שהלשונות רבות אינם פחות משבעים, לפי שהאומות הנבדלות בחקותיהם זו מזו הם ג׳׳כ אינם פחות משבעים,

Sin embargo, sirve para replicar el sujeto concebido de un alma en otra alma. Por tanto, con las cinco expresiones de su boca, el idioma es una herramienta lista para replicar el alma en cualquier idioma. Esto es algo posible en cualquier lenguaje escogido. Y es que es sabido que todos los idiomas existentes no son más de setenta, debido a que la multitud de naciones y sus múltiples costumbres no son más de setenta.[83]

ואם הם יותר אינו נמנע, וגם אינו רחוק עם שאם היה הדבר כן, ר׳׳ל שהיו האומות יותר ית־ חייב להיות ג׳׳כ הלשונות יות ר, ואז היינו מפרשים המקובל בהיותם שבעים אומות שהן רבות,

---

83. Los cabalistas relacionan a las setenta naciones con los setenta deseos fundamentales en el hombre. Otros autores, como Rabbí Ashlag, relacionan a Israel con lo interior y a las setenta naciones con lo exterior.

כי ענין שבעה או שבעים וכיוצא בשבעיות סובל לפרשו על רוביים בלשוננו, והבדל אומה מאומה חייב שנוי חקיה ודתיה, וקצת ענ, ינה וכלל לשונה, וכלל כתבה:

Sin embargo, esto no quiere decir que no puedan ser más, sino que es aproximadamente cierto. Ya que si hubiera más naciones, entonces serían necesarios más idiomas. Por lo tanto, podríamos explicar por qué hay setenta naciones que son múltiples. La idea del siete o setenta, y similarmente todos los múltiplos de siete pueden ser expresados en la multiplicidad de nuestro lenguaje. La distinción entre naciones haría necesaria hacer una diferencia legal o religiosa, y tanto en el idioma general como en su forma escrita.

אמנם העניינים הנמצאים בנפש כל האומה, ובנפש זולתה בכלל ובפרט הכל יוצאים ממקור אחד, ואפשר לומר עליהם בכלל שהם על כוונה אחת כללית ראשונה, אמנם הנמצא בם מצד הטבע לא ישתנה בם דבר מצדו כי אם במקרה, וכבר נודע שהמקרה רובו משותף בין הרצון והטבע,

Sin embargo, los conceptos que permanecen en el alma de cada nación, y en el alma de su contrapartida, en general y en particular, proceden de la misma fuente. También es posible decir que proceden de un propósito colectivo único. Aún así, lo que existe en la naturaleza de dicho propósito no fluctúa de un aspecto a otro fortuitamente. Es sabido que la existencia se encuentra dividida principalmente entre voluntad y naturaleza.

והענין הטבעי אי אפשר שישתנה מצד הטבע, ואם ישתנה בו דבר לעתים רחוקות, ועל ידי הפלא הרצוני האלהי יהיה על יד נביא להצדיק נבואתו בחלק כחלקי המציאות הטבעי, ולא יהיה בכל העולם שזה העולם נמנע ולנמנע טבע קיים אי אפשר השתנותו, גם יהיה לפעמים השנוי בהכרח ענין מבלעדי הצדיק נבואת הנביא, ואולם לא יהיה זה כי אם בצד השגה מהשגות ה' הנכבד, ובכח הכרח הדבור המשותף בין האדם ובין האלהים,

Si es así, rara vez podría cambiar la forma de su maravillosa voluntad divina, como si un profeta justificase la verdad de su profecía a través de las partes del mundo natural y no mediante el mundo entero, siendo así negada. Negar la naturaleza establecida es algo imposible, incluso si fuera necesario un cambio sin la intervención del Justo o del profeta. Todo esto no es sino una forma del aspecto de la concepción y entendimiento del Eterno, y el poder esencial de comunicación y habla entre el hombre y Dios.

והוא להודיע לרואי השנוי יקרה בארץ כשיקרה, ולא יתכן עמוד השינוי ההוא משונה מאשר הוטבע עליו בתחלתו תמידי, אבל יהיה עוד שינוי שני בשובו אל טבעו אל חקו הראשון, וב־שובו יתאמת ויתקיים הפלא שתהיה פלא באמת, וכבר יקרה ג״כ בשמים בתנועת החלקיית הפרטית לא בכללית ולא בחלק מהחלקים הגופיים, כלומר שישתנה כוכב אחד ממציאות טבעו,

Y he aquí que así se hace saber a aquellos que ven que la fluctuación ocurrirá en la tierra, en caso de que ésta ocurra. No es posible que la fluctuación mantenga permanentemente una disonancia con la naturaleza durante su comienzo. Sin embargo, se requiere una segunda fluctuación cuando regresa a su naturaleza y orden original. Con su regreso, el milagro será confirmado y establecido como lo auténticamente maravilloso. Ya se ha producido en el cielo un cambio parcial y no general, mas no en la parte de la multitud de los cuerpos. Esto quiere decir que una estrella fue alterada por su naturaleza.

כי החלק הגופנים העליון קיים בעצמותו בקיום הדבר הנקרא כל בתחתונים, ולא עוד אלא שקיום הדבר שהוא כל אצלינו, סבתו הקרובה הוא מציאות החלק העליון, והחלק העליון מקיים את כל התחתון, ואע״פ שמציאות החלק בכל והכל בחלקים שאין בעליונים דבר מש־תנה לעולם בעצמותו ולא בכל מקריו, כי אם בחלקי התנועה המקומית הסבובית המוטבעת בגלגלים, שכל תנועה שנוי ואין כל שנוי תנועה:

Porque la parte de los cuerpos superiores existe en su esencia a partir de la existencia de la entidad llamada «todo» en el reino inferior. No sólo esto, la existencia de esta entidad llamada «todo» desde nuestra perspectiva es causada por la existencia del reino superior, porque el reino superior mantiene todo el reino inferior. Éste es el caso a pesar de que la realidad de la parte está en el todo y el todo está en las partes, porque nunca hay un cambio esencial en el reino superior, ni siquiera incidentalmente. Esto ocurre sólo en el movimiento de las entidades espaciales relativas según la naturaleza intrínseca de las esferas. Todo movimiento es alteración, pero no toda alteración es un movimiento.

והנה חיוב מציאות הבדל האומות, היה תחלה משנוי המקומות העליונים והתחתונים, שכל העולם הוא במקום במקרה והחלקים צריכים אל מקום ואל זמן, ומן האדם הוא כל, וחלקיו רבים מתפשטים ומשתתפים ממה שהוא כל וחלק, ויקרא שם הכל הראשון והחלק האחרון שבכל בשוה, והוא שם אדם הפרטי, ושם אדם הכללי שהוא שם המין, ויהיה זה הנקרא בשם כל כל הכל, ואשר אין אין אחריו כל בדמות סוג הסוגים, שאין עליו סיג על דרך משל, ויהיה זה הנקרא בשם חלק חלק החלקים אשר אין תחתיו חלק, בדמות מין המינים שאין תחתיו מין על דרך דמיון,

Así, la realidad inherente de las distinciones entre las naciones es principalmente el resultado de la modificación de la posición entre los planos superior e inferior. Porque el mundo entero está situado intrínsecamente sólo en las partes que necesitan de espacio y tiempo. El hombre es un «todo»; sus partes son muchas y se expanden, siendo al mismo tiempo «parte» y «todo». Se puede decir que el primer «todo» y la última «parte» del «todo» son lo mismo; motivo por el cual se le llama «hombre concreto» y «hombre universal», término empleado para la «raza». Ésta puede ser llamada «todo», la totalidad completa que no tiene otra totalidad. Se trata de una categoría de tipos a través de las cuales no hay ejemplos de tipos similares. Así se puede llamar a la sección del Nombre, que es la sección de una sección en la que no hay una división inferior. Es el tipo de calidad a través de la cual no hay una división inferior con la que compararla.

ואם מן המינים מורכב מרבים, גם איש האישים מורכב מאיברים רבים, אלא שהבדל ביניהם הוא בהיות הרכבת מין המינים מורכבת מחלקיה, והרכבת איש האישים מודבקת בחלקיה, ואלה גופים רבים בלתי מדובקים, ואלה גופים רבים מדובקים,

Si hay un tipo compuesto de muchos tipos, entonces el hombre entre los hombres está compuesto de muchos órganos. La única diferencia entre ellos es que la composición de la parte de las partes consta de secciones y la composición del hombre entre hombres está unida a sus secciones. Hay numerosos cuerpos que no están unidos y muchos que sí lo están.

וכבר יוחדו מצד היות לכל איש ואיש מנהיג בפני עצמו, כמו שיש לכל אבר ואבר מנהיג בפני עצמו, וכמו שיש לאלה כחות מיוחדים וכללים, כן לאלה כחות מיוחדים וכללים, וכבר דמו כל חלקי העולם לגוף אדם אחר בכלליו ובחלקיו, ויחדו אדם מדב"ה, כלומר משכיל לדמות העולם אליו, ולא אל אחד משאר בעלי חיים, מפני היותו בעל שכל מורכב מגופים רבים, ובחלק הראשון של המורה גלה הרב האלהי [הרמב"ם] זצ"ל, זה הסוד המופלא ועיין בו ותבינהו משם:

Cada hombre y hombre tienen una fuerza directiva independiente, tal y como cada órgano y órgano tiene una fuerza directiva independiente, tal y como estas fuerzas particulares y colectivas tienen. Las múltiples divisiones del mundo ya han sido comparadas con el cuerpo del hombre en sus particularidades y generalidades, así como en la facultad única del habla. Así es como él fue escogido para iluminar el mundo y no cualquier otro animal, puesto que el hombre encarna el in-

telecto y está compuesto de múltiples cuerpos. En la primera sección de
«La Guía», el divino maestro [Rambán], de bendita memoria, reveló su
glorioso secreto.

ותדע כי כל איש ואיש מהשלימים בגופם ובנפשם ובשכלם, הנה נמצא אלהים עמם, והוא
אחד משפיע לכלם,

Has de saber que encontrarás que Dios está con todos los hombres
que se encuentran completos en cuerpo, alma e intelecto, una realidad
singular que vivifica a todos ellos con una *Shefa* llameante dividida en
niveles.

ושפע אחד לכל אלא שיפרדו במעלות, ומפני היות השפע האלהי רב מבלי חק ר, כפי הנמצא
מצד המקבלים שהם בלי חק ר, כשתחשוב העוברים וההוים הבאים ממין האדם, היה ראוי
להיות זה השפע הוא הקדום לאלוה יתברך, יותר מהשפע הנשפע על השמים בפרטיהם,

Y la *Shefa* se encuentra más allá de toda comprensión, ya que todos
aquellos que la reciben se encuentran más allá de toda comprensión. Si
imaginas el pasado y presente de la realidad de un hombre, sería apropiado considerar que esta influencia se encuentra más cercana a Eloah
(Dios), Bendito sea, que la *Shefa* imbuida de los cielos y todos sus detalles.

שהם גופים מקבלים שפע והם בעלי חקר ואינו דומה מי שהוא בעל חקר למי שאין לו חקר
בפועל, כי הנשארים משכלי בני אדם אין להם חקר, והנמצאים משכלי השמים יש להם חקר,
ועל כן היתה ראויה זאת הפעולה המעולה הנכבדת המיוחדת מכל פעולות המציאות להיותה
מיוחסת לאלוה יתברך שמו:

Todas estas particularidades son entidades independientes que reciben la *Shefa* y se encuentran más allá del plano de la comprensión. No
hay comparación entre algo capaz de ser comprendido frente a algo que
está más allá de ello. El intelecto del hombre se encuentra más allá de la
comprensión, y las realidades del intelecto del cielo están más allá de
la comprensión. Por lo tanto, es adecuado considerar que la única acción
de entre todos los actos de la existencia debería estar relacionada con la
fuente divina: Eloah, bendito sea su Nombre.

ועל כן בחר השם במין האדם, להיות חלקו בפעולתו יותר ממה שבחר בזולתו מן העליונים
ומן התחתונים, וזה מצד שכלו, ועל זה אנו יודעים כי השכל הפועל בנו שכל פועל בפעל הוא
אדון כל העולמים, ולא זולתו מן השכלים הנפרדים כולם ואם זה השכל אשר לנו הוא עשירי
הוא הכל, והוא המיוחד אצל הסבה הראשונה לכל במעלה, והנה שמו המיוחד לעד נאמן כמו
שיתבאר:

Igualmente, el Eterno escogió al hombre de entre toda su creación
de los planos superior e inferior. Esto se debe a su intelecto. Es conocido que el intelecto activo en nosotros es el señor de todos los mundos,
y ninguno de los intelectos independientes se encuentra fuera de él. Si
este intelecto interior dentro de nosotros fueran en realidad diez, seguiría siendo «un todo único» en la causa inicial de todos los niveles.
¡Contempla su Nombre único, pues es auténtico y eterno, tal y como se
mostrará!

והנה מפני היות פעלו אחרון התיחס שמו אל המספר האחרון, ומפני היותו ראשון במעלה
התיחס שמו אל המספר הראשון, ומפני היות פעלו בדמות הגלגל מתגלגל בסבוב עגול שהוא
פועל באשר היה והוה ויהיה, כלומר חלקי מן האדם שהם אישיהם הפרטים המיוחדים התיחס
שמו אל המספר האמצעי העגול,

Y he aquí que a través de su acto último, él conectó su Nombre al último número; y ya que él es el primero de todos los niveles, él también
está relacionado con el primer número; siendo su acto semejante al de
una esfera que rueda de forma circular, manifestando presente, pasado
y futuro, refiriéndose a su vez a la composición única de las partes del
hombre, a través de las cuales su Nombre se relaciona con el número
central del círculo.

והמספר הראשון הוא הקצה הראשון בדמות אדם הראשון, והקצה האחרון יורה עליו המספר
האחרון אשר הוא בדמות אדם האחרון, והאמצעי שבשניהם אשר יורה עליו המספר האמצעי
המיוחד, אשר הוא חמשה מצד אחד, וחמשה וששה מצד אחד, וששה לבד מצד אחד, הוא
בדמות מין האדם אשר בין הפרטי הראשון והפרטי האחרון, ועל זה היה הראשון גם האחרון
אחד אחד, והאמצעים שנים כדמות שניהם שגם הם אחד אחד מדובקים, ואם תגלגל הגלגל
יתהפך הדבר הנרמז, ויהיו השנים האמצעיים ראש וסוף, ויהיה מה שהיה ראש אמצעי, וכן מה
שהיה סוף ישוב אמצעי, וזה סוד השם הנכבד:

El primer número está relacionado con el primer extremo de la forma del primer hombre. El último extremo enseña que el último número
tiene la forma de último hombre. El centro entre ambos enseña el número central y único, que por un lado es cinco más cinco, y seis más seis
en el otro lado. Ésta es la forma del hombre entre las realidades primera

y última. A través de esto, el primero y el último son uno, y el medio se encuentra en la forma de ambos, ya que ellos también son la unidad. Si das la vuelta al círculo esta alusión girará y las dos mitades formarán el inicio y el final. Ocurrirá que el inicio estará en medio y lo que estaba en el final regresará al medio. Éste es el misterio del Nombre venerable.

ודע שמזה המציאות הקודם לאומות וללשונות, התחייב היות האומות מתגלגלות במשלות מזו לזו ומזו לזו, והתחייב היות ההשגחה מתהפכת בם בדמות הכרובים ובדמות להט החרב המתהפכת, השוכנים מקדם לגן עדן כדי לשמור דרך עץ החיים, ומתהפכות שם השם התחייב התהפכות הידיעות והצורות ושינוי האומות וחילוף חקתיהם, ולא עוד אלא שכל תנועה סבו־ בית או ישרה, היא מתהפכת בדמות הפכי תנועות השם המיוחד, וחומרי המציאות התדמו אל חומר שם השם, והוא האותיות שהם חומר הדבור, וכמו שחומר המציאות נמצא בה' מקו־ מות, והם ד' יסודות והשמים, כן נמצא הדבור בה' מקומות הפה:

Has de saber que esta realidad primordial precedió a todos los pueblos e idiomas; y además, que cada pueblo cambia de un gobierno a otro. Es inevitable que la providencia cambie del mismo modo que los querubines hacen girar la espada llameante del Jardín del Edén al proteger el camino al Árbol de la Vida. El cambio de nombre implica el cambio de opiniones y formas, y el cambio de los pueblos y sus costumbres. Además, cualquier movimiento circular o recto cuenta con un paralelismo inverso en los ciclos del Nombre único. La sustancia de la realidad se asemeja a la sustancia de dicho Nombre. Las letras son la sustancia del lenguaje, así como la sustancia de la realidad se sitúa en cinco lugares, que son los cuatro elementos y el cielo, el lenguaje se sitúa en cinco lugares de la boca.

ואמנם מפני שהצורות מהן פרטיות ומהן כלליות, התחייבו להיות התנועות במציאות כלליות ופרטיות, וזה כלו התחייב מהשם שתנועותיו היו גם כן כלליות ופרטיות, וכן תנועות הלשונות כולן מתגלגלות בצורה שוה בה' תנועות ראשונות,

Y ciertamente ya que algunas estructuras son generales y otras específicas, es obligatorio que algunas realidades sean específicas y otras generales. Esto es obra del Eterno cuyos movimientos son específicos y generales. Así ocurre con la naturaleza de los idiomas, cíclicos en la misma medida de los cinco movimientos.

השלש שמימות סבוביות, והן ממערב למזרח ומזרח למערב ונטיותיהן בשני הפיאות ימין ושמאל,

Los tres ciclos de movimiento celestial van del oeste al este y del este al oeste, y su inclinación es la de los dos extremos, derecha e izquierda.

ואע"פ שהתנועה הסבובית כוללת את שלשתן והיא אחת בעצם, והשתים יסודיות ישרות, והם ממעלה למטה וממטה למעלה, ואע"פ שהתנועה הישרה כוללת את שתיהן והיא אחת, נמצא שהתנועות כולן נכללות בסוג הסוגים בשם תנועה,

Sin embargo, el movimiento cíclico incluye a los tres y es uno en esencia, y los dos movimientos fundacionales van de arriba a abajo y de abajo a arriba. Incluso si el movimiento recto incluye ambos y es uno solo, todos los movimientos son englobados bajo el Nombre «movimiento».

וחלקיה שתים ראשונות, והם הסבובית והישרה, והן מינין לתנועה, ותחת הסבובית שלש, והם מזרחית מערבית ונוטה, ותחת הישרה שתים והן עולה ויורדת, כן נמצאות בדבור בעצמו בדמותן בצלמן, כי מהנמצאות בכל לשון התחייבו הנמצאות בעולם, ומפני שהתנועות עניינים מקריים צריכים אל מנהיג להנהיגם בעלי החומ ה, והמנהיג צריך שיהיה נחלק לשני חלקים, אחד מנהיג ומתנועע עם המתנהג, ומנהיג בלתי מתנועע עם המתנהג, התחייב להיות באותיות המנוקדות, שהנקבה בם כצורות התנועות:

Y sus primeras dos partes están rodeadas y sujetas al movimiento, y bajo la tercera rotación, y están de orientadas de este a oeste y enfrente a dos rectitudes que descienden y ascienden. Las realidades del mundo son necesarias a través de las realidades de cada lenguaje. Ya que el movimiento es algo fortuito, éste necesita de una fuerza directora para canalizar la sustancia correcta. Esta fuerza directora debe estar dividida en dos partes: una es la fuerza que dicta y es afectada por aquello que está dirigiendo. La segunda parte es la fuerza que no se ve afectada por aquello que está dirigiendo. Se trata de las letras con sus correspondientes vocales, siendo las vocales la forma del movimiento.

ענין שלישי והם הדבר הנקרא טעמים ונגונים, והם לאותיות ולנקוד כנשמות, שגם הם מתנו־עעים עמהם בעת שמניעים אותם, אלא שתנועתם מקרית ותנועת האותיות עצמית,

La tercera parte es la relacionada con las estructuras melódicas y las melodías.[84] Se trata de las letras y vocales del alma, puesto que se mue-

---

84. *Teamim* y *Nigunim*, de *Taam*, «gusto» pero también «tono», y *Niguen* «entonar».

ven en el momento en que son dirigidas. Sin embargo, su movimiento es fortuito, y el movimiento de las letras es independiente.

והתחייב על זה להיות לכל זה מנהיג בלתי מתנועע שהוא מניע הכל מחוץ, ר"ל שהוא נבדל מהם בעצם ומשפיע עליהם בהשגחה, והוא השכל האנושי המניע כל הלשונות,

Todo esto obliga a que exista una fuerza dirigente inamovible y que inicie todo el movimiento desde la nada. Esto quiere decir que Él se distingue de las letras y vocales por su esencia, vivificándolas conscientemente. Así es el intelecto humano, iniciador de todos los idiomas.

והוא בלתי מתנועע לא בעצם ולא במקרה, ור"ל השכל האנושי הפועל במין האדם בפעל מצדו ובכח מצדם, הוא אשר שנה הלשונות, אחר היותם דבר אחד מובן לכל מדב"ר, שגם היום הוא דבר אחד, אלא שהוא בלתי מובן לכל מדב"ר,

Y carece de movimiento tanto de forma esencial como fortuita. Así es el intelecto humano, que funciona a través del hombre y que altera los idiomas después de que estos se hayan convertido en una entidad comprendida por sus hablantes.

והיה סבת זה פזור האומות, כמו שנרמז בסוד הפלגה, [בראשית יא] וכן ויפץ ומן בלל, כי כשתמצא זאת האומה בהודו וזאת בכוש, והיא ב' בתכלית הרוחק מחברתה, והלשון של זאת מסכמת לסביבותיה ושל זאת לסביבותיה, ואין זאת רואה לזאת ואין ביניהן משא ומתן, יהיה זה הרוחק שביניהן שתיהן במקום סיבה להיות זו בלתי מבינה לשון חברתה כי כבר התבאר שהל־ שונות הם הסכמיות, והדבור טבעי, ואינו הסכמי, ואין טבעו מכריחו לאדם להוציא לפועל מה שהוא לו בכח אפשרי בדבור והמלאכות כולן, שאם לא ילמדום לאדם לא ידעם לעולם,

Y hoy, aunque sigue siendo una entidad, no es entendida por todos los hablantes, debido a la dispersión de los pueblos [Génesis 11:9]. Así se alude tanto a las generaciones del Diluvio como a la de Babel, y encontrarás a esta nación en la India y a esta otra nación en África. Una se expresa de forma muy distinta de la otra, a pesar de que existan elementos comunes a su alrededor, y lo mismo ocurre con la otra. Una no coincide con la otra, no tienen asuntos en común y una no entiende el idioma de la otra. Ya se ha indicado que los idiomas son adaptativos, aunque el habla sea algo instintivo y no adaptativo. La naturaleza de una nación no necesita que se manifieste su potencial de habla y acción, ya que si no hay nadie capaz de enseñar, el pueblo nunca sabrá.

והם הנמצאים באדם בכח אפשרי, ואינם לו בדמות הבחרות והזקנה, שהם אצלו בכח חיובי
שיצא לפועל, ואין לו מזה מונע כי אם העדר צורתו לבדו, על כן העניינים ההם לא יגיעו לאדם
מצד למוד והרגל, אלא מצד טבע וידיעת המלאכות, והבנת הדבור הם כחות נפשיות צריכות
אל מוציא מכח לפעל,

Es lo mismo que el potencial que tiene una persona, que es diferente dependiendo de la juventud o la vejez, existiendo como un potencial positivo capaz de manifestarse y sin impedimentos salvo que no tenga una forma adecuada. Por lo tanto, estos conceptos no llegarán a una persona mediante la práctica y el aprendizaje, sino sólo a través de la naturaleza del conocimiento de la experiencia. El entendimiento del habla es un poder del alma para pasar de la potencia a la manifestación.

ואם לא ימצא מי שיוציאם לא יצאו לעולם, ומפני שהאדם בעל שכל בכח לפי טבעו, אם
ילמדוהו יקבל ואם לאו לאו, ומפני שהוא מדמה עניו לענין, ואפילו אם לא למד אחר שראה
מי שלמד וצייר ענייגו, איפשר שיפעל פעל מתדמה לפעלו במקרה בלתי למוד, או ירכיב פעל
אחר אל פעל אח ר, ויוליד מהם פעל שלישי כי הכל נמשך אחר העניו הטבעי:

Si no hay nadie que pueda expresar esto, entonces nunca habrá manifestación. Ya que el hombre posee el intelecto en potencia de acuerdo a su naturaleza, si él aprende, entonces recibirá. Si no aprende, no recibirá. Después de la comprensión de cada concepto, aunque no lo haya aprendido, después de que alguien haya enseñado, es posible potenciar un acto fortuito que imite el verdadero acto cuando se carece del aprendizaje. Esto puede dar lugar a un tercer acto a través del cual todo sea canalizado mediante la idea natural.

והנה על זה תמצא ששתי קצות, הם אומות שהן קרובות זו לזו, תדע זו לשונה שלזו וזו לשונה
שלזו, ואולי יתפשט זה הרבה באומה האחת ומעט באומה השינית או הרבה בשתיהן, עד שי־
חשוב השומע דבריהם שזו היא זו, או מעט בשתיהן עד שיהיה נכר ההבדל שבשניהם, ואמנם
רחוקי הקצות לא יבינו זה את זה:

Y he aquí que esto que le ocurrió al lenguaje también le ocurrió a los elementos, incluso si los lenguajes se vieran afectados por una adaptación natural a los elementos de la naturaleza. Sin embargo, la causa de su incongruencia es la distancia. Esto se debe a que un elemento tiene partes muy cercanas a su fuente; por lo que su relación es fácilmente reconocida. Además, es fácil que el fuego sea transformado en aire y viceversa, ya que sus partes están cerca. Similar es el caso del agua a la tierra y de la tierra al agua a través de sus partes. La transformación de tierra y fuego es difícil en la proximidad, debido a la distancia esencial entre ellos.

והנה קרה ללשונות מה שקרה ליסודות, ואע"פ שללשונות קרה בהסכמה, והיתה הסיבה הרו־
חק שביניהן, וליסודות קרא בטבע, אבל הסיבה היא אחת לשתיהן והיא הרוחק, וזה כי היסוד
שחלקיו קרובים לחבירו ישוב הם הוא והוא הם בחלקיו גם כן, ועל כן היה קל התהפכות האש
לאויר והאויר לאש בחלקיהם הקרובים, וכן אויר למים והמים לאויר בחלקיהם הקרובים, וכן
המים לעפרו העפר למים בחלקיהם הקרובים, אבל העפר והאש התהפכותם קשה במקומם,
מפני שביניהן תכלית הרוחק וקל בהמצאם בקירוב

Y ocurrió con los idiomas lo mismo que ocurrió con los fundamentos, y a pesar de que en el caso de los idiomas ocurrió por un acuerdo, había una razón de distancia entre ellos y los fundamentos pertenecen a la naturaleza. Pero el motivo es uno para ambos y se halla muy lejos. Y esto es así porque el fundamento cuyas partes se hallan cerca de su compañero, hay un acuerdo en él y él también está en sus partes y así fue fácil convertir el fuego en luz y el aire en fuego en sus partes más cercanas. Y la luz en agua y el agua en luz en sus partes más cercanas. Y el agua en polvo y el polvo en agua en sus partes más cercanas. Pero el polvo y el fuego se endurecieron en su lugar porque la distancia entre ellos es grande y son fáciles de encontrar.

וזה התחייב מן היות החומר של ארבע היסודות חומר אחד, ראשון לארבעתם בכלל, וכן קרה
ללשונות בעצמן בדומה לזה, מפני היותן גם כן כלן בעלי חומר אחד, והוא הדבור בכלל שחל־
קיו כ"ב אותיות,

Esto se debe al hecho de que la sustancia de los cuatro elementos era originalmente la sustancia de los cuatro de forma colectiva. Esto es lo que le ocurrió a los propios idiomas cuando inicialmente eran también una sustancia colectiva. Ésta es la expresión general del idioma, cuyas partes son 22 letras.

וכבר גרם הפיזור שקרה לאומה מיוחדת שנפוצה על פני כל הארץ ושכח לשונה, ולדבר לפי
הלשון שהיא קרובה לה במבטחה, עד שהיה זה סבה להיות כדי שתשוב באחרונה מעלת
הדבור לישנה, כשתתקבץ האומה המיוחדת במקום מיוחד,

La dispersión ya ha causado que el pueblo elegido se haya extendido por toda la tierra y haya olvidado su idioma; y ahora ellos hablan de acuerdo con el idioma de su zona más cercana. Ésta es ahora la razón divina por la que el idioma debe volver a su esplendor anterior, cuando el pueblo único se reúna en el lugar único.

שכבר יהיה הקבוץ ההוא כולל כל הלשונות אשר בארץ, ותהיה סבה שכולם ידברו בלשון מוסכם ביניהם, ותהיינה כל הלשונות מורכבות בהרכבה אחת, אחר שהלשון תכלית הכוונה בה להעתיק הכוונות מנפש לנפש,

Este encuentro incluirá todas las lenguas de la tierra y será la forma a través de la cual se volverá a hablar un lenguaje común. Así, todos los lenguajes volverán a combinarse en uno solo. Después de todo, éste es el objetivo definitivo del lenguaje: replicar la unión interna de un alma con otra.

לכשיארך הזמן לא ידעו בעלי הלשון המורכבת אי זה דיבור היה בלשון פלונית, שלא יחלק הלשון ההוא לשנים, וזה הדבור קרוב למושכל ראשון, שכבר יקרה היום למי שמדבר לבני ביתו הקטנים בשתי לשונות, ומרגילים בכך שהם יחשבו שכל מה ששומעים אינו כי אם בלשון אחד.

A medida que transcurra el tiempo, los que conocen los idiomas específicos ya no serán capaces de distinguir a qué lugar se corresponde cada idioma, ya que los idiomas dejarán de estar divididos. Así éste volverá a su idea original, tal y como ha ocurrido en las casas en las que los pequeños hablan dos lenguas, y están acostumbrados a creer que todo lo que escuchan es un único idioma.

ואע"פ שהיה צריך להאריך יותר בסתרי הלשונות והיינו יכולים לגלות בענייניהם נפלאות, אלא שהיינו צריכים אל אריכות דברים ואל הקדמות רבות, כדי לאמת ענייני סתריהם במופתים ברורים, הנה מספיק עד כאן במה שאמרנו בם בכלל לפי כוונת קיצור זה החבור:

Sería apropiado ahondar más en los secretos de los idiomas, y sería posible revelar muchos más secretos asombrosos, pero esto requeriría largas introducciones y preparaciones para que pudieras ver la verdad de su misterio y brillantes maravillas. Es suficiente con lo que se ha dicho en esta pequeña exposición.

חלק ל' ענין ב' בסימן נ' כולל סוד הלשון המובחר שבכל הלשונות:

והנה כבר הודענו עניינים כלליים בלשונות, ובארנו שהשפע אלהי מניע את כולן והיא סבת מציאותן, והוא המוציא אותן מן הכח אל הפעל,

Parte ל, Tema ב, Signo נ, que incluye el secreto del más noble de todos los idiomas.

Y he aquí que ya sabemos por las numerosas generalidades sobre los idiomas la forma en la que la *Shefa* divina los activa y causa su existencia. Es lo que les hace pasar de potencia a acción.

ואחר שהוא כן, צריך אם כולן אצלו שוים או בלתי שוים, ואחר שכולן הן פעולותיו ונאמר שידע הוא שהם שוים אצלו מצדו, וגם הם שוים אצלו מצד מציאותם, אחר שחומרים הוא הדבור הכללי, אשר הוא הנותן בו צורות פרטיות, והם ההשגות המשכלות מהדבור,

Como éste es el caso, debe ser aclarado si todos ellos son iguales a Él o no. Todos ellos son sus expresiones; y es sabido que desde su perspectiva todos son iguales, y que son iguales a Él en su existencia. Su sustancia es el idioma colectivo que les da forma específica, siendo los ideales comprendidos en el habla.

וגם אחר שההשגה שוה הכל שוה, אלא שההבדל בין הלשונות יהיה כדמות ההבדל אשר בין האומות, ובדמות ההבדל אשר בין מכתבם,

Y además, si el entendimiento es igual, entonces todo es igual; aún así, la distinción existente entre los idiomas será la misma que la que existe entre las naciones, y la distinción que existe entre sus textos escritos.

וידוע שכל אומה שהיא בעלת תורה ומצות וחקים ומשפטים צדיקים יותר מזולתה, היא נכ־ בדת יותר אצל מי שמשפיע על הכל, וכל מה שהתרחקה האומה מן הדת הכללית הנרמזת, היתה יותר רחוקה ממי שהוא סבה ראשונה להשפעת הדת, שהוא השפע האלהי המניע הד־ בור הכללי,

Y has de saber que el intelecto de un pueblo es más que sus enseñanzas, dichos y leyes; siendo más honorable ante el Aquel que vivifica todo. Además, cuanto más se distancia un pueblo de la religión colectivamente, más distanciado está de Aquel que es la causa primera del influjo de la religión, influjo divino que vivifica el habla colectiva.

וכבר התפרסם באומות שאומתינו היא האומה הראשונה אשר קבלה תורה מפי הגבורה, ואין שום אומה מכחשה זה, ומה שהכל מודים בו והתפרסם כבר אין צריך להביא עליו ראיה, ואם כן מי שעניינו היה אצל המשפיע מעולה מעולה משאר חבריו, לשונו ג"כ מעולה אצלו משאר הלשו־ נות והעד שבלשונה הזאת המיוחדת, דבר אתה כל מה שדב ר, וכמכתבה יטה לכתוב כל מה שיכתוב, ולא עוד אלא שמה שנאמר שנכתב על ידו על שני לוחות אבנים,

Ya se ha indicado a los pueblos que el nuestro fue el primero en recibir la Torah de la boca del Rigor, y no hay pueblo que lo discuta. Es algo universalmente aceptado y conocido, que no necesita ser demostrado.

Además, es el único cuya relación con el Dador de vida es más elevada que la del resto, del mismo modo que su idioma es más elevado que
el resto de idiomas. Esto está atestiguado por el hecho de que todo lo
hablado y ordenado para ser escrito se indicó en el idioma de un único
pueblo. No unicamente esto, sino que aquello que se ordenó que fuera
escrito fue escrito por su mano en las dos tablas de la Alianza.

בין יהיה הדבר כפשוטו לבד, בין יסבול הנגלה והנסתר יחז, ויהיו שניהם אמת, או האחד מהם,
הנה נכתב בלשון הקדש, שהקבלה נמשכת עד היום קיימת,

Esto es así tanto si tomas el mero entendimiento como si tomas éste
y el entendimiento revelado. Ambos serán ciertos, estando escritos en la
Lengua Santa,[85] cuya transmisión se mantiene hasta a día de hoy.

ואם יאמר אומר אמת היה, אבל ראה האומה בלתי ראויה לאותה המעלה, והחליפה באומה
אחרת, והחליף חקיה ומצוותיה, ובא ומנעום והסיר מכתבה, הנה האומר דבר זה הוא בעיניו
מורה על מעלתה ועל מעלת מכתבה בעל כרחו,

Y si consideras que esto es cierto, pero que este pueblo no merece semejante nivel y que cambiaron sus costumbres y preceptos, y que algunos han reemplazado su escritura, aquel que dice esto admite que posee
la majestad y la virtud del idioma y de su forma escrita.

ואחר שהודה על העיק ה, בא והקשה עליו, מפני ראותו חסרון שלשת המעלות הנזכרות היום
ממנו, וגם אם לא נקשה עליו בעניין החסרון המורגש, כי אם היינו מכחישים המורגש, לא היינו
יכולים לאמת המושכל, שהמורגש קודם לו בטבע,

Después de admitir este punto esencial, es posible cuestionarse la
forma deficiente que tiene la tradición actualmente. Si no cuestionára-
mos esta carencia y la negáramos, no podríamos alcanzar la verdadera
idea, ya que este sentido precede a la idea en la naturaleza.

ואע"פ שהמושכל קודם למורגש במעלה, כמו שהתבאר בדרכי חמש הקדמות, אבל גם נודה
על האמת, שהיום שלשת המעלות חסרות ממנו, אבל לא על דרך חלות אחת מהן באחרת,
רק הדבר דומה למי שהיתה אצלו מרגלית נחמדת, והיה רוצה להנחילה לבנו,

---

85. O sea el hebreo.

Esto ocurre aunque la idea sea mayor en el nivel que en el conocimiento sensible, tal y como fue explicado en las cinco introducciones. Además, admitimos la verdad de la ausencia de niveles en la transmisión del lenguaje y su forma. Además, no hay que cambiar una cosa por la otra. Es algo semejante a una persona que tiene una perla hermosa y quiere legarla a su hijo.

ובתוך הזמן שהיה מורה לבנו דרכי העושר כדי שיכיר מעלת המרגלית, ותהיה נחמדת בעיניו, כמו שהיא חמודה בעיני אביו, בא הבן והכעיס את אביו, מה עשה האב לא רצה לתת המרג־ לית ביד אדם כדי שלא יפסיד בנו ירושתו אם ישוב וירצה את אביו, אבל השליכה בבור,

El transcurso del tiempo ha llevado al padre a educar a su hijo sobre el tema de las joyas, pero al tratar que el hijo reconozca el valor de la perla con la misma pericia que el padre, el hijo se enfadó. ¿Qué hizo el padre? No desea entregar su perla a otra persona y que se pierda su herencia, si más tarde el hijo vuelve al padre, y la tiró a un pozo.

כי אמר אם לא ישוב אם בני איני רוצה שייִרשנה, ואם ישוב איני רוצה שיפסידנה, וכל עוד שלא ישוב תהיה גנוזה בבור, וכשישוב מיד אעלנה מן הבור ואתננה לו, וכל עוד שלא שב שהיו באים עבדי אביו והיו מכעיסין את הבן בכל יום ויום,

Dijo entonces: «si mi hijo no la quiere, no la quiero, y si él vuelve, no quiero que la pierda. Mientras no regrese, la perla seguirá en el pozo; y si él regresa, la sacaré del pozo y se la devolveré». Como el hijo no regresaba, los siervos del padre venían cada día y se enfadaban con él.

וכל אחד מהן היה היה מתפאר שאדוניו נתן לו המרגלית, והבן לא היה חושש כי לא נודעת אחר זמן כל כך הכעיסוהו, עד ששב ומחל לו אביו והעלה המרגלית מן הבור ונתנה לו, כשראו עבדי אביו כך מיד נפלו על פניהם ובושו משקריהם לפני הבן,

Cada uno le pedía a su amo que le entregara la perla. El hijo nunca fue temido porque carecía de conocimiento. Al cabo de un tiempo, los siervos se enfadaron tanto con él que terminó volviendo y el padre lo perdonó, sacó la perla del pozo y se la entregó. Cuando los siervos del padre vieron esto, inmediatamente se lamentaron de las mentiras que habían contado al hijo.

והיה להם הרבה לעשות עמו עד שימחול להם הכעס שהכעיסוהו ברוב פיוסים, כן קרה לנו עם האומרים שה' החליפנו בם, שאין לנו פה להשיב כל זמן שאנו בלתי מרצים את השם באשר חטאנו לו, ואמנם בשובינו ובהשובו גם הוא את שבותינו, ייבושו מביישינו מפנינו בראותם אשר שב ה' את שבותינו,

Esto es lo que nos ha ocurrido a nosotros. Para aquellos que dicen que el Eterno nos ha abandonado no tenemos respuesta, ya no tenemos el favor del Eterno tras nuestras transgresiones. Aún así, llegará nuestro regreso cuando él vuelva de su exilio. Y habrá una gran vergüenza y desgracia por nuestra culpa, cuando vean que el Eterno nos ha devuelto nuestra libertad.

ואשר שברו וקבלו דמיון היה, ואנו לקינו בעוונותינו ונמרקו עד כלותם, ומפני שאין אנו עדיין היום באותה המדרגה שאנו מצפים לעלות אליה בכל יום, עדיין המחלוקת במקומה עומדת למי החמדה והאמת הלא אם לצרינו, עד בא המכריע הדולה המרגלית מהבור ויתננה לאשר יחפוץ לנו או להם,

Por la ruptura y por nuestra transgresión fuimos azotados y purificados hasta su fin. Porque hoy no nos encontramos añorando regresar como cada día, esa cuestión se encuentra en mano de quien es el amor y la verdad. ¿Está con nosotros o con nuestros enemigos? Y así hasta la gran resolución, que vendrá cuando la perla sea tomada del pozo y él la entregue a quien desee, ya seamos nosotros o ellos.

ואז יתברר האמת תכלית הביאור, ותשוב החמדה לבעליה הראויים לישר אותה הנקראים בעם ה', ותסור הקנאה והקטטה והמחלוקת והשנאה, ותבטלנה המחשבות המדומות מהלבבות,

Entonces, la verdad será mostrada con gran claridad; y el amor regresará a aquellos que sean capaces de heredarlo y sean llamados pueblo del Eterno. Todo el celo y el odio será eliminado, y todos los pensamientos ilusorios será eliminados de todos los corazones.

ויראה כל איש ואיש את כל אחד ואחד מאישי המין כאלו הוא חברו וחברו הוא עצמו כמו שהאדם רואה כל אבר ואבר מאיבריו שהאחד הוא זולתו, וכל חלק מהם אצלו הוא הכל,

Todos los hombres verán a los hombres de las demás razas como hermanos, y cada uno verá al otro en sí mismo, una multitud de órganos que formarán definitivamente un cuerpo. Cada elemento concreto será un todo.

ואז ישוטטו רבים ותרבה הדעה, ולא ילמדו עוד איש את רעהו לאמר דעו את ה', כי כלם ידעו את ה' למקטנם ועד גדולם כמי"ם לי"ם, כי מלאה הארץ דעה את ה' כמים לים מכסים ואחר שהדבר הוא כן הכל מודים שמבחר כל הלשונות מאז היא לשון הקדש,

Y como entonces muchos se encontrarán vagando, el conocimiento se expandirá de forma que nadie necesite enseñar acerca del conocimiento del Eterno. «Porque llena estará la Tierra del conocimiento del Eterno como las aguas cubren el mar».[86] Después de esto, todos reconocerán que el idioma más noble es la Lengua Santa.[87]

ועל כן נודע מה שנודע כה לנביאים בסוד ה' המפורש, מה שלא נודע לזולתם מאישי מין האדם,

Además, haré saber lo que fue indicado a los profetas en relación al *Shem haMeforash*[88] y que no ha sido revelado a ningún otro hombre entre todos los hombres.

והנה גם הטבע גוזר עוד שיהיה ה' בוחר בדבר אחד מיוחד מכל פרטי העניינים, כמו שבחר בערבות מכל הגלגלים, כאמרם [חגיגה יב, ב] ז' רקיעים ברא הקב"ה בעולמו ומכולם לא בחר כסא כבוד למלכותו אלא ערבות, והוא השביעי אלא ששם ערבות משותף:

Y he aquí que la naturaleza indica que el Eterno elige una única cosa de entre todos los particulares, del mismo modo que Él escoge la Tierra de entre todos los planetas, como está dicho [Jaguigah 12,2] había siete firmamentos creados por el Santo, Bendito sea, en Su mundo, y de todos ellos escogió la Tierra como el trono de la gloria de Su reino, ya que es el séptimo; aunque el Nombre «Tierra» sea un Nombre común.

והנה הנראה מכל כוכבי השמים שה' בחר בשמש מכולם, והנראה מהיסודות שהאש מובחר מכולם ולמעלה מכולם,

Y he aquí que después de considerar todas las estrellas en el cielo, el Eterno escogió al sol por encima del resto, y parece que de entre todos los elementos el fuego es el más selecto y alto de todos.

---

86. *Véase* Isaías 11:9.

87. O sea, el hebreo.

88. *Véase* nota 9.

והנראה ממיני המתכות שהזהב מעולה מכולם, ומהאילנות שהתמר מעולה מכולם, ומבע־
לי חיים השוחים שליותן מעולה מכולם, ומהמעופפים שהנשר מעולה מכולם, ומההולכים
בבייתים הנקראים בהמות, והאריה בברייה הנקראים חיות, ומכולם האדם, ומהאדם ישראל,
ומישראל שבט לוי, ומשבט לוי הכהן הנביא,

Del mismo modo, el oro es el tipo de metal más excelso de todos; de los árboles la palmera; de los animales que nadan, el Leviatán; de las criaturas voladoras el águila se encuentra por encima del resto; de los animales que caminan el buey es el mejor de todos los animales domésticos; y de las bestias el león es el más selecto. Pero por encima de todos ellos se encuentra el hombre, por encima del hombre está Israel, por encima de Israel está la tribu de Leví, y por encima de la tribu de Leví está el sacerdote profeta.

הנה כבר התבארה הכוונה במה שרצינו להודיע בזה החלק השלישי, שמבחר כל הלשונות היא
לשון הקודש:

De este modo ya he aclarado el objeto indicado de esta tercera sección: que la más noble de todas las lenguas es la Lengua Santa.

החלק הד׳ סימני אותיותיו מ׳נ׳ס׳ע׳פ׳ חלקיו חמשה ועניניו חמשה
והשם ש׳מ׳ו׳א׳ל׳:

חלק מ׳ ענין א׳ סימן ש׳ כולל יצירת האדם:

ספר היצירה [פ״ג פ״ד] העיד ששלשה דברים נבראו עם כ״ב אותיות, האחד עולם והשני
שנה והשלישי נפש, והעולם הוא אש ומים ורוח ונבראו באמ״ש, וז׳ כוכבי לכת נבראו בבג״ד
כפר״ת, וי״ב מזלות נבראו בה׳ו׳ז׳ח׳ ט׳י׳ל׳נ׳ ס׳ע׳צ׳ק׳,

**Capítulo Cuarto, cuyas letras son מ , ו, ס, ע , פ tiene cinco partes y
cinco temas a través del Nombre ש , מ , ו , א, ל**

Parte מ, Tema א, Letra ש, que contiene el concepto de la creación del
hombre.

El Libro de la Formación (*Sefer Yetzirah* III-4)[89] enseña que hay tres
cosas que fueron creadas con las 22 letras. La primera es *Olam*,[90] la segunda es *Shanah*[91] y la tercera es *Nefesh*.[92]. El «Mundo» es fuego, agua y
viento; fue creado con א׳מ׳ש. Los siete planetas orbitales fueron creados
con ב׳ ג׳ ד׳ כ׳ פ׳ ר׳ ת y las 12 constelaciones zodiacales fueron creadas con
ה׳ ו׳ ז׳ ח׳ ט׳ י׳ ל׳ נ׳ ס׳ ע׳ צ׳ ק.

הרי זה כלל האדם ופרטיו סתם, והשנה נבראה מן העולם היא חום וקור ורויה, שנבראו מן
אש ומים ורוח באמ״ש גם כן, ז׳ ימי בראשית שנבראו מן ז׳ כוכבי לכת בבג״ד כפר״ת גם כן,
וי״ב חדשי השנה שנבראו מן י״ב מזלות בה׳ו׳ז׳ח׳ ט׳י׳ל׳נ׳ ס׳ע׳צ׳ק׳ גם כן,

Ésta es la imagen general del hombre y sus detalles. El «Año» es
creado a partir del «Mundo», que se encuentra caliente, frío y húmedo,
siendo creado a partir del fuego, el agua y el viento, con א׳מ׳ש también.

---

89. *Véase Sefer Yetzirah*, el libro de la formación, comentado por Najmánides. Ediciones Obelisco, Barcelona, 2013.

90. עולם, en castellano «mundo».

91. שנה, en hebreo «año».

92. נפש, en hebreo «alma».

Los siete días de la creación fueron creados a partir de los siete planetas, y también con ב' ג' ד' כ' פ' ר' ת'. Los doce meses del año, creados a partir de las 12 constelaciones, también fueron creados con ה' ו' ז' ח' ט' י' ל' ס' נ' ע' צ' ק'.

והרי זה כלל השנה ופרטיה סתם, והנפש נבראת מן העולם בשנה הכללית ובחלקיה, והיא ראש ובטן וגוייה שנבראו מאש ומים ורוח באמ"ש כמו כן,

Ésta es la forma general del año y sus particularidades. El «Alma» fue creada a partir del «Mundo» en general, y del «Año» en sus partes. Éstas son «cabeza», «estómago» y «cuerpo», creadas a partir del fuego, el agua y el viento, con א'מ'ש' también.

ו' שערים [בנפש] בז' כוכבים בבג"ד כפר"ת ג"כ, וי"ב מנהיגים [בנפש] בי"ב מזלות בה'ו'ז'ח' ט'י'ל'נ' ס'ע'צ'ק' ג"כ, והעולם וכל מה שנברא כן הוא עצמיים, והשנה וכל חלקיה הם מקריים,

Las siete puertas [de *Nefesh*] fueron creadas con los siete planetas a partir de ב' ג' ד' כ' פ' ר' ת', y las doce formas de las doce constelaciones [de *Nefesh*] con ה' ו' ז' ח' ט' י' ל' ס' נ' ע' צ' ק'. El «Mundo» y todo lo que fue creado en él es independiente. El «Año» y todas sus partes son accidentales.

והנפש וחלקיה הם גופיים, ואמנם [שם פ"ג מ"ג] עוד נבראו מהאמות הנקראות אבות וש־רשים ויסודות שלשה דברים, והם שמים וארץ ואויר, וגם שלשתם גופים, אלא שהשמים פשוטים וזכים כדמות האש, והארץ ועכורה כדמות המים, והאויר בינוני משותף כדמות הרוח, והנה [שם פ"ו מ"ב] תלי בעולם כמלך על כסאו, וגלגל בשנה כמלך במדינה, ולב בנפש כמלך במלחמה.

Nefesh y sus partes son realidades físicas. Además, tres cosas [Íbid. III-3] fueron creadas a partir de los atributos llamados «primarios», «elementales» y «fundacionales»: cielo, tierra y aire.[93] Estos tres también son físicos. Ya sea como el cielo, simple, refinado y puro a la manera del fuego, la tierra está en composición y es más densa, como el agua; y el aire se encuentra en una situación similar en forma de viento. De esta forma [Íbid. VI-12], *Teli*[94] se encuentra en el mundo como un rey en

---

93. *Véase Sefer Yetzirah,* el libro de la formación, III-3.

94. *Teli,* la serpiente original.

su trono;[95] el planeta es en este momento como un rey en su tierra; y el corazón es como el *Nefesh* del rey en guerra.

והנה התלי כדמות בריח כשראשו במזל אחד זנבו בשביעי לו חלק בחלק מן ק"פ לק"פ מע־
לות משם מעלות שהגלגל נחלק בהם, ראשו זכות, זנבו חובה, לבו מכריע ביניהם,

Y he aquí que *Teli* es en la imagen un continuo cuya cabeza alcanza la primera constelación y cuya cola llega a la séptima, parte por parte, de 180 grados a 180 grados, hasta los 360 grados en los que el mundo está dividido. Su cabeza es digna, su cola es culpable y su corazón se encuentra entre medias.

והנה הגלגל כדמות עגול בעל שתי קצוות, והאמצעי מכריע ביניהם, והנפש הוא כח אחד נוסף
על מהות הגוף, ומניע את הגוף בעצם ומתנועע עמו במקרה, והכח ההוא משכנו בלב והוא
צורת הלב ועל כן נקרא לב,

Y he aquí que el globo tiene la forma de un círculo con dos extremidades, y el centro es la parte igualada entre ambas. *Nefesh* es una fuerza además de ser la esencia del cuerpo. Vivifica al cuerpo y hace que se mueva. Esta fuerza mora en el corazón, es la forma del corazón, y es llamada *Lev*.[96]

והנפש ג"כ נקראת דם, והלב הוא עומד בכח הדם, והדם הוא הדבר הראשון אשר נתהוה
באדם, ועל כן אדם עם דם קרובים בענין גם דמיון מכללם, גם אדמה גם דמות ודממה, וכל
אחד מאלה נבדל בעבור ענין מזולתו וגם התיחד עמם בעבור רמזים:

Nefesh también es llamado *Dam*.[97] El corazón es mantenido a través del poder de la sangre. La *sangre* es la primera realidad creada en el hombre; además Adam[98] incluye *Dam*, «sangre», en su interior. También *Demion*,[99] *Adamah*,[100] *Demut*,[101] y *Dememah*[102] son palabras deriva-

---

95. *Véase Sefer Yetzirah*, el libro de la formación, VI-2.

96. En castellano «corazón».

97. En castellano «sangre».

98. En castellano «hombre» o por extensión «humanidad».

99. En castellano «imaginación».

100. En castellano «tierra».

101. En castellano «semejanza».

102. En castellano «calma».

das. Cada una de éstas es distinta de acuerdo a su concepto y también están unificadas a través de lo indicado.

והנה ראשית מציאות האדם הוא מקרה, והוא קרי שהוא שם שכבת זרע והוא זרע לבן, ובהיותו זרע נשתתף בשם עם כל זרע,

La realidad inicial del hombre es *Mikrah*.[103] Es *Keri*,[104] nombre de la semilla derramada, puesto que es una semilla blanca. Ya que es semilla, a través del nombre de toda semilla;

והלובן הוא מקרה והוא סוד השלג הלבן, והרמז כמעשה לבנת הספיר, ובעליונים כמראה אבן ספיר דמות כסא, אלא שזה מיוחס בשם אבן וזה בשם לבנה, ומי שנתבלבל דבורו היה לו הלבנה לאבן, ויחס הלבנה יחס חלוש, שהוא חומר קל להתפעל ולהתהווה וקל להשתנות ולהפסד,

Y el blanco fortuito es el secreto de la nieve blanca; pues se dice «el trabajo de ladrillo de zafiro»; y en los mundos superiores es la imagen de la piedra del zafiro en la forma de un trono. Uno de ellos está relacionado con el nombre «piedra», mientras que otro está relacionado con el mundo «blanco». El que está confundido llama piedra al ladrillo. El ladrillo es relativamente débil, puesto que su sustancia es fácil de imbuir y moldear, y es fácil de manipular y romper.

והוא דבר מחובר בפעולה מלאכתית, והיא הנפעלת בידי אדם, והוא יחס החומר הראשון התחתון, ויחס האבן יחס חזק שהוא חומר קשה להפעל ולהתהוות, וקשה להשתנות ולהפסד, והוא דבר מחובר בפעולה טבעית, ופעולתו בלתי מורגשת ובלתי מדומה אבל מושכלת, והוא יחס החומר הראשון העליון, וכבר רמז על"ו במקום שהורה עליו סוד צורת ההשגה האנושית לאמרו, [בראשית יא, א] ויהי כל הארץ שפה אחת ודברים אחדים,

Es algo adherido a través de la fuerza artificial, y es manipulado por la mano del hombre. Está relacionado con la materia original inferior. La naturaleza de la piedra es fuerte, ya que es una sustancia difícil de manipular y moldear. Es difícil de alterar y romper. Estructuralmente está formada por una fuerza natural, una fuerza que no ha sido concebida ni formada; sin embargo, ésta es comprensible. Se trata de la naturaleza de la materia original superior. Ya fue indicado por el Eterno

---

103. En castellano «fortuita» o «accidental».

104. En castellano «fría».

a través del lugar que enseña el misterio de la forma del conocimiento humano íntimo, pues se dice «Formaba entonces toda la tierra una misma lengua y unos mismos vocablos» [Génesis 11, 1].

שבא להורות שההשגה נמצאת באדם בכח הדברים שבו, וכשהכוונה שוה בכל כחותיו שהם נשפעים ממנו ההשגה אחת שוה, וההדבריות שלמות בלתי חלוק דעת, וזהו סוד שפה אחת ודברים אחדים, ועוד רמזו שאלה הכחות יש להם תנועה במקום האור, ומשם יש להם ירידה, וזהו אמרו [בראשית שם] ויהי בנסעם מקדם וימצאו בקעה, ורמזוהו רז"ל [מדרש רבה לח, ז] באמרם בנסעם מקדמונו של עולם,

Esto enseña que la comprensión existe en el hombre junto a la facultad del habla, y que la intención activa debería ser igual a través de todos sus poderes, imbuidos en él a través de un único entendimiento; y el habla debería estar completada por un conocimiento no contradictorio. Éste es el secreto del lenguaje único y unificado. Se dice «Viajaron desde el Oriente hasta encontrar el valle» [Génesis 13,11]. Los sabios también aluden a esto al decir «Viajaron desde el origen del mundo» [Midrash Rabbah 38, 7].

והוא אור השכל המיוחס אל המזרח שמשם האור יוצא לעולם, והנה שם המזרח קדם ואמרו [שם] וימצאו בקעה בארץ שנער, דרש בו ארץ שננערו שם מימי המבול מן וינער ה' את מצרים,

Ésta es la luz del intelecto, relacionada con el Oriente, ya que desde allí la luz emerge al resto del mundo. Y el Nombre del Oriente es *Kedem*;[105] ya que el versículo continúa diciendo «Encontraron el valle en la tierra de Shinar (שנער)». Se indica en este versículo que Shinar es la tierra que fue agitada (שננערו, *Shinnaru*) por las aguas del Diluvio, así como en el versículo «El Señor agitó Egipto».

ואני קבלתי בו שהוא רמז לשוב הכחות המושכלות אל הנערות במקום ששם הנערות, ועל כן אמר וישבו בה, שלא זזו ה' מדרך הילדות והשחרות, והוא זמן בלבול הכח הדברי, על כן קרא שמה בבל כי שם בלל ה' שפת כל הארץ ונפסדה הכוונה הראשונה מההשגה:

Existe una tradición que dice que ésta es una mención al regreso de los poderes de la comprensión intelectual a las jóvenes en el lugar en el que éstas habitan. Así se dice «Ellas regresaron a su interior», es decir, ellas nunca dejaron el camino de la juventud y de la locura. Ésta es la

---

105. קדם, en castellano «oriente», «antaño», «origen».

época del desorden en el poder del habla. «Por eso se la llamo Babel, porque allí confundió el Señor el habla de toda la tierra» [Génesis 11, 9]. Así fue como se perdió el propósito original del entendimiento divino.

ועל כן אמרו שיזמין מחשבת הקבוץ, והקבוץ סבתו הסדר השכלי ושמיעת הכחות זה לזה, והמשך זה אחר סדרו של זה, אך הפזור הוא בהתהפכות הכוונות והדיעות, ואחר שהורחקה מהם השגת האמת, ותהי להם הלבנה לאבן והחמר היה להם לחומ ר,

Esto se dijo para apresurar la idea de la reunión,[106] puesto que la reunión es la causa a través de la cual se reordena el intelecto y se interrelacionan todas la fuerzas a través de la cual una orden empuja a otra. La dispersión es la separación de la voluntad activa y de los pensamientos. Después de que la auténtica comprensión fuera distanciada de ellos, el ladrillo se convirtió en piedra, la materia en sustancia.

איך יתכן לבנות מקומות הקבוץ שהם העיר שהיא מקום כלל כל הכחות, והמגדל שהוא מקום המושל עליהם, והוא מקום הכח הדברי אשר התיחס אל הראש, כמו שרמזו באמרם, ומגדל וראשו בשמים,

¿Cómo es posible construir lugares de encuentro como ciudades que sean lugares de poderes colectivos? La torre es el lugar que lo gobierna todo, el lugar en el que el poder del lenguaje se relaciona con la cabeza. Pues se dice «Una torre cuya cúspide llegue al cielo».[107]

והורה שאם נפל בלבול בין הכוונות לא יתכן לעולם להשלים החפץ, ומפני שהמשיג אין ראוי שיחשוב בהשגתו לעשות לו שם, ולא לבקש ההשגה כדי לקבל ממנה גמול, שזו היא עבודה שלא לשמה, גזר השכל לבלתי השיג כלל, והעניש הכחות על זה לבלתי שמע זה לזה, ובלתי התקבץ יחד, ועל זה נאמר [שם] הנה נרדה ונבלה שם שפתם אשר לא ישמעו איש שפת רעהו, ומיד הענישם באמרו ויפץ ה' אותם על פני כל הארץ וזה כלו:

Esto significa que si hubo una ruptura en la voluntad activa sería imposible alcanzar el objetivo deseado. Es inapropiado que alguien que busca la comprensión divina lo haga para agrandar su propio nombre o recibir algún beneficio de ello, ya que sería un servicio hipócrita. Además, el intelecto ha dictado que no hay que tomar nada, pues es imposible emplear sus poderes correctamente: «Ea, bajemos y confundamos ahí mismo su lengua, a fin de que nadie entienda el habla de su com-

---

106. En hebreo *Kibbutz* קבוץ.

107. *Véase* Génesis 11:4.

pañero».[108] E inmediatamente los castigó según está dicho «entonces el Eterno los dispersó por toda la tierra», y esto es todo.

אע״פ שרמזנו בסתרו אין המקראות יוצאים מידי פשוטן, שהנה אחר שאין הדבר מכריח אות־ נו להאמין שזה משל, ואינו כפשוטן בשום פנים, נאמין תחילה הפשט כאשר הוא כשאין מונע שם לי מכחישו,

A esto es a lo que se refieren las escrituras cuando indican que no se deja nada al simple entendimiento. Este incidente no nos obliga a creer que sea una metáfora, no lo fue de acuerdo al sentido literal, por lo que primero debemos entender la perspectiva simple, en la que no existe impedimento intelectual.

ואחר שזה נדרוש עליו מה שסובל על דרך הנסתר, שכל מה שנדרש על דרך הנסתר מורה על חכמה יותר עמוקה ויותר מועלת לאיש המיוחד מהוראת הנגלה, שהנגלה נכתב להועיל לכלל העם, שאין להם שקול דעת להבדיל בין האמת והשק ר,

Y después expondremos qué es posible obtener a través del camino oculto porque todo lo que ha sido expuesto a través de las formas ocultas expresa que el hombre excepcional tiene una visión más profunda con un beneficio mayor que el camino sencillo. La exposición descubierta[109] fue escrita para todo el pueblo, y no contiene medida del conocimiento para discernir la verdad de la mentira.

וזה אינו מועיל לבעל הדעת המבקש ההצלחה המיוחדת בכח הדברי, שאם מתו אלף בני אדם אחר שנולדו, והיה כל אחד אלף שנים, וקרה לכל אחד אלף מקרים בזמנו, מהם על דרך גמול ומהם על דרך עונש ומהם בלתי גמול, אבל מקרים גמורים, ומהם בלתי עונש גם כן, ואלה עלו ואלה ירדו,

Esto no beneficia a aquel que posee el conocimiento y busca un gran éxito a través de los poderes del lenguaje. ¿Cómo podría lograrlo si mil hombres muriesen tras sus nacimientos y cada uno viviese miles de años y que mil incidentes ocurrieran a cada uno? Además, algunos de ellos conseguirían triunfos, otros castigos, otros engaños; y aún así esta sería una experiencia completa incluso sin condena. Ascenderían y descenderían.

---

108. *Véase* Génesis 11:7.

109. En el sentido contrario de oculta.

מה תועלת בכל זה הספור ההמוני, לזה המיוחד היודע כבר דרכי הנהגת המציאות ולפיכך
מבקש לדברים ההם דרך תועלת לו בם, ועונה אל מה שהוא בו:

¿Cuál es el beneficio de todo este relato acerca del conocimiento y
funciones de la realidad para las masas para alguien que conoce los caminos y las funciones de la realidad? Por lo tanto, él pedirá de esas cosas aquello que lo beneficia y responderá a eso que está allí.

גם יודע שהמחבר כוון להשלים שתי הקצוות בדבריו במקום שאפשר לעשות כן בזה הנרמז,
שהנה יש לנו עדות מורגש מהפיזור של האומות ומשינוי הלשונות יש לנו עדות מושכל שהענין
היה כמשפטו, והתועלת הכללי בזה הוא לדעת דרכי העונש והגמול הבאים מה׳ בהשגחה על
הכלל,

También es sabido que el autor buscó llegar a los dos extremos con
sus palabras a través de las menciones en este relato. Ahora que hemos
dado testimonio de la dispersión de los pueblos y de la división de sus
lenguajes, hemos mostrado que este incidente es como el conocimiento
simple. La recompensa de esto es el conocimiento del castigo del Eterno
a través de Su providencia hacia la realidad colectiva.

לפי מעשיהם ולפי דבריהם ולפי מחשבתם שלשתם נכללים פה, ואמנם התועלת הפרטי
למיוחד בזה, הוא להשיג הנסתר הרמוז אליו בהשגות, אשר שם גמולו ועונשו ושאר הגמול
והעונש אצלו פחותים כנגד אלו,

Esto se manifiesta a través de sus acciones, habla y pensamientos,
apareciendo todos ellos en esta historia. Sin embargo, el beneficio excepcional es la obtención de alusiones escondidas a través de la comprensión. Éste es su regalo y su castigo.

שאילו נפשיים ואילו גופניים, ולא כללנו זה הענין בתוך דברינו אלה, אלא לעורר דיעות המש־
כילים אל אמיתת הדברים, שזה החיבור לא חובר כי אם לבעלי שכל, שקבלו הקדמות כלליות
בקבלה התוריית המיוחסת אל ה׳ יתברך בפועל,

Es algo espiritual y físico, y no hemos incluido esta idea en nuestra explicación para no turbar las mentes de los *maskilim* que buscan
la verdad en esta materia. Este texto está destinado únicamente a los
maestros del intelecto, aquellos que han recibido introducciones generales a las tradiciones de la Torah, unida activamente al Eterno, bendito sea.

ומפני שדברינו היו בענין יצירת האדם והכח הדברי שבו, המוכן לקבל המושכלות, ולצאת
לפעל עם שפע השכל המשפיע עליו בעודו בעל חומר, והוצרכנו להודיע סוד חומר היצירה,
על כן כללנו בתוך ענייננו סוד דור הפלגה בכלל על דרך הערה ובדמות רמז קטן:

Originalmente, nuestro tema era la formación del hombre y los poderes del lenguaje que están en él y le permiten recibir la comprensión divina y expresarla de forma manifiesta a través de la *Shefa* del intelecto que se encuentra en su interior mientras es una entidad física. Ahora debemos elucidar el secreto de la materia de la formación; y para ello hemos incluido unas ideas generales acerca de la generación del diluvio en una pequeña nota alusiva aparte.

ונשוב לומר שהיצירה האנושית גזרה להיות האדם סוף כל נוצר, ושיוכללו בו כל הכחות
מקובצים, מהם טבעיים ומהם רצוניים ומהם מקריים ומהם שכליים, וגם נחלקו להיות כל אלו
קצתם רוחניים וקצתם גופניים, וגם היו לו אלו מהם בכח ומהם בפעל, ומה שהם אצלו בכח
נחלקו לחלקים שנים ראשונים והם כח קרוב וכח רחוק:

Volvemos a indicar que la formación natural de la especie humana dictó que el hombre fuera la última de todas las formaciones. Además, en el hombre se encuentran incluidos y combinados todos los poderes, ya sean estos secundarios o intelectuales. Todos ellos fueron divididos en físicos y espirituales, existiendo ambos tanto en potencia como en manifestación. Lo que existe en forma de poder potencial se encuentra dividido en dos partes: potencial próximo y potencial remoto.

ואמנם מציאות האיברים יורו על מציאות פועל קרוב או רחוק, גוף או כח כגוף, או בלתי גוף
ובלתי כח בגוף, כי זו חלוקה הכרחית, וכן כל דבר נמצא מורגש או מושכל הוא מעיד על
מציאות ממציאו ופועלו ומורה על מהותו:

La realidad de los órganos enseña cuán cerca o lejos está la manifestación. El cuerpo, el cuerpo potencial, el cuerpo ausente, o la ausencia de potencial en el cuerpo; éstas son las divisiones inherentes. Todo lo que existe ya sea que lo sienta o lo perciba, demuestra la realidad de su formación y manifestación, e ilustra su naturaleza esencial tras una detallada revisión.

אחר העיון הראוי ואחר שזכרנו שכל המציאות נכלל בצורת האיש הזה הפרטי השלם בדעתינו
כל ענינו, ידוע שממנו נדע כל המציאות, ועל כן נחקור על ענינו לבד בכללו ובפרטיו, ויספיק
כאילו חקרנו הכל אחר אשר הוא כולל הכל, ונאמר כי מצד היות זה הנברא האחרון, והוא
הכל על דרך תכלית כל ההרכבות, דומה לקונו יתברך, שהוא הנמצא הראשון

Hemos mencionado que la totalidad de la realidad se encuentra contenida en la forma de este hombre único y perfecto, y que nuestro conocimiento de él proviene de la realidad completa. Ahora, investigaremos este tema en general y en particular, siendo como si lo hubiéramos estudiado en su plenitud, puesto que en dicho tema se encuentra la plenitud. Así pues, ésta es la formación definitiva, la que es todo en esencia; y a través de la cual todas las composiciones se parecen a su Creador, bendito sea, que se encuentra primero.

וכולם אפשרי המציאות בבחינת עצמם ומחוייבי המציאות בבחינת סיבתם,

Todas las cosas existen a través de la verdad de su existencia. Se trata de realidades inherentes en relación a su causa.

והוא מחוייב המציאות בבחינת עצמו לבדו, ומפני זה היה ראוי שהוא יתברך ישגיח באדם
בשני הצדדים בהכרחי, ויהיה הוא המכריע בין צדדיו השנים,

Y él es una realidad inherente en sí mismo. Por esto, es propio que él, bendito sea, proteja al hombre de ambos extremos y sea el equilibrio en sus diferentes aspectos.

והינו האחד מצד הדבר הפשוט אשר באדם, והוא הכח הדברי הנקרא נפש, והצד השני מצד
הדבר המורכב אשר באדם, והוא החומרי הנקרא גוף, והמכריע ביניהם הוא השכל המשפיע
עליהם, והוא נבדל מהם,

Él es la unidad, la simplicidad absoluta del hombre, él es el poder expresivo llamado *Nefesh*, siendo el otro la composición del hombre, la entidad física llamada «cuerpo». La fuerza equilibradora es el intelecto impartido en ambos y diferente de ambos.

ומפני שהדבור משותף בשניהם בגוף ומשותף בשניהם בנפש, וכן המחשבה נחלקת לשתים
בשניהם אחת רוחנית שכלית, ואחת גופנית דמיונית, וכן המעשה נחלק לשנים טוב ורע:

El habla está asociada con ambos, tanto con el cuerpo como con el *Nefesh*. Aunque también está dividida en dos partes: una es el habla intelectual y espiritual, y la otra es el habla física. Además, la acción está dividida en dos: buena y mala.

והנה הדבור הנמצא בפה נחלק לששה חלקים שהם שש קצות, והם אמת ושקר טוב ורע ברכה וקללה, וכבר אמרו הקדמונים שגם אלה יחלקו עוד לחלקים,

El habla está presente en la boca, dividida en seis partes, seis extremos que son «verdad», «falsedad», «bien», «mal», «bendición» y «maldición». Los antiguos dijeron que incluso estas seis se encuentran divididas en más partes.

ושמו אמצעי בין האמת והשקר והוא שקראוהו המעורב, ועוד חלקו המעורב לחלקים, שידוע כי אין אמת יותר כאמת ואין שקר יותר משקר, אבל יש דברים שאינם אמת גם אינם שקר,

Su nombre es el elemento intermedio entre lo verdadero y lo falso. Es llamado «lo Compuesto». Su parte se encuentra mezclada por otras. Se sabe que no hay nada más cierto que la verdad y no hay nada más falso que la mentira. Sin embargo, hay cosas[110] que no son ni ciertas ni falsas.

ואע"פ שהאמת דבר נמצא, והשקר בלתי נמצא, על כן המעורב היה אמצעי לקצוות, ונחלק גם הוא כרוחק ובקירוב אל אחת, וקראו הקצה האחד כולו אמת והקצה השני כולו שק ר, והאמצעי חציו אמת וחציו שק ר, וחלקיו רובו אמת, ורובו שק ר,

Las hay que están próximas a la verdad y lejos de la mentira, y otras ciertas a la mentira y lejanas de la verdad. Esto es debido a que la verdad y la mentira son dos extremos, y ambos son las dos esencias.

ויש קרובים אל האמת ורחוקים מן השקר ויש קרובים אל השקר ורחוקים מהאמת, מפני שהאמת והשקר שתי קצוות, אשר אין אחריהם קצה ממינם והם שתי קצוות.

Esto es así incluso cuando la verdad existe y la mentira no, o cuando algo intermedio se encuentre entre los dos extremos y sea dividido en un lado más cercano o lejano. Un extremo es llamado «totalmente cierto», y el otro extremo es «totalmente falso».

---

110. En hebreo *Devarim*, «cosas» pero también «palabras».

ואמנם החלוקה שאינו לא אמת ולא שקר אינו מדין החלוקה הזאת וידוע שהדבור הוא המו־
דיע על דבר נמצא, ואם הוא נמצא כמציאות, כמו שנזכר בדבר יוחס לדיבור שם אמת מצד
הנמצא שהורה עליו,

En medio se encuentran «la media verdad y la media mentira», ya que sus partes son «mayormente verdad o mayormente mentira». Es sabido que el habla es una realidad existente. Si existe la expresión hablada existe en realidad, entonces la «verdad» está relacionada a esta realidad en cada aspecto de su existencia.

וגם יתכן שהדבור יבוא להורות על דבר שהוא נמצא, ואין לדבר ההוא שום מציאות כפי
הדבור,

También es posible que el habla pueda elucidar una realidad existente, y que esta realidad no tenga existencia de acuerdo a la expresión.

ואז יוחס לדבור ההוא השקר, מפני שלא הורה עליו הנמצא כמו שנזכר בדבור, ומה שיהיה
הדבור נחלק להורות בו על שני נמצאים, ויהיה האחד נמצא והשני נעד ר, יוחס הדבור בם
לחציים, ויהיה חציו אמת מצד הנמצא, וחציו שקר מצד הנעד ר, וכן ברובו ובמעוט יהיה הכל
לפי הנמצא והנעד ר,

Por lo tanto, esto será considerado mentira, ya que la naturaleza de la realidad no se encuentra expresada en el habla. Si una expresión fuera dividida en dos realidades, en la que una está presente y la otra ausente, será expresada en mitades del habla. La mitad presente estará relacionada con la verdad, y la mitad ausente será atribuida a la mentira. Éste es el caso de las mayorías y minorías, a través de las cuales todo se encuentra determinado por la ausencia o la presencia.

וכן הטוב והרע והברכה והקללה יובנו מהנז' בדבו ר, בדמות האמת והשקר וחלקיהם, וכן
המחשבה מעצמה אבל המעשה כולל טוב ורע, אבל אין אמת ושקר נופלים עליו בעצם כי אם
במקרה, כאמרך פלוני כתב ספר פלוני שאמר בזה אמת או שקר במקרה

Además, lo bueno y lo malo, la bendición y la maldición han de comprenderse a través de la expresión concerniente a la verdad y la mentira, así como sus partes. Además, piénsalo de esta forma: la acción está compuesta de bien y mal. Verdad y mentira son elementos atribuidos a la acción de forma fortuita. Es como si se dijera que alguien ha escrito un libro, y esto fuera verdadero o falso por accidente.

כלומר שחוזר הענין אל הפעל ואל הפועל, אם היה הפועל הרמוז ממעשיו על ידי הפועל, אם הנפעל אם לאו, אבל אם האמר פלוני עשה מעשה פלוני, אינו נופל על זה הענין אמת עשה ואפילו אם עשהו,

Y al igual que el pensamiento, la acción está compuesta por el bien y al mal. Verdad y mentira son sus atributos sólo accidentalmente. Es como decir que alguien ha escrito un libro, y resultase que esto es verdadero o falso por accidente, lo que significa que se aplica a la acción y el efecto, estando la acción implicada por los hechos del que actúa, tenga efecto o no. Pero si dices que alguien hizo algo, la cuestión de la verdad no se aplica a esto, incluso aunque lo hiciera.

אבל האמר טוב עשה או רע עשה, וחוזר אל המעשה שהוא טוב או רע, גם אל הפועל שעשה טוב או רע, ואמנם על הנמצא אם נמצא נופל עליו אמת שנמצא, ונופל עליו אמת שהוא בצורה כך או להפך, ואם כן אין אמת נופל, כי אם על עצם הנמצא ועל תאריו הנמצאים.

Pero si dices que alguien hizo algo bueno o malo, eso se aplica a la acción, sea ésta buena o mala, y a aquel que hizo bien o mal. Sin embargo, en relación a la cosa misma, si existe, entonces se considera que es cierto en caso de que exista, y es cierto si tiene forma. Por lo tanto, la verdad se aplica sólo al objeto y a sus atributos existentes.

גם אין שקר נופל כי אם בהפכם, ואמנם על המציאות הכללי בא עליו ענין מורה על היותו טוב מפני הפעולה, ובא עליו הוראה המציאות ההכרחי שהוא האמת, וגם התיחסה הפעולה אל כוונת מכוון, באמרו [בראשית א] וירא אלהים כי טוב

Y la falsedad sólo se aplica a su opuesto. Sin embargo, en relación con la realidad general, el hecho de ser bueno se aplica a la acción y a la existencia necesaria, convirtiéndose así en algo verdadero. Y la acción también se refiere a la intención del que actúa, pues se dice «Y Dios vio que era bueno» [Génesis 1, 10].

ועל כן כאשר הגיע הדבר אל הוראת דבר, שהוא נמצא בלתי כוונת מכוון, לא זכר כי טוב, וזה סוד גדול מובן מן היום השני, ואל יטעך אמרו יהי רקיע בתוך המים וכו', ואמרו ויהי כן, שהרי זה יורה על כוונת מכוון שהעדר אמרו כי טוב לא קרה אלא מפני דבר שנמצא מתוך שני מיני המים,

Y así, cuando se habla de algo que existe sin un diseño intencionado, no se dice «Era bueno»; y ese es un gran secreto que ha de ser entendido a partir del segundo día.[111] Y no te confundas por el hecho de que «Haya

---

111. De la creación, se sobrentiende.

un firmamento en medio de las aguas»[112], dijo «Y así fue»,[113] lo que indica un diseño intencionado, pese a la ausencia de la expresión «Era bueno». Ésta no aparece porque algo existe fuera de dos tipos de aguas.

והוא דבר מתחייב ממציאותו הרקיע אחר שהתגלה מציאות, ונהיה נגלה בין מים העליונים ובין מים התחתונים, והדבר ההוא הרמוז ביום חמישי שהוא יום משותף ליום שני, שבשני פעלג מים, ובחמישי תולדות המים,

Y su existencia hace que el firmamento sea necesario una vez que la existencia de éste ha sido revelada; mostrando así las aguas superiores e inferiores. Y lo que fue aludido en el quinto día, que es compañero del segundo día, fue que en el segundo día se produjo la acción del agua; y en el quinto los seres del agua «llegaron a ser».

וכבר נולד ונברא הכח מיום שני, והרמז תנינים כתיב ומה צ"ל נברא, מי שהשלים לא טוב להיותו טוב ועם הטוב השתתף הרע, והרמז עץ הדעת טוב ורע,

La potencia fue creada y producida en el segundo día; y así fue indicado bajo la forma escrita de *Taninim;*[114] y alguien perfeccionó aquello que no era bueno, convirtiéndolo en bueno, a través de la costilla. El mal fue entre entremezclado con el bien, tal y como sugiere «El Árbol del Conocimiento del Bien y el Mal».[115]

ורמז שני כיון שנבראה אשה נברא שטן עמה, ויבא גם השטן בתוכם בלתי מכוון בביאתו, ובא על חוה אחר היותו עמה לא עליה, והטיל בה כח בלתי נקי ובלתי טהור, והוא מקרה הוא מקרה לילה קרי שמוליים זוהמא, הוא טפה סרוחה היא כי הוגלדה טפה האמצעית, וזה הסוג יגלה לך כח חרטום ואשף וכשדי, כי טפה סרוחה סופה חרטה, וייצר אותו בחרט, והרמז הוא ישופך ראש ואתה תשופנו עקב ואור כשדים ידוע:

Y la segunda señal la dieron nuestros sabios, «Tan pronto como la mujer fue creada, Satán fue creado junto con ella».[116] «Y vino también Satán entre ellos»[117], pero su llegada no fue intencionada, sino que provino de Eva después de haber estado con ella, pero no encima de ella.

---

112. *Véase* Génesis 1:6.

113. *Véase* Génesis 1:9.

114. «Cocodrilos», animal que representa el mal.

115. *Véase* Génesis 2:9.

116. *Véase* Bereshit Rabbah 17:6.

117. *Véase* Job 1:6.

Yació una fuerza impía e impura en ella, de forma accidental, convirtiéndose en una emisión nocturna, llamada *Qeri*;[118] algo sucio, pútrido, una gota congelada. Así son los secretos que te vela un *Jartum*,[119] un mago y un caldeo puesto que su gota pútrida es el *Jarata*,[120] pues él lo creó con un *Jeret*,[121] ya que se dice: «Te atacará a la cabeza mientras tú tratarás de atacarle el calcañar».[122] De este modo es conocida la cuestión de Ur de los Caldeos.

ולפי מה שרמזתי אם תרצה להשיג השגות אמיתיות, הסתכל בנבראים ובאותיות שכבר נבראו הנבראים, ובנקודם ובטעמם ובתנועתם ובשמותיהם ובמספריהם ובחלקיהם ובחלקי חלקיהם ובהרכבתם הראשונה ובמוכפלת פעמים רבות ואז הבין יראת ה׳ ודעת אלהים,

Y de acuerdo con lo que he indicado, si deseas tener verdaderas ideas, contempla las cosas creadas, las letras con las que éstas fueron creadas, sus vocales y signos vocálicos, su movimiento, nombres, números, partes, partes de sus partes, su composición original, y aquella que se encuentra duplicada muchas veces. «Y entonces comprenderás el temor del Señor y la ciencia de Dios hallarás».[123]

ואי אפשר להאריך בסוד יצירת האדם כי אין קץ לחכמה אבל הרמזים מספיקים, והוא שראשו בדמות הגלגלים ומה שלמעלה מהם, ומבטנו ולמטה הוא כדמות עולם התחתון, אשר ממנו נברא ובו נוצר בסתרי גלוי עריות ובסוד שפיכות דמים ובעובדת ע״ז,

Es imposible comentar largamente la cuestión de la creación del hombre, ya que la sabiduría es infinita, pero una serie de indicaciones serán suficientes. Lo que está en su cabeza es la imagen de las esferas, que se encuentran por encima de él; y de su tronco para abajo se trata de la imagen del mundo inferior en el que fue creado y formado, en el misterio del incesto, del derramamiento de sangre y de la *Avodah Zarah*.

---

118. Polución nocturna. *Véase* nota X.

119. Sacerdote egipcio.

120. En castellano «lamento». Juego de palabras típico de Abulafia con *Jartum* y *Jeret*.

121. En castellano «estilete», «punzón», pero también «pesar» en el sentido de sufrimiento.

122. *Véase* Génesis 3:15.

123. *Véase* Proverbios 2:5.

ועל כן בזכר המושל והרוכב שהוא פועל זה הפעל בנפעל באיסור ברית מילה, שכולל שלשתם
ע"ז ושפיכות דמים וגלוי עריות, וזו היא הברית שכרת ה' איתנו שאנחנו זרע אברהם אוהבו
וזרע יעקב עבדו, לכרות ממנו אלה ג' עבירות החמורות שבתורה, שבא לנו בעת בריאתנו
ממציאות העולם התחתון, אשר אין לשם חפץ בו, כמו שאין לאדם חפץ במה שמוציא ממה
שאכל, אלא שהטבע מכריחו ובאה הברית לזכרון,

Pero en el varón que gobierna, cabalga y en el que la acción reside sobre el efecto se encuentra el secreto del *Brit Milah*[124] que lo incluye todo: *Avodah Zarah*, derramamiento de sangre e incesto. Por eso Dios firmó esta alianza con nosotros puesto que somos la semilla de su amado Abraham y la semilla de Jacob, su siervo, quitándonos de estas tres severas transgresiones de la Torah que llegaron a nosotros en el momento de nuestra creación, en la existencia del mundo inferior, por el que el Eterno no tiene ningún deseo, del mismo modo que la humanidad no tiene deseo por los excrementos de aquello que come, sólo la naturaleza fuerza a ello, y el pacto sirve para recordar esto.

שאם יבוא אדם לעבור אחת מאלו העבירות, שיזכור מברית מילה שאתו, שכבר יש עליו עדים
שבעה עליונים ראשונים והם ז' ימי היצירה ואחריה כל הנבראים בם.

Si una persona llega a realizar una de estas transgresiones, que recuerde el *Brit Milah*, ya que hay siete entidades primarias superiores que actúan como testigos. Dichas entidades son los siete días de la creación, y tras ellos se encuentra todo lo que fue creado en su interior.

ועל כן היה יום זמן הברית אחר גלגול ז' ימים והוא השמיני, שהוא היום בו נברא ובו נולד,
והוא יום בריתתו ואת בריתתו, ולו היה לפני זה לא היה ביום בריתו, ולו היה ביום בריתתו אע"פ
שלא היה יכול לסבול, לא היו הנבראים עדים עליו, והיה ראוי שלא יהיה נדון ביום מן הימים,
והיה נצול במקום ממקומות המציאות, והיו לו עתים לחטוא בהם והיה נצול בם מעונש, ולו
היה אחר ח' ימים, גם כן היה צריך להיות עוד ביום ט"ו ללידה,

Y el día del momento del *Brit* llega después del ciclo de siete días, teniendo lugar en el octavo día. Éste es el día en que fue creado, el día que nació, el día de su creación y el día de Su *Brit*. Y si hubiera tenido lugar antes, habría sido en el día de su *Brit* y en el día de su creación; y así, por lo que si no se hubiera levantado, las cosas creadas no actuarían como testigos y hubiera sido adecuado que no hubiera sentenciado ciertos días, teniendo inmunidad en algunas partes del mundo. Habría períodos en los que podría pecar sin ser castigado. Y si esto ocurriera

---

124. La circuncisión.

tras el octavo día, debería tener lugar a partir del decimoquinto día tras su nacimiento.

והמציאות גלגולו מז' לז' בסוד ז' ספירות המתגלגלות במדות, והשם שבם דן עולמו והיו הז' והז' נחלקים אלה לענין ואלה לבטלה:

Puesto que la existencia se mueve de siete en siete, siguiendo el secreto de las siete *Sefirot*, las emanaciones divinas que se encuentran alrededor de los atributos del Eterno, con los que juzga en Su mundo. Y si la *Milah* tuviera lugar en cualquier otro día, las siete estarían divididas: algunas habrían tenido un propósito y otras habrían sido en vano.

וטעמי הרב [הרמב"ם] במילה ידועים מסוף החלק השלישי של המורה ודעם משם, כי הם על צורה אחרת, וגם היא מעולה ונכבדת, ואמנם על זה אמר [דברים לא, כח] ה' ואעידה בם את השמים ואת הארץ וכל הנמשך לזה.

Las razones que el Rav [el Rambam][125] da acerca de la *Milah* se encuentran en la tercera parte de la Guía: «Y así ocurre en el octavo». Has de saber que a partir de aquí se toma una forma diferente, que también es noble y honorable. Tal y como dijo el Eterno: «Tomaré como testigos contra ellos el cielo y la tierra» [Deuteronomio 31, 28] y cualquier cosa que derive de esto.

והנה אלה הג' עבירות באו להורות על ג' ספירות הידועות בקבלה, שהם המחשבה והחכ־ מה והבינה, והם הם החכמה והבינה והדעת, ושלשתם מורות על מה שראוי להאמין בשם יתברך,

Estas tres ofensas vinieron para indicar tres *Sefirot* conocidas en Cábala que son *Majshavah*,[126] *Jojmah*[127] y *Binah*.[128] Y *Jojmah*, *Binah* y *Daat*[129], indican lo que debe creerse acerca del Eterno, bendito sea.

---

125. Maimónides.

126. מחשבה, en castellano «pensamiento».

127. חכמה, en castellano «sabiduría».

128. בינה, en castellano «entendimiento».

129. דעת, en castellano «conocimiento».

כי החכמה גוזרת לבלתי עבוד ע"ז, והבינה גוזרת לבלתי שפוך דמים ממי שנברא בצלם אלהים
והדעת גוזרת לבלתי גלות ערוה להחליף כח בכח נכרי וזר שהוא בלתי מינו,

Porque *Jojmah* disminuye si se lleva a cabo *Avodah Zarah*, *Binah* disminuye si se derrama sangre de alguien creado a imagen de Dios, y *Daat* disminuye si se cometen incesto y adulterio o si se fuerza a una fuerza externa que no es de su misma especie.

שהטבע האנושי גוזר שהאדם ואשתו בדמות המין כולו וכל איש במינו, ואם מחליף דומה
למין שממיר מינו, וזהו זר אצל הטבע כל שכן אצל הדעת שהוא אחר הטבע, וזוגו הוא בדמות
עצמו ובשרו, וזולתו זר אצלו,

La naturaleza humana indica que marido y mujer forman la especie completa, y cada hombre es una especie separada, por lo que si cambia, se trata de una especie cambiando con otra. Y eso es contrario a la naturaleza, y *Daat* sigue la naturaleza. Y su compañero se encuentra a imagen de su propia carne y sangre, siendo cualquier otro ajeno a ello.

והשם כרת ברית לבלתי התקרב אל הזר ולברוח כן הערל, ועל כן רמז בפסח הבא להבדיל בין
הדמים [ויקרא כב, יג], וכל זר לא יאכל בו, וכן [שמות יב, מח] וכל ערל לא יאכל בו ובקרבן
[במדבר יח, ז][, ז] והזר הקרב יומת

Y el Eterno indicó en su pacto que no hay que acercarse a lo ajeno, y que hay que escapar de lo incircunciso. Tal y como se indicó en Pascua, distinguiendo entre la sangre: «Ningún extraño comerá de él» [Levítico 22, 13]; y también «Ningún incircunciso comerá de ella» [Éxodo 12, 48]. Durante el sacrificio, «El extraño que se aproxime será muerto» [Números 18, 7].

, והערל כזר אצל השם, והסוד כל לב אטום מלקבל הוא זר אצלו, ועל כן צוה מבואר [דברים
י, טז] ומלתם את ערלת לבבכם,

El incircunciso es como un extraño para el Eterno. Y el secreto se encuentra en que cualquier corazón bloqueado es ajeno a el Eterno; pues él claramente indicó: «Circuncidad, pues, el prepucio de vuestro corazón» [Deuteronomio 10, 16].

ובא בענין התשובה שהיא סבה הגאולה וסוד הקבוץ [דברים ל, ו], ומל ה' אלהיך את
לבבך ואת לבב זרעך לאהבה את ה' אלוהיך בכל נפשך למען חייך, ואמרו למען חייך, יורה
על היות המילה הנגלית סבת מילת הלב, ומילת הלב סיבת חיי העולם הבא, ללב ולנפש
האוהבים את השם:

Todo esto surgió durante una discusión sobre la redención y el secreto de la congregación. «El Señor, tu Dios, circuncidará todo tu corazón y toda tu alma, a fin de que vivas» [Deuteronomio 30, 6]. Pues
se dice «A fin de que vivas», para indicar que la *Milah* revelada es la
causa de la *Milah* del corazón, y que la *Milah* del corazón es la causa
de la vida en el mundo venidero, que llegarán al corazón y al alma que
ama al Eterno.

חלק כ' ענין ב' סימן מ' כולל כ"ב אותיות:

כתוב בספר יצירה [פ"ב מ"א] כ"ב אותיות יסוד, ג' אמות אמ"ש ו' כפולות בג"ד כפר"ת,
וי"ב פשוטות "הו"ז חט"י לנ"ס עצ"ק, ושם כתוב שאלה כ"ב אותיות הן הן שבהן נברא הכל,

Parte כ, Tema ב, Signo מ, que incluye el tema de las 22 letras.

Está escrito en *Sefer Yetzirah* (II-1)*:* «Las 22 letras fundacionales, las
3 madres א,מ' ש', las siete dobles ב' ג' ד' כ' פ' ר' ת y las 12 simples ה' ו' ז ח'
ט' י' ל' נ' ס' ע' צ' ק'. Y también está escrito que éstas son las 22 letras con
las que él creó todo.

כאמרו [שם מ"ב] כ"ב אותיות חקקן חצבן שקלן והמירן וצר בהן נפש כל ייצור וכל העתיד
לצור, ועד אמרו שם כ"ב אותיות חקוקות בקול, חצובות ברוח, קבועות בפה בחמשה מקומות,
וזכר מקום מבטאן, וזכר מוצא כל אחת מהם לפי מצואיתו, ואמר שהן קבועות בגלגל ברל"א
שערים וכל מה שמשך לזה,

«22 letras fundacionales que él grabó, talló, cargó, transmutó, per-
mutó, y con ellas creó el alma de todo lo que creó y de todo lo que crea-
rá (II-2)». También se dice «22 letras grabadas a voz y talladas en *Ruaj*
(viento, espíritu), fijadas con la boca en cinco lugares (II-3)». Se mencio-
nó que el lugar de su origen y su pronunciación dependen de su existencia. Y se dice que las letras están fijas en una esfera de 231 puertas, y
tras ellas puedes comprender el resto.

ומשם תבין השא ה, הנה המחבר ספר יצירה יהיה מה שתרצה ז"ל, להודיע ליראי השם ול-
חושבי שמו, שכ"ב אותיות הם יסוד הדבור והוא גלגל עשירי, ר"ל גלגל האותיות והוא הגלגל
המעולה שבכל גלגלי המציאות, והוא גלגל ראשון במעלה, וקדם לכל גלגל במציאות,

Ahora bien, el autor de *Sefer Yetzirah*, quienquiera que fuese, afir-
ma del temor de Dios hacia aquellos que contemplan su Nombre, y
que las 22 letras son el fundamento del habla, la décima esfera, la esfera de las letras; la más excelente de todas las esferas y la principal
en su nivel; existiendo antes que cualquier otra esfera en la existencia.

והוא גלגל התורה והמצוה, וכל העליונים והתחתונים מנהיגים על פיו, ועליו נאמר
[תהלים לג, ו] בדבר השם נעשו וברוח פיו כל צבאם.

Ésa es la esfera de la Torah y de la Mitzvah, y todas las que se
encuentran por encima y debajo de ellas son gobernadas por ella. De
esta esfera se dijo: «Por la palabra del Señor los cielos fueron hechos y al
soplo de su boca toda hueste de ellos» [Salmos 33, 6].

וכבר קראו בעל הספר ספירה אחת ראשונה, ואמר אחת רוח אלהים חיים, ואמר קול ורוח
ודבור זו היא רוח הקדש, וגם קראו ספירה שנית, באמרו שתים רוח מרוח שתף שם רוח לשני
ענינים, מפני שהדור הראשון הפנימי הוא רוח הקדש, והדבור השני החיצון הוא הכח הדבורי.
וסוד [בראשית ב, ז] ויהיה האדם לנפש חיה,

Y el autor del *Sefer*[130] llamó a la primera esfera *Sefirah* y dijo: «Una,
el espíritu del Dios vivo» (I-9) Y dijo: «Voz, espíritu, habla, así es el Espíritu Santo» De este modo llamó a la segunda *Sefirah*, diciendo «Dos,
Espíritu de Espíritu» (I-10). De este modo, el término Espíritu[131] es común a dos conceptos, ya que el primer «habla» es interior, el espíritu de
santidad, y el segundo «habla» es exterior, y es la facultad de hablar. Y
el secreto es «Quedó constituido el hombre como alma viviente» [Gé-
nesis 2:7].

תרגום והיות באדם לרוח ממלא, ומזה תבין סוד [יחזקאל א] חיות אש ממללות ופעמים
חשות ופעמים ממללות, ח"ש מ"ל ח"ש ממהר התנועה מ"ל פוסק מהתנועע,

El *Targum* lo traduce como «Un alma que habla»,[132] a través de la cual
puedes entender el secreto de los seres vivientes de fuego [Ezequiel 1],

---

130. El *Sefer Yetzirah*.

131. En hebreo *Ruaj*.

132. Onkelos sobre Génesis 2:7.

que a veces están callados y otras veces hablando. Se trata del *Jashmal*,[133] el rayo visto por el profeta Ezequiel. *Jash* es el movimiento veloz y *Mal* es la ausencia de todo movimiento.

וכן ח"ש שותק סימן ח"ש בו"ן ומחשבה, מ"ל מדבר סימן מלות חבר סופיהן תמצא בונות, רמז שתי אבנים בונות שני בתים וכן כולן, ושם נאמר [שם] אשר ברוח השני הנברא מהרא־שון, חקק וחצב כ"ב אותיות.

Jash es también lo silencioso, señal de *Jeshbon*[134] y *Majshavah*.[135] *Mal* es el habla, señal de las *Milot*.[136] Y si añades las dos letras finales de *Jesh-bon*, *Majshavah* y *Milot* obtendrás *Bonot*[137], en referencia a «Las dos pie-dras que construyen dos casas» (*Sefer Yetzirah* IV-12). Se dice que con el segundo espíritu, creado a partir del primero, Dios grabó y talló las 22 letras.

והנה הורה בדבריו כולם שהספירות העשר הם העקר הראשון, והקרוב אליהם במציאות הם כ"ב אותיות, ושני העניינים שקראן ל"ב נתיבות פלאות חכמה, ואמר שבהם חקק י"ה יהו"ה צבאות שמו,

Y todas sus letras implican que las *Sefirot* son 10; que son el primer principio, y lo más cercano a las letras dentro de toda la existencia. La unión de ambas cuestiones es llamada los 32 caminos de las maravillas de la Sabiduría, y se dice que con ellas Dios, el Eterno de los Ejércitos talló su Nombre.

ואני אעוררך על זה הסוד, ודע כי שם י"ה הוא השם המעולה והנכבד שבכל השמות, גם המלא הוא עצמו, אלא שזה בין ב' אותיות וזה בין ד' אותיות.

Permíteme que te explique este secreto. Has de saber que el Nombre י"ה es el más excelso y distinguido de todos los Nombres. Su pronun-ciación equivale al propio Nombre,[138] sólo que uno tiene dos letras y el otro tiene cuatro.

---

133. En castellano «ambar», «electro». En hebreo moderno se utiliza para decir «electricidad».

134. En castellano «cálculo», algo que suele hacerse en silencio.

135. En castellano «pensamiento».

136. En castellano «palabras».

137. En castellano «edificios».

138. El Tetragrama, יהו"ה.

וכמו שנכתב הראשון חצי השם, כך ראוי שתפריד חציו האחרון מהכל ויהיה הראשון י״ה
וזה חציו, ויהיה האמצעי יהו״ה וזה כולו, ויהיה האחרון ו״ה וזה חציו האחרון הנשאר מהחצי
הראשון, ואז הכל שני שמות שלימין,

Y ya que el primero está escrito con la mitad del Nombre, así debería ser con la segunda parte. De este modo, el comienzo debe ser י״ה, la primera mitad, su mitad debe ser יהו״ה, que es el Nombre completo, y el final debe ser ו״ה, segunda mitad. De este modo, el Nombre completo contiene dos Nombres completos.

אלא שנתגלה מחבורם ומפירודם סוד העניין המורה על השורש הנקרא בזה השם, וכתבהו
בצורה זו שני החצאים נפרדים ואמצעי מלא מחובר כזה י״ה יהו״ה ו״ה, עתה חלקם לח׳
אותיות בחלוק שוה ד׳ ד׳ יהי״ה והו״ה, חבר עוד חצי האחרון אל חצי הראשון ושים האחרון
ראשון והראשון אחרון,

Sólo a través de su combinación y separación se revela el secreto del Nombre. Escribe de esta forma dos mitades separadas y completas en el medio, de esta forma: י״ה יה ו״ה ו״ה. Divide las ocho letras igualmente en cuatro y cuatro, y tendrás el secreto revelado: יהי״ה[139]והו״ה,[140]. Y ve más allá combinando la segunda mitad y la primera mitad, haciendo que el final se convierta en el principio y el principio en el final.

ותמצא שהיה כתחילה כן י״ה ו״ה, והרמוז הנהפך מראש לסוף ומסוף לראש ו״ה י״ה, חברם
ותמצא והי״ה, חבר השנים הראשונים עם זה השלישי ועשה מהם ג׳ תיבות בני ד׳ ד׳ אותיות
ותמצא סודם יהי״ה והו״ה ויהי״ה, עוד קח ב׳ אותיות אחרונות ושימם בראש התיבה הרא־
שונה, ותמצא הסוד מפורש כן ו״ו אותיות, ו״ו מפה ו״ו מפה, ודי לך בזה הרמז המופלא בזה
המקום, כי לפנים יושלם זה הסוד יותר רחב בע״ש:

Descubrirás que el principio se convierte en י״ה ו״ה, y al darle la vuelta se convierte en ה״ו ה י״ה.[141] Combina las dos primeros con el tercero y obtendrás tres partes de cuatro letras cada una, descubriendo que su secreto es יהי״ה והו״ה ויהי״ה.[142] Toma las dos últimas letras y ponlas en frente de la primera parte, descubriendo el secreto explicado en 6 letras, 6 a un lado y 6 a otro. Esta maravillosa explicación es suficiente por el momento, el resto del secreto será revelado después en mayor detalle gracias a la ayuda del Señor.

---

139. En castellano «que es».

140. En castellano «el que será».

141. En castellano «el que fue».

142. En castellano «el que será, es y fue».

ואמנם היתה זאת ההערה פה, להודיעך כי ראשית מעלות השמות שאינן נמחקין היה זה השם
הנכבד, וסוף המעלות הוא שם צבאות, ובעל הספר חבר הראש עם הסוף, ואולם מה שביניהם
הם ג' מעלות לבד,

Y ciertamente he elaborado esta explicación para que conozcas el
primer nivel de los Nombres que no han sido borrados de este Nombre
honorable, y que el último nivel de este Nombre es *Tzeva'ot*. El autor del
libro (*Sefer Yetzirah*) combinó el primer nivel con el último. De hecho,
sólo hay tres niveles entre el primero y el último.

והם אדני אלהים שדי, והנה אל גם אלוה הם מעניין אלהים, והנה חבור אל עם ו"ה נתקדש
והוא כפל אהי"ה, וחבור א"ל עם י"ה בהקדש בצורת הפוך בעניין אלוהי, גם א"ל וי"ה נתקדש
גם כן, וסודו נעלם בשם אליהו, וברמז ובאלהי יעקב, והוא כפל יהו"ה, ויש לחצאים נפלאות
וכן לחלקים וכן לכללים ולחבורים ולפירודים, כי מדרכם יודע סוד שם המפורש על אמתתו,
וכבר עלה עלה השם לה' אותיות בשתי המעלות והם אלהים צבאות, והיו עשר ועל כן י' עשרה,
וכל שם מיוחס לשם לא ימלט מהיות בו אות מאותיות אהו"י, שהם ארבע אותיות הכח ונק-
ראו אותיות ההעלמה, ומהם חובר שם הקדש העצמי:

Estos son *Adonai* (אדוני), *Elohim* (אלוהים) y *Shadai* (שדי). *El* (אל) y *Eloah*
(אלוה) pertenecen a *Elohim*. Y la combinación de El con VH fue santificada a través del término *Elohi* (אלוהי);[143] y la combinación de א"ל y ה"י
fue santificada como *Eheye* (אהיה, será); y la combinación de א"ל y ה"י
también fue santificada bajo el Nombre de Elías (אליהו), así como en la
expresión *Elohi Ya'akov* (אלוהי יעקב);[144] y en el doble יהו"ה, cada parte re-
pleta de maravillas. Ésta es la explicación general, los detalles particulares, sus combinaciones y separaciones, puesto que a través de ellas
se encuentra el secreto del Nombre manifiesto, revelado en verdad. El
Nombre ya se encuentra en cinco letras y dos niveles, que son *Elohim* y
Tzeva'ot; de esta forma se convierten en diez, y Yod (י) es la décima letra; y cada Nombre atribuido al Nombre no dejará de tener al menos
una letra de entre וה"אי, las letras mudas[145]; y que son llamadas «las letras ocultas» que contienen la materia sustancial de la que está hecha
el Nombre Santo.

---

143. En castellano «divino».

144. En castellano «Dios de Jacob».

145. Que se utilizan como vocales.

ועוד כתובים אותיות הנזכרות ה' למעלה וה' למטה והפרש ביניהם הפרש מעט כאלה אלהים,
ואם תמצא כח שכלי בקדקדך בקלות רב תבין סודותיה צבאות מפרשים, ומסוד זכרים ונקבות
תתעורר אל ענינים נרמזים בם וממה שרמז לך, וגם ממה שתשמע אחר זה, תדע שהכל תלוי
בי' ספירות בלימה ובכ"ב אותיות הקדש:

Escribe las diez letras indicadas, cinco arriba y cinco abajo, con espacio entre ellas, de esta forma:

אלוהים (*Elohim*)
צבאות (*Tzeva'ot*)

Si hay algo de intelecto en tu cabeza, comprenderás fácilmente sus secretos. Y mediante los secretos de lo masculino y lo femenino te darás cuenta de los temas aquí expuestos. Con lo que ya hemos explicado y lo que escucharás después, sabrás que todo depende de las 10 *Sefirot Belimah*[146] y las 22 letras sagradas.

חלק ס' ענין ג' סימן ו' כולל חילוקם:

הנה ענין חלוק האותיות הרמוז בספר יצירה [פ"ג מ"א] היה משולש מן ג' ראשונה, והם
אמ"ש, ומן [שם פ"ד מ"א] ז' שנים והם בג"ד כפר"ת, ומן [שם פ"ה מ"א] י"ב שלישיים והם
הו"ז חט"י לנ"ס עצ"ק, וזה החילוק לפי היצירה,

Parte ס, Tema ג, Signo ו, que incluye sus divisiones.

La cuestión de la división de las letras indicada en *Sefer Yetzirah* (3, 1) es triple: Las tres primeras, א,מ' ש', las otras siete, que son ב' ג' ד' כ' פ' ר' ת', y las otras doce, que son ה' ו' ז' ח' ט' י' ל' נ' ס' ע' צ' ק. Esa es la división de acuerdo con la formación (יצירה, *Yetzirah*).

---

146. A propósito de la expresión *Belimah*, *véase* el segundo capítulo de *Sefer Yetzirah*.

ונלקחה אות ראשונה מהם לפי סדר אלפ״א בית״א ישרה והושמה ליסוד ראשון, והוא ברא־
שית כל מספר שאין לפניו מספר ה, כי לפני אחד מה אתה סופ ה, והג׳ מעלות שהם במציאות
יסודות וכוכבים ומזלות שמהם נברא הכל, היו בדמיון האותיות נחלקים כך,

La primera letra de ellas en orden alfabético fue tomada y convertida
en un elemento primario elemental, el principio de todos los números;
no hay número alguno antes de él que puedas contar.[147] Los tres niveles,
que en realidad son elementos, estrellas y señales astrológicas a través
de las cuales todo fue hecho, cuentan con la forma de las letras y están
divididos de la misma manera.

מפני שאלה הג׳ מספרים יתגלגלו בגלגול עונה זה לזה, כי כשתרבע ג׳ המספרים האלה על ג׳,
תמצא סוד התחלקם, כיצד ג׳ פעמים ג׳ הרי ט׳, וג׳ פעמים ז׳ הרי כ״א, חבר ט׳ עם כ״א הרי
ל׳, ועוד ג׳ פעמים הרי ל״ו, חבר ל׳ עם ל״ו הרי לו״ל, חלק ו׳ לג׳ הרי גלג״ל, וסודו הי״ה
הו״ה ויהי״ה, כסוד י׳ אותיות שהם י׳ ספירות,

Esto se debe a que estos tres números se encuentran relacionados en
su revolución, de modo que cuando multiplicas estos 3 números por un
múltiplo de 3 descubrirás sus secretos. ¿Cómo es posible? 3 veces 3 es 9,
y 3 veces 7 es 21. Añade 9 y 21 y tienes 30. Y 3 veces 12 es 36; añade
30 y 36 y tienes 66 Divídelo en múltiplos de 3 y obtienes *Galgal.*[148] Y su
secreto es «fue, es y será» (היה הוה יהיה)[149] en el secreto de las 10 letras,
que son las 10 *Sefirot;*

והם ו׳ פעמים א״י וסימניך וא״י זה מקום בינה, וכן תעשה לז׳ ויעלו קנ״ז, חבר קנ״ד עם
ס״ו ויעלו ר״כ, והם כ׳ פעמים י״א, ועוד תעשה כן לי״ב ויעלו רס״ד, חברם עם ר״כ ותמצא
דעת״י, וסודו במכתב״ך, סו״ד עצמ״ך, וזהו המספר המתגלגל עם כ״ב אותיות, שהם מרובעים
בעצם על עצמם שהוא שרשם כ״ב פעמים כ״ב, ויצאו מן אהו״י פעמים אהו״י, והם תפ״ד
וסימן ושמתי פד״ת בין עמי ובין עמך, כי הוא חסר ו׳ כתיב, והם ג״כ בסודו, בסד״ר הזמ״ן
בגלג״ל, או אמור סד״ר הזמ״ן בגלגלי״ם, והנה נולדה שנה מסדורם שהיא חלק מחלקי הזמן:

Y éstas son 6 veces 11, y sus letras son «¿De dónde[150] proviene la
inteligencia?[151] Haz lo mismo con el 7 y se convertirá en 154. Añade
154 y 66 y el resultado será 220, que es 20 veces 11. Haz esto con el 12

---

147. *Véase Sefer Yetzirah*, I-7.

148. En castellano «esfera», «rueda». La guematria de esta palabra es 66.

149. Guematria 66.

150. En hebreo *Vai* (ואי). Abulafia divide esta palabra en *Vav*, guematria 6 y *Ai*, guematria 11, que multiplicadas nos dan 66.

151. *Véase* Job 28:12.

SEFER OR HASEJEL

también y se convertirá en 264. Añádele 220 y el resultado será «mi conocimiento»[152] y su secreto será igual *Mektubeja*,[153] a *Sod Etzmoja*.[154] Y el número que se encuentra en el interior de las 22 letras es su raíz, 22 veces 22. Éste surge de *Oy*[155] veces, dando lugar a 484; y cuya señal es «*Padat*[156] entre Mi pueblo y tu pueblo», careciendo de una letra ו. Éste también es su secreto: se fijó el tiempo de una esfera (בסד"ר הזמ'ן בגלג'ל); o lo que es lo mismo, el orden del tiempo se encuentra en las esferas (סד"ר הזמ'ן בגלגלי'ם).[157] Y he aquí que el año nace de este acuerdo, dado que es una de las partes del tiempo de la esfera.

והנה הסוד בד"ם ובנפ"ש, והנו גלג"ל בדמך מכבד אלהיך, והנם י"א פעמים ד"ם והסוד א"ם ד"י, ועניינו שאחר שנמצאה אם הנמצא די במציאותה לחבר אליה הדבר הכללי והוא אות ש', שהוא כלל הספירה האחת הראשונה הנקראת רו"ח אלהי"ם, וסודה יצפף ויוצא יהו"ה בתמורת א"ת ב"ש, והוא רמז לג' מעלות אחרים ועשרות ומאות, שהנה ג' מרובע ט', ועוד ג' מרובע עם ל', הוא ש' על דרך שתוף י', ועל דרך עצמו הוא צ' הרי צ"ט, ועוד מרובע עם ש' על שרשו הוא צ', הרי טצ"ץ, והנו יצא מן גל"ש שסודו שג"ל, ורמז שלג תחת כסא הכבוד שממנו מתהוה העפר הנקרא ארץ, שנאמר [איוב לז, ו] כי לשלג יאמר הוא ארץ, וסוד טצ"ץ שכב"ת זר"ע שכב"ת זר"ע והנו כת"ר שבמז"ל, וכל ש' יצ"ר ועל זה מכת"ב ש"ר הל"ב, גם כת"ב שמ"ר הל"ב, והסוד שהוא אש המתגלה ביר"ח ירח מתגלה באש:

El secreto se encuentra en la sangre y en el alma (בד'ם ובנפ'ש); convirtiéndose en una esfera en tu sangre de la gloria de tu Dios (גלג'ל בדמך מכבד אלהיך); siendo 11 veces *Dam*,[158] y el secreto es «Si es suficiente» (א"ם ד"י), una combinación (*Tzeruf*) de las letras א"י, 11, junto con «sangre». Y una vez se manifiesta el secreto, su existencia es suficiente para combinarlo con la sustancia general del habla; y con la letra ש,[159] que incluye la primera *Sefirah* llamada «El Espíritu de Dios» (רו'ח אלי'ם); y su secreto es *Matzpatz* (מצפ'ץ), que proviene de YHVH en la transforma-

---

152. En hebreo *Daati* (דעתי), guematria 484.

153. En castellano «tu escritura». Señalemos que la guematria de esta palabra no es 484, sino 482.

154. En castellano «el secreto de tu esencia».

155. En hebreo אהוי y en castellano «¡Ay!», guematria 22.

156. En hebreo פדת y en castellano «Haré distinción», guematria 484.

157. Guematria 484.

158. En castellano «sangre», guematria 44.

159. Guematria 300.

ción de *Atbash* (א'ת ב'ש),[160] intercambiando la primera letra con la última, y así sucesivamente. Esto es algo que ocurre en tres niveles: unidades, decenas y centenas. 3 al cuadrado es 9, y 3 multiplicado por 30 es 90; y juntos son 99. Y multiplicando 300 por su propia raíz, que es 900; se obtiene 999, que emerge de 333 (גל'ש), cuyo secreto es *Sheleg*[161] (של'ג,), pues se dice que la nieve que está debajo del Trono de la Gloria, a través de la cual se forma el polvo (עפר) es llamada tierra (ארץ): «Cuando a la nieve dice: ¡cae a tierra!» [Job 37:6]. Y el secreto del 999 es *Shekovet Zera* (שכב'ת ז'רע),[162] siendo cada ש un impulso natural (יצר), y a través del cual lo escrito se convirtió en príncipe y guardián del corazón. El secreto es como un fuego revelado en la luna, como si la luna fuera revelada en un fuego.

הנה נתגלו לך מן האותיות סודות פנימיות, וזה רמז הכל חומר התחלה בצורה צורה התחלה בחומר ודע זה, ומזה תדע כי המטטרון שר הפנים אשר הוא שר צבאות בתנועת הגלגל ברא את השמים, והוא אשר חתם חומר בצורה כאשר חתם צורה בחומר ועל אלה תבנה בנין גדול מהדומים להם, עד שיתגלו לך מהם סתרי התורה וסודות המציאות, ומה שיבאר לך זה הוא חלוק האותיות:

Y he aquí que de esta forma, algunos de los secretos internos de las letras te han sido revelados, tal y como se indica: todo es materia que comienza en forma, y la forma comienza como materia. Has de saber que Metatrón, el Príncipe de la Presencia es el Príncipe de los Ejércitos, creador de los cielos con el movimiento de las esferas; aquel que unió la materia con la forma, tal y como unió la forma con la materia. Y a través de ambos edificarás grandes construcciones hasta que los secretos de la Torah y los secretos de la existencia te sean revelados. Y lo que te elucidará todo esto es la división de las letras.

---

160. Sistema guemátrico que consiste a adjudicar a la primera letra del alfabeto el valor de la última, a la segunda el de la penúltima hasta adjudicar a la última el valor de la primera.
161. En castellano «nieve».
162. En castellano «emisión seminal», guematria 999.

חלק ע' ענין ד' סימן א' כולל כלל מספרם:

דע שהמספר הכולל מועיל מאד בכל מה שתרצה להשיג, והמשל בו שאם אתה רוצה למצוא
בו סוד מהות השכינה, אתה צריך לכלול מספרו תחילה בכלל המוכרח,

Parte ע, Tema ד, Signo א, que incluye todos los números.

Has de saber que el número general[163] es algo muy beneficioso para
todo lo que desees comprender. Por ejemplo, si deseas encontrar el secreto de la esencia de la *Shekinah* (שכינה), primero debes contar su número de forma general.

באמרך שמספר השכינ"ה בכלל הוא ש"ץ, ואחר שעלה בידך הכלל שמרהו תמיד, ואם הוא
דבור מובן או בלתי מובן אל תשכחהו, אבל חקקהו וכתבהו על לוח לבך, כי הוא יגיד לך תע־
לומות חכמה עכ"פ, והטעם שכל הדברים הנמצאים בלשון שהם מספרו בשווי, יוליכו דעתך
עדיו והם הם יהיו עידיו, כגון שתאמר שעלה בידך ענין זכר ונקבה ורצית למנות כלל מספר
שניהם ועלו ג"כ ש"ץ, ותזכור מיד על אי זה דבר היה לי מנין ש"ץ:

El número de la Shekinah es 390 (השכינ"ה). Tras conocer el número
general, guárdalo para siempre. Ya sea de forma explícita y comprensible o no, no lo olvides y grábalo en la tabla de tu corazón, puesto que te
revelará los misterios de la Sabiduría. Esto se debe a que todas las cosas que se encuentran en la lengua y tienen el mismo número, guiarán
tu mente hacia ella y te harán testigo de ella. Y si calculases el número
general de lo masculino y lo femenino (זכר ונקבה), éste también será 390,
por lo que rápidamente reconocerás a qué hace referencia el 390.

על כך וכך ראה את ענים זה לזה תמיד ומיד תדע מהו המבוקש, ובלבד שתשמור דעתך מה
דמיון, שלא תמיד הכוונה האלוהית בעניינים נעלמים,

Y si calculases el número general, verás que se corresponden el uno
con el otro, por lo que inmediatamente sabrás qué buscar; pero deberás
proteger tu mente contra la imaginación para no cambiar la intención
divina en estos asuntos.

---

163. Lo que técnicamente se conoce como guematria *Raguil,* la más utilizada.

כיצד הנה רצית למנות אנדרוגינוס ויצא מספרו ש"ץ, ואמרת בלבך מה מספר יש לי על ש"ץ
הנה היה לי זכר ונקבה, ואנדרוגינוס בלשון יון זכר ונקבה, הנה אם כן הכוונה שוה, ואע"פ
שהיא בשתי לשונות כן, עוד מנית זר"ע לב"ן ועשית ממנו גוף רע או נוטר טפה, והוא חוש
אדם, ומצאתו בכללו שטן, והוא שנ"ט לפי ההכרח,

¿Cómo es eso posible? Imagina que quisieras calcular la palabra
«andrógino» (אנדרוגינוס), y su número resultase ser 390,[164] por lo que dirías en tu corazón: ¿Qué es lo que ya tengo que sea el número 390?
Tengo lo «masculino y lo femenino», y «andrógino» en griego significa
«masculino y femenino». Por lo tanto, la intención aquí es la misma, incluso aunque sea en dos lenguas distintas. Si calculases *Zera Laban* (זר'ע
לב'ן),[165] este sería semejante a *Guf Ra* (גו'ף ר'ע)[166] o a *Noter Tifa* (נוט'ר טפ'ה)[167]
y a *Jush Adam* (חו'ש אד'ם),[168] semejante a Satán (שט'ן), que es 359 de acuerdo con lo esencial.

ובקשת למנות בלשון אחד מהלשונות שמו, ומצאת שנקרא בלשון יון דיאבולוש, ומנית כלל
מספרו ומצאתו שטן והוא הוא בעצמו, והמוחת בזה ריוח גדולה, שהם לא היית מכיר מהות
השטן הכתוב באיוב [א, ז] או בשאר מקומות, יתגלה לך סודו ונסתרו מכח השמות, וזה כי
פי' דיאבולוש באמת לפי הלשון אם לו"ש הוא בחולם יהיה עניינו שטן אחד, ואם הוא בשורק
יהיה ענيينו רבים והם השידים, והנה היחיד במספרו שוה אל הרבים בין בלשונינו בין בלשונם:

Y si deseases calcular cuál es su Nombre en otras lenguas, descubrirías que en griego es llamado «diabolus» (דיאבולוש);[169] calcularías su
Nombre y te darías cuenta de que es lo mismo que Satán. A través de
esto obtendrías un gran beneficio, puesto que si no hubieras reconocido
la esencia de Satán, tal y como está escrito en Job (1:7) y en otros lugares, su secreto y su misterio se te habrían revelado a través del poder de
los nombres. Esto es debido a que el significado de «diabolus» realmente deriva de *Abolos* (אבולו'ש), que con una vocal «o» (*Jolem*) significa «un
Satán» y con una «u» (*shuruk*) es la forma plural y significa «demonios».
La forma singular y plural es la misma tanto en nuestro lenguaje como
en el suyo.

---

164. Efectivamente, es 390.

165. זרע לבן, en castellano «semen blanco», su guematria es 359.

166. גוף רע, en castellano «mal cuerpo», su guematria es 359.

167. נוטר טפה, en castellano «guardián de la gota», su guematria es 359.

168. חוש אדם, en castellano «el sentido del hombre», su guematria es 359.

169. Guematria 359.

ועוד נתגלה לך מזה אם ידעת לשונם שזה השם נופל על בעל שתי עצמות, כי השתים בלשונם
דיא"ו והעצמות בול"ש, ועוד לו סוד שני גדול והוא שקוראין שם בולו'ש בשם סדודים, ואם
כן הם שני סדודים, וזה הסוד גלוהו הם בלשונם השני, בקראם שם השדים סטיביאה, ושם
היסודות בעצמם הנחלקים לשני חלקים אש ורוח חלק אחד עולים, ומים ועפר חלק אחר
יורדים, קראום בשם אחר עם השדים והוא סטיביאה, ולפי זה הדרך תמצא בלשונות נפלאות,
ובעקר לשונינו יותר מכולם, ואמנם המספר הכולל כל האותיות בלתי מנצפ"ך שהם כפולות,
עולה מן א' ועד תי"ו אלף וארבע מאות ותשעם וחמישה, שהם אלף וחמש מאות פחות
חמשה, ומספרם בסימנם אתצ"ה, וכללם תצ"ו וסודם מלכו"ת ואם תוסיף מנצפ"ך קצרים
שהם פ"ך, יעלו כולם פרצו"ת, וסודם שלמו"ת ואם תוסיפם ארוכים שהם בסימנם בראש
ותחברם עם תצ"ו, תמצא סודם ש"ר צבאו"ת, שהוא רא"ש במלכו"ת:

Si conocieras sus lenguas, también se te revelaría que su nombre se aplica a cualquier cosa con dos huesos, ya que *Dia*[170] son dos y *Bolus*[171] son huesos; que contienen un segundo gran secreto, ya que *«bolus»* es lo mismo que «bolas». Este secreto se reveló en otra palabra que emplean, y con la que llaman a los diablos: *Shetibia*[172] y en ésta los elementos mismos están divididos en dos; fuego y aire son una parte que asciende; agua y tierra es la parte que desciende; y son llamadas de la misma forma en que se llama a los diablos: *Shetibia*. De esta forma descubrirás las maravillas de todos los lenguajes, y en el nuestro más que en el resto. Sin embargo, el número total de letras sin *MNTzP'K* (מנצפ'ך, las letras finales), es decir, las que son dobles, desde א hasta ת es de 1495, que es 1500 menos 5. Y la señal de su número es *ATTzH* (אתצ'ה siendo 1000 = א), y el resto es 496, cuyo secreto es Maljut[173] (מלכו'ת). Si añades *MNTzP'K* en su valor más pequeño,[174] que es 280, juntos se convertirán en *Paratzot* (פרצו'ת),[175] siendo su secreto *Shlemut* (שלמו'ת).[176] Y si añades su valor más grande, cuyo signo es *beRosh* «en la cabeza» (2501 = ב'ראש),[177] descubrirás que su secreto es igual al *Sar Tzebaoth* (ש'ר צבאו'ת),[178] quien es *Rosh beMaljut* (רא'ש במלכו'ת).[179]

---

170. En hebreo דיאו.

171. En hebreo בולוש.

172. En hebreo שטיביאה.

173. En castellano «reino», es la décima *sefirah* y su guematria es 496.

174. El valor que tendría en guematria si no consideramos *Sofit* o finales estas letras.

175. En castellano «fisuras». Su guematria es 776, o sea la suma de 496 y 280.

176. En castellano «completitud», «perfección. Su guematria es 776.

177. En castellano «en la cabeza». Su guematria es 503.

178. En castellano «príncipe de los ejércitos». Su guematria es 999.

179. En castellano «cabeza del reino». Su guematria es 999.

והנה עלה מנצפ"ך במספרו הארוך שלשת אלפים וחמש מאות, ועלו כ"ב אותיות אלף
וארבע ותשעים וחמישה, חברם ויעלו ד' אלפים ותשע מאות ותשעים וחמשה שהם חמשת
אלפים פחות חמשה, וכל אלף חוזר לאחד הרי חמשה פחות חמשה, ונמצא שנתגלגלו כולם
והיו רוחניות, כי לא נשאר למספרם גוף שישכון המספר עליו, אבל יצאו כולן לחוץ בגלגול
הכרחי, ודע כי לפי מציאות שתי אלפא ביתות אחת בת ס"ב ואחת בת כ"ז היה נרמז שנת
מ"ט שנה, תשע וארבעים בסוד היובל, ויהיה מציאותם ז' פעמים ז', ויהיה המספר הכולל
את שתיהן בכלל ו' אלפים ות"צ, והנה תצ"ו כראשונים, וסודם שפ"ע אלה"י, ואם הוא פעל
האי"ש, והוא רמז למה שנאמר כדברז"ל [ברכות יג, ע"ב] עול מלכות שמים כי עול שמי"ם
שוים עם מלכו"ת, והוא כולל ב' אלפא ביתות, והנו עול מלכות השכינה, והנה הכל אמת,
והוא מלאך השכלים, כי האותיות הם ספרי המלאכים, כמו שהם מלאכי הספרים, והנה הם
מלאכי השמים:

Y he aquí que *MNTzP'K*, en su valor más alto es 3500, y las 22 letras
son 1495. Suma ambos y obtendrás 4995, que es 5000 menos 5. Así, todos ellos se convierten en números espirituales, puesto que su número
no tiene cuerpo en el que residir, sino que emergen de la aparición necesaria. Has de saber que existen dos alfabetos: uno de 22 letras y otro de
27;[180] y este último hace referencia al año cuadragésimo noveno, nueve y
cuarenta, al misterio del jubileo; y su existencia es 7 veces 7, y su número total es 6490, puesto es que el 496 original (siendo6000 = ו y contada
dos veces como 6). Su secreto es la *Shefa Elohai*[181] (שפ"ע אלה"י), convirtiéndose por medio del *Tzeruf* en *Paal haIsh*« (פעל האי"ש),[182] indicando lo
que dijeron nuestros sabios: *Ol haShamaim* (עול שמי"ם)[183] es igual al reino,
Maljut (מלכו"ת)[184] e incluye dos alfabetos, que son *Ol Maljut haShekinah*
(עול מלכות השכינה)[185]. Y *haKol Emet*, Todo lo que es cierto, (הכל אמת)[186] es
igual a *Melaj haSejelim,* ángel del intelecto, (מלאך השכלים)[187] pues las letras
son los libros de los ángeles, y estos son los ángeles del cielo.

---

180. El alfabeto hebreo está formado por 22 letras a las que se añaden 5 letras finales o *Sofit,* con lo que tenemos 27 letras.

181. En castellano «influencia divina». Su guematria es 496.

182. En castellano «el acto del hombre. Su guematria es 496.

183. En castellano «yugo de los cielos». Su guematria es 496.

184. Ya que ambas palabras tienen la misma guematria, 496.

185. En castellano «el yugo del reino de la Shekinah». La guematria de esta palabra
es 996, o sea 496 multiplicado por 2.

186. En castellano «todo es cierto», expresión cuya guematria es 496.

187. En castellano «ángel del intelecto», expresión cuya guematria es 496.

חלק פ' עניןַ ה' סימן ל' כולל חלוק שוה:

החלוק הזה של אותיות לפי מציאותם נחלק על דרך דקדוק שלה וכו' לשני חצאים שוים, והם
י"א אותיות שמשים, ושרשים, וי"א אותיות שרשים שאינם שמשים, והשרשים נלקחים בסוד
ידוע לפי האלפא ביתא, והם ג"ד זח"ט סע"פ צק' ה,

Parte פ, Tema ה, Signo ל, que incluye la división igualitaria.

La división de las letras de acuerdo a su existencia es una división
en dos partes iguales, de acuerdo a la gramática del habla. Y éstas son
11 letras que son tanto raíces como siervos, y 11 letras que son raíces pero no siervos. Y las raíces son tomadas de un orden conocido de
acuerdo con el alfabeto, y estas son: ג"ד זח"ט ס'ע'פ' צ'ק'ר.

והשרשים נלקחים גם כן לפי הסדר והם אבהו"י כלמ"נ ש"ת וסימן השרשים ח"ט ספ"ר
גז"ע צד"ק וסימן המשרתים שכמלאכנת"ו בינ"ה וסימנם בכלל מספרם של השרשים חלד"א
וסודם המפורש נפ"ש כ"ל העול"ם שלאש וסימן כלל השמשים תהס"ר וסודם ברי"ת
המאו"ר חמ"ד התור"ה צל"ם ודמו"ת בצל"ם אלהי"ם והנה היה החלוק כך שנקלחו א"ב
לשמשים ג"ד לשרשים ה"ו לשמשים ז"ח לשרשים ט' לשרש י' לשמש והנה והנה תיו חמשה מהן
מן האחרים שרשים וה' מהם שמשים והיו הח' מהם מתהפכים בתשיעית שהנה א"ח הם ט'
וכן ב"ז בבאות וכן ג"ו וכן ד"ה וסודם ישר א"ח ב"ז ג"ו ד"ה וחובר כך החבור האמיתי כאש
שמש עם שרש שמש עם שרש והפכם. עוד שרש עם שמש שרש עם שמש וראשיהם אבג"ד
וסופיהם הפוכים הוז"ח, וזהו יושר עליון בח' אותיות ומפני שהיו ט' עוד מכלל האחרים, והם
תכליתם משני צדדים והיה ה' שרש ו' שמש באמת ודע שהשמשים הם כצורות והשרשים
הם כחומר ה, ועל כן היו אותיות השם מהשמשים ועלה מספר הכל האחד, והאחד אחד וסודם זוג
אחד אחד,

Los siervos también se encuentran en orden y son: א'ב'ה'ו'י כ'ל'מ'נ ש'ת.
La señal de estas raíces es *Jet Sefer Geza Tzedeq* (ח'ט ספ'ר גז'ע צד'ק), y significa «colmillo, libro, baúl, justicia» y la señal de los siervos es *Shemelakto
Binah* (שמלאכת'ו בינ'ה) y significa «que se llama Entendimiento». Y la señal del número total de raíces es 435 (תדל'א), siendo su número explícito
«el alma del mundo entero del fuego» (נפ'ש כ'ל העול'ם שלאש). Y la señal
del número total de raíces es 864 (תתס'ד), y su secreto es «la alianza de la
luz, semejante a la Torah» (ברי'ת המאו'ר חמ'ד התור'ה), a la imagen y semejanza, a la imagen de Dios. Y la división es tal que א'ב fueron tomados
como siervos, ג'ד como raíces, ה'ו como siervos, ז'ח como raíces, ט como
raíz y י como siervo. Y así, cinco de las letras con el mismo valor unitario
fueron convertidas en raíces y cinco en siervos; y ocho de ellas fueron

combinadas en nueve, ya que (1+8) א'ח es igual 9, del mismo modo que (3+6) ג'ו, (7+2) ב'ז) y (4+5) ד'ה. Su secreto en orden es א'ח ב'ז ג'ו ד'ה. ג'ו ד'ה; y así cada siervo es combinado con otro. Ve más allá, combinando una raíz con un siervo. Sus inicios son אבג'ד y sus finales, invertidos son הוז'ח; esa es la linealidad suprema en 8 letras. Debido a que ט es 9, encontrándose entre las unidades y siendo el punto final de cada lado, ט se convierte en una raíz y י en un siervo. Has de saber que los siervos son como las formas, y las raíces como la materia. Y así, las letras de los Nombres son todos siervos, y su número total es el Uno; y el Uno es el Uno, y su secreto es un par: *Uno Uno*.

ואם תכיר זה הסוד תכיר שכבר בא אליהו והשיב לב האב על בן, ולב בן על אב על כן הוליד דומה, והתיחד הלב האחד בסוד האחדים שהם י' ספירות:

Si eres capaz de reconocer este secreto, sabrás que Elías ya ha venido, que ha vuelto el corazón del padre al hijo, y el corazón del hijo al padre; y así, en un solo corazón se unió el secreto de las unidades, las 10 *Sefirot*.

והנה נשארו עוד בעשרות שמנה וסודם ח' ובמאות ד', חברם כאחד שלשה המעלות ותמצאם יחד, וסימניך ברזל בברזל יחד ואיש יחד פני רעהו,

Y entre las decenas, ocho permanecen, siendo su secreto 8 (ח), y entre centenas, cuatro (ד) permanecen. Combina los tres niveles y descubrirás que estos se encuentran juntos (יח'ד, *Yejud*, 10 unidades, 8 decenas, 4 centenas). Tu señal es «El hierro con hierro se aguza, y el hombre aguza el semblante de su compañero».[188]

כי האותיות מורות על כל המרכבות ועתה תקח עוד ד' מן העשרות הראשונים והם כלמ"נ, והנה היו שמשים, ותקח עוד ד' מן העשרות הנשארים והם סעפ"ץ, והנה היו שרשים וחלוק מספר האחדים הוא ברל"א והם כוללים כ"ל א"ד העולה מן האדם"ה, והסוד אדים שכוללים א"י פעמים מ"ד כמו שרמזתי למעלה בענין ג' מזה החלק,

Y es debido a las letras de todas las composiciones, y ahora, toma cuatro de las decenas principales כ'ל'מ'נ y serán siervos; toma cuatro de las decenas restantes ס'ע'פ'ץ y serán raíces. Y la división del número de las unidades es «24 31», incluyendo todo vapor que emerge de la tierra. Y el

---

188. *Véase* Proverbios 27:17.

secreto de los vapores incluye 11 veces 44, tal y como fue indicado en la tercera parte de este capítulo.

ומזה תבין כי היה כללום הכל והם הכ"ל ואמנם הח' עשרות חלוקם שק"ם וסודם מנשי"ם, ואמנם הם שמנ"ה אשר הם השמים, חברם ותמצא סוד כלם כל"י הנפש, הם שמנה כלים הם שמנה ימים, ועל כן ברית מילה בח' ימים, והבין זה הסוד מן השכלים, גם כן שם אדני,

Así puedes entender que estas diez incluyen todo y son todo. Y de hecho, las ocho decenas se dividen de acuerdo a שק'ם y su secreto proviene de las mujeres; añade esto, y descubrirás que el secreto de todo se encuentra en los recipientes del alma, ocho recipientes que son los ocho días; y por este motivo el *Brit Milah* tiene lugar en el octavo día. Así entenderás el secreto de los intelectos y también del nombre de Adonai.

ובדעתך סודו על בוריו תמצא בעצמך כח שתוכל בו להכחיש המכשפים, והכיר שלשת מיני נמצאים אשר להם דמות אדם, והם אד"ם מלא"ך שט"ן אשר הם המכשפים בעצמם:

Y cuando conozcas este secreto, descubrirás que en tu interior se encuentra el poder para neutralizar a los hechiceros; así como que existen tres clases de seres que tienen forma humana: el Hombre, el Ángel y Satán. Este último son los hechiceros mismos.

והנה נשארו ד' אותיות מן החלוק ונלקחו ב' מהם לשרשים והם ק"ר וכללם ש', ושנים מהם היו ש"ת והיו לשמשים, חברם ויעלו שש"ת, חברם ותמצא ששת ימים שמנה ה' יתברך כשב־ רא העולם עם האותיות,

Y he aquí que cuatro letras siguen permaneciendo de la división, y dos de ellas son consideradas raíces. Se trata de ק'ר', que en total hacen 300 (ש); y dos de ellas, ש'ת son consideradas siervos. Únelas y se convierten en seis (שש'ת, *Sheshet*). Así descubrirás los seis días que el Eterno, bendito sea, contó cuando creó el mundo con las letras.

והנה תבין מדברינו כי הימים הם הכלים והם ששת המנשימים, וכשתשתכל בזה הכלל המופ־ לא היפלא בנסתריו, ותריח הרבה בהשגתך עם הסודות האמיתים, וכשתכיר שרש השמשים גם שמש השרשים, תחיה ותהיה שר המשרתים, ותכיר מי הוא משרת השרים אשר סודם חומר וצורה, ומהם תשיג סוד שני מלכים המשרתים את המלך אדני צבאות, אשר רמזו ישעיה הנביא ע"ה באמרו [ישעיה ו, ב] שרפים עומדים ממעלו לו וכו':

Y así comprenderás todo lo que hemos dicho acerca de los días como recipientes; y éstas son las seis que proporcionan el aliento. Cuando contemples este majestuoso reino, quedarás maravillado por sus misterios y te regocijarás cuando conozcas sus auténticos secretos. Cuando conozcas la raíz de los siervos, y al siervo de las raíces vivirás y serás el amo de los siervos, reconocerás quién es el siervo de los amos, cuyo secreto es la materia y la forma. Junto a ello descubrirás el secreto de los dos ángeles que sirven al rey Adonai Tzevaot[189] a quien Isaías aludió cuando dijo «Unos serafines se mantenían erguidos por encima de Aquél» [Isaías 6, 2].

ומה נזכר תתעורר אל מציאות אותיות המבטא שנחלקו לחמישה חלקים. [ספר יצירה פ"ב, מ"ג] בחמשה מקומות הפה, והם אחה"ע בגרון, בומ"ף בשפתים, גיע"כ בחיך, דטלנ"ת בל־שון המכה על מקום שרש השנים שבמערכה העליונה, זסצר"ש בלשון המכה בלשון ההוא, אלא שההבדל אשר ביניהם הוא קטן מאד, והוא מצד היות האחרונים נזכרים בקצת שריקה, והראשונים בלתי שריקה, והשריקה יוצאה מבין שתי מערכות השניים בהטית הלשון על המ־ערכה העליונה הנקרא בשם החיך, והיא סוף החיך, וגם גיכ"ק הזכרתם עם הכו' שרש הלשון הפנימי על ראש החיך הפנימי:

Con esto te darás cuenta de la importancia de las letras del alfabeto en el habla, divididas en cinco partes en cinco localizaciones de la cavidad de la boca. Éstas son אחה'ע en la laringe, בומ'ף en los labios, גיכ'ק en el paladar, דטלנ'ת en la lengua, golpeando las raíces de los dientes con la mandíbula superior, y זסש'ץ en los dientes, en el mismo lugar, con la ligera diferencia entre las dos últimas, ya que la última se pronuncia con un silbido, y la anterior sin silbido. El silbido emerge cuando la lengua toca la parte superior, el paladar. Y גיכ'ק también son pronunciadas por la parte interna de la lengua toca la parte interna del paladar.

והנה אחר שהאותיות נמצאות בכלל בחמשה מקומות הנזכרים, נחלקו כל הכלים ונפרדו בצורת הזכרה לכ"ב חלק, והיו בגרון ד' חלקים וזה לפני זה, כי א' הוא בראש הגרון שהוא, סוף הצואר למעלה, וה' הוא פנימי יותר שירד מעט בגרון, וח' ירד יותר, וט' ירד יותר, ואם כן הרי ע' ראשית מציאות הדבור,

Y dado que las letras están colocadas generalmente en estos cinco lugares, todas las herramientas fueron divididas y separadas en su pronunciación en 22 partes. Y en la laringe hay cuatro partes, cada una próxima a la otra, ya que א se encuentra en la parte superior de la larin-

---

189. El Señor de los ejércitos.

ge, en la parte superior y final del cuello, mientras que ח está más abajo y ע aún más abajo. De este modo, la letra ע es el origen del habla.

ועל כן נרמז שהלשונות כולן ע׳ וכן מספר האומות ע׳ ומספר הכתב ע׳. ומספר השמות ע׳ ומספר הזקנים ע׳, הנה שם האות זה עי״ן ופי׳ עי״ן מקור מים חיים וגם הוא מלשון הגיון והשגחה, וסוד מספרו ע׳, וכל שבעים הם שבעה והוא רמז לז׳ ספירות,

Pues el total de lenguajes es 70 (ע), el número de naciones es 70 y el número de escrituras es 70.[190] El número de Nombres santos es 70 (ע) y el número de ancianos es 70. El nombre de esta letra es *Ayin* (ע), y el significado de (ע) es una montaña de agua fresca. También deriva de *Ion* (עיון)[191] y *Hasganah* (השגחה);[192] y el secreto de su número es 70; y cada 70 es 7, y alude a las 7 *Sefirot*.

וסוד עין הבי״ה שמשם מתחלת כל תנועה והוא סל״ם והוא סינ״י, והוא כולל י׳ פעמים אח״ד שהם ה׳ שמות הקדש וסודות רבים, והאותיות הנמצאות בשפתיים נחלקים גם כן אל ד׳ חלקים, והנה ב׳ יש לה הברות דגש ורפה, ובדגש לא ניכר הבדלו כי אם ברפה, והרפה אשר הב׳ הוא אשר הבדלו מחבריו במבטא, שהנה מ׳ דומה לב׳ ולכ׳ הרבה, ולו׳ מעט, כי אם הו׳ הוא נזכר בשום השפה התחתונה תחת מערכת השנים העליונים, ובשנים אדם סוגר את הפה ומוציא הברה ו׳, והנה מ׳ב׳ בסגור הנחירים יהיו נכרים במבטאם,

El secreto de ע es *Binah*[193], y cada movimiento comienza en un *Sulam*[194] (סל׳ם), semejante al Sinaí (סינ׳י),[195] que contiene diez veces *Ejad* (אח׳ד).[196] Todo ello son 5 Nombres santos de YHVH[197] y sus secretos son numerosos. Y las letras colocadas en los labios están divididas en cuatro partes. ב׳ tiene dos pronunciaciones, una enfatizada (B) y otra no (V). En su pronunciación enfatizada su diferencia del resto de letras labiales no es discernible, al igual que la pronunciación no enfatizada. Y la ב no enfatizada es aquella que se aparta de las otras de su grupo, ya que מ es muy similar a ב y פ, y hasta ו en cierto grado, pero ו se enmudece cuando el labio inferior se sitúa en la parte superior de los dientes, y el hombre

---

190. *Véase* nota 83.

191. En castellano «contemplación».

192. En castellano «providencia».

193. En hebreo «entendimiento». Se trata de la tercera *sefirah*.

194. En castellano «escala» o «escalera». Su guematria es 130.

195. Guematria 130.

196. En castellano «uno», su guematria es 13. Multiplicado por 10 nos da 130.

197. El Tetragrama, cuya guematria es 26.

cierra su boca con los dientes cuando pronuncia ו. No obstante, מ y ב no pueden ser enmudecidas cuando el hombre cierra sus fosas nasales.

מה שאין כן בשאר האותיות והכל לסודות נפלאות יתבארו ברוב עיו"ן, שיחקרם בשכל שלם, וכן צריך שתעיין בכולם:

Pero éste no es el caso de todas estas letras de maravillosos secretos que serán reveladas tras una gran contemplación a un intelecto comple-to. Por lo tanto has de contemplarlas todas.

ואמנם סדורם הוא טבעי ואינו כנזכרים שהם בסדור הסכמי, שאם הלשון הסכמיי הדבור הוא טבעי, וזה סדרם הטבעי א' מן הגרון, ב' מן השפה הרי לשניהם ב' קצות הדבור, ג' מן החיך, ד' מן הלשון,

De hecho, su orden es natural, al contrario de lo que fue menciona-do antes, ya que el orden es convencional, pero el lenguaje es una con-vención natural del habla. Y por eso éste es su orden natural: א está en la laringe, ב está el labio, de esta forma ambos forman los extremos del habla; ג está en el paladar, ד en la lengua.

הרי אבג"ד אמורים מד' מקומות, ועוד חוזר חלילה הדבור לה' אמר מן הגרון, ו' מן השפה, ז' מהלשון ממקומו השני, ח' מהגרון, ט' מהלשון ממקומו הראשון, י' מהחיך.

De esta forma אבגד se pronuncian en cuatro lugares; y así el patrón del habla se repite: ה' está en la laringe, ו' en los labios, ז' en la segunda parte de la lengua, ח en la laringe, ט en la primera parte de la lengua, y י en el paladar.

והנה היו בגרון שלשה, והם אה"ח, ושתים בשפה והם ב"ו, ושתים בחיך והם ג"י, ושתים בלשון והם ד"ט, ואחד בלשון ממקומו השיני והיא ז', ואם כן הנה בלשון ג' שהם דז"ט כנגד הג' שבגרון שהם אה"ח, ועוד הנשארים כ' בחיך, ל' בלשון, מ' בשפה, נ' בלשון,

La laringe contiene tres, que son אה'ח, y dos en los labios, que son ב'ו; y el paladar contiene dos, que son ג'י, dos se encuentran en la lengua, que son ד'ט, y una en la segunda parte de la lengua, que es ז. De este modo, la lengua contiene tres, que son ד'זט, correspondientes con las tres de la laringe, que son אה'ח. Y así queda כ, presente en el paladar, ל en la lengua, מ en los labios, y נ en la lengua.

עוד ס׳ בלשון במקום השני, ע׳ בגרון, כ׳ בשפה, צ׳ בלשון במקום השני, הנה היו ב׳ בלשון
והם ל״ן, וב׳ ב״ו בשיני והם ס״ץ הרי ד׳, וב׳ בשפה והן מ״פ הרי ו׳, ואחת בחיך והיא כ׳,
ואחת בגרון והיא עי״ן, הרי ח״י עם ה״י הראשונים, ועוד הנשארים הם ד׳ והם קרש״ת והיה
ק׳ בחיך ר׳ בלשון השני, וש׳ ג״כ ה״ן בלשון הראשון, הרי הכל יחד והם כ״ב:

Más allá se encuentra ס, en la segunda parte de la lengua, ע en la laringe, פ en los labios y צ en la segunda parte de la lengua. Así, hay dos que se encuentran en la lengua, que son ל׳נ, y dos que están en su segunda parte, que son ס׳צ, lo cual hace que sean cuatro; y dos que están en los labios, que son מ׳פ, que son seis, y una de ellas en el paladar, כ, y una en la laringe, que es ע. De esta manera hacen 18 con las primeras 10, y las 4 restantes son קרש׳ת ; y ק se encuentra en el paladar, ר en la segunda parte de la lengua, y tanto ש como ת en la primera parte de la lengua. Todas juntas forman 22.

ודע אע״פ שאמרתי לך שאלה טבעיים במוצא לפי סדורם, לא אמרתי זה בעבור אלו האותיות
ולא זולתם משאר אותיות שבשאר כתבי האומות. אבל ידוע שכל הלשונות אלה הם מקומות
מבטאם והמוצא שלהם טבעיי, וכל אות שבמבטא א׳ מניעה אותה בטבע,

Has de saber que aunque te dije que su pronunciación se lleva a cabo de forma natural, esto sólo se aplica a estas letras y no a otras que puedas encontrar en la escritura de los pueblos.[198] Pero es sabido que éstas son las localizaciones de la pronunciación de todos los lenguajes; su origen es natural, y cada letra tiene una pronunciación particular motivada por la naturaleza.

ודע כל מה שאתה מוצאו בזה האיש מזו האומה, ואתה מוצאו בכל איש מכל אומה, ואינו
משתנה בעצמות, כי הכל אחד הוא הנקרא טבע, ומה שמשתנה בם הוא הנקרא מקרה, וזה כי
הדבור באדם טבע הוא, ושיהיה מדבר בצירוף האותיות ג״כ טבע הוא, והדבור כולל ג׳ דברים
והם שם ומלה ופעולה,

Y has de saber que todo lo que encuentras en una persona de una nación concreta también lo encontrarás en una persona de cualquier otra nación, ya que no cambia en esencia, puesto que forma parte de lo que se llama «naturaleza». Todo lo que cambia dentro de ésta es llamado «accidente»; y eso es debido a que el habla es algo natural para el hombre, y el hecho de que él hable empleando combinaciones de letras también es algo natural. El habla incluye tres cosas: nombre, palabra y acción.

____

198. O sea en otros idiomas que no son el hebreo.

ואמנם שיקרא זה האיש זה הדבר בשם זה הידוע אצלו ואצל אומתו, וזה הפעל בצורה זו הידו־
עה, וזה הדבור בציור מיוחד וכל זה משונה כדבור הקריאה באותיות אצל אומה אחרת:

Sin embargo, el que una persona llame algo por un nombre concreto
se sabe que es algo aceptado por ella y su nación. Esta acción es conocida, así como el habla con su forma particular, con todos sus cambios en
el habla y en la pronunciación de cada nación.

הנה תדע שזה מוסכם בכל אומה ואומה ואינו טבע, אבל מוצא הקול מהגרון והרוח מהשפ־
תיים והדבור מה' מקומות הנזכרים,

Y he aquí que ésta es la convención de cada pueblo, y que no es natural, pero el origen de la voz procede de la laringe, la respiración de los
labios, y el habla de los cinco lugares mencionados.

והיה אם כן כלל הדבור משותף בשתוף זה, כלומר בקול ורוח ואותיות ונקוד, והכרת הקול
משותפת עם רוח בהכרח, הנה כל זה הוא טבעי בכל אדם שלא ישתנה באחד ממינו, כי אם
במקרה כאלם וזולתו מהדומים לו, ועל זה התבאר במופת שהלשונות הם הסכמיות, ובהיותינו
זה הטבע בא בעל לשונינו להורות לנו כוונת הדבור, וכן עשה כל מסכים לשון או כתב,

Todo esto es natural. El habla tiene todo esto en común, lo que significa que la voz, el habla, las letras, las vocales y las sílabas vocálicas
son combinadas obligatoriamente con la respiración. Todo esto es natural, y nada de esto cambia de una persona a otra, a no ser que sea por
accidente, como en el caso de los mudos y otros similares. Además, ha
sido claramente demostrado que los lenguajes son convencionales. Y
es natural que un miembro de tu propio lenguaje venga a contarnos la
intención de su idioma y su excelencia, y cualquiera que establezca un
lenguaje convencional y su idioma hará lo mismo.

ודע שכל מסכים לשון כבר קדם לשון ללשונו השני, והעד שאם לא קדם לו לשון לא היה יכול
להסכים עם זולתו לקרוא דבר בשנוי מאשר נקרא כב"ר, כי איך יבין זה השני לשונו השני אם
לא יבין לשונו הראשון ויסכים עמו לחדש לשון וכן לכתב, אלא שיש קצת הפרש בין הסכמו־
תיהן ואין זה מקום ביאורם:

Has de saber que cualquiera que establezca un lenguaje convencional, dicho lenguaje debe estar precedido por otro. La prueba de esto es
que si no hubiera un lenguaje anterior al suyo, no podría ponerse de
acuerdo con otros para llamar algo por un nombre diferente al que fue
llamado antes. ¿Pues cómo pueden otros entender su segunda lengua
si no entienden la primera y están de acuerdo con él en crear una nueva

lengua? Ocurre algo parecido con la escritura, con la excepción de que hay diferencias en la naturaleza de la convención aquí empleada, pero éste no es el momento de explicarlo.

אבל ממה שזכרתי תוכל להבין מה שלא זכרתי, כי כוונתי היתה להודיעך בזה החלק קצת רמזים על ענין יצירת אדם, וכבר רמזתי לך בה מה שאיפשר לבאר בקצור לפי כוונת זה החבור בזה החלק הרביעי, גם נרמז קצת מעניינו בקצת החלקים האחרים שכשתעורר על זה תבין כל הכוונה בע"ה:

Pero de lo que he mencionado, has de entender lo que no he indicado. Mi intención con este cuarto capítulo ha sido hacerte saber ciertas alusiones a la cuestión de la creación del ser humano. Ya te indicado lo que puede ser explicado de forma breve, de acuerdo a la intención de este cuarto capítulo. Parte de esta cuestión también ha sido comentada en los otros capítulos. Cuando te des cuenta de esto comprenderás su verdadero propósito con la ayuda de Dios.

החלק ה' סימן אותיותיו צק"ר חלקיו ג', ועניניו ג'. והתיבה א'ב'ו':

חלק צ' ענין א' סימן א' כולל סוד השמות:

כבר התפרסם לכל בעלי הלשונות, שהלשונות דיבוריים נזכרים בפה להורות בם על עצמי
הדברים הנמצאים ועל מקריהם, ואין דבר בכל המציאות אלא מה שהוא עצם או מקרה,

**Capítulo Quinto, cuyas letras son ק, צ, ר, tiene tres partes y tres
temas a través del Nombre א, ב, ו**

Parte צ, Tema א, Signo א, que incluye el secreto de los Nombres.

Es conocido desde hace tiempo por todos los que dominan los idiomas que un lenguaje es hablado por la boca, con el fin de pronunciar
la esencia de los seres existentes y de sus accidentes. No hay nada en la
existencia que no sea ni sustancia ni accidente.

והעצם יחלק לחלקים והם עצם נפרד ועצם מורכב, וכן המקרה נחלק לחלקים והם מקרה
נפרד ומקרה דבק, והשני שיורה על העצם יחלק לחלקים שם אחד ושם מורכב, וכן המורה על
המקרה, ועל כן ראו חכמי הלשונות שכל השמות בין עצמיים בין מקריים נחלקים לג' כללים
עליונים חלוקה מוכחת והם נבדלים ונרדפים ומשותפים וזה פירושם בקצור,

La sustancia se divide en sustancia simple y sustancia compleja. Y el
accidente se divide en «separado» y «aplicado». Los nombres que hacen referencia a las sustancias se dividen en nombres simples y nombres compuestos, y lo mismo ocurre en el caso de los accidentes. De
este modo, los lingüistas se han dado cuenta de que todos los nombres,
ya sean sustanciales o accidentales, se encuentran divididos en tres tipos primarios: otorgados, sinónimos y equívocos. Brevemente éste es
su significado.

הנבדלים הם השמות שנבדל כל נמצא מזולתו בעצמו ובשמו, כגון אש מרוח ורוח ממים ומים
מעפר ועפר מאש וכן בהפכם זה מזה, שאין כל אחד הוא חבירו בפועל, ואע"פ שהוא וחבירו
עצם אחד בכח ר"ל שעצמם מחומר אחד והם נבדלו בעצמם מצד צורתם בפעל, ועל כן נבדלו
בשמם:

Los otorgados son los nombres de toda sustancia existente, y que
van del fuego al viento, del viento al agua, del agua a la tierra, de la tierra al fuego y viceversa. Ninguno de ellos es el otro en acto, pero sí en
potencia, lo que significa que su sustancia es la materia simple. Son distintos en la sustancia de su forma actual y de ahí el motivo de que sean
diferentes en su Nombre.

ואמנם בשוב האש רוח, הנה ישתנה שמו ויקרא רוח לא מפני שני חומרו, כי חומר האש הוא
בעצמו חומר הרוח, אבל מפני שני צורתו, והנה ידמה זה הדבר מצד השנוי להוית מציאות
השם והעצם יחד דבר נמשך אל אש האש, כבר הוסכם שמו בכללו, ולא ישתנה כי אם בהש־
תנות חלק ממנו, והחלק הוא אשר השתנה מצורה לצורה ומשם לשם, ועם כל זה לא נשתנה
כל עצמו ולא שמו הכללי, ואם כן מקרה הוא שקרה לעצם הפרטי ולשמו עמו, וכן לשאר
הדברים כולם.

Y ciertamente, cuando el fuego se convierte en viento, su nombre
cambia, y se llama «viento», ya que el fuego es la sustancia de la materia del viento tras haber cambiado su forma. Y desde la perspectiva del
cambio parecería que la existencia de la sustancia y del nombre consti-
tuyen un simple continuo, pero el nombre «fuego» es considerado algo
general y que no cambia, salvo cuando un elemento particular de su
tipo ha cambiado. Pero la sustancia general y el nombre general del particular, que han cambiado de uno a otro, permanecen inalterables. De
este modo, se trata un accidente que ocurrió en la sustancia particular
de su nombre junto con él, y de forma similar con todas las cosas.

נרדפים הם שהשמות רבים והענין הכולל את כולן הוא אחד, כגון דרך ונתיב ואורח, והמדק־
דקים קראום שוים בפתרון ונחלקים במבטא. משותפים הם הפך הנרדפים והם שהשם עליהם
אחד והעניינים רבים משתנים, ומפני שהיו הנרדף והמשותף הפנים היה הנבדל ואמצעי מבדיל
בין שניהם; והמדקדקים קראו המשותפים שוים במבטא ונחלקים בפתרון וזה בכלל:

Los sinónimos son un caso en el que hay muchos nombres pero la
cuestión general que pertenece a todos ellos es la misma, como es el
caso de «camino», «vía» y «carretera». Los gramáticos los llaman «iguales en referencia pero distintos en pronunciación». Los nombres equívocos son aquellos que son contrarios a los sinónimos. Se trata de aquellos en los que su nombre es uno pero sus cualidades son muchas y va-

riables. Y ya que los sinónimos y equívocos son contrarios, los nombres otorgados resultan se encuentran en mitad de ambos. Y los gramáticos llaman a los nombres equívocos «iguales en pronunciación pero diferentes en referencia», y esto es cierto a grandes rasgos.

ואמנם המשותפים נחלקו לו' חלקים יש מהם משותפים שנקראו גמורי השתוף כגון רוח מז־
רחי ורוח הקדש, שנשתתפו בשם רוח לבד ונבדלו כעניין הבדל גמור, מפני שניהם שני עצמים
שאין בין עצמותם שתוף, שיורה שבעדו נשתתפו להיקרא שניהם בזה השם המיוחד:

Sin embargo, los nombres equívocos se dividen en seis tipos: «equívocos totales», como el viento de oriente (*Ruaj*), y el espíritu de santidad Santo (*Ruaj haKoddesh*), en los que sólo el nombre *Ruaj* es común, pero sus cualidades son enteramente diferentes. Estos dos no tienen nada sustancial en común, salvo por el hecho de que son llamados por el mismo nombre.

ויש מהם מוסכמים והוא שיהיה שוב עניין מעמיד שני העצמים שהשם על שניהם אחד או
עצמים רבים, והשם ההוא המיוחד לנקראים בו מורה בהסכמה על כל אחד מהם מאד שהם
משותפים בעניין ההוא, ואשר מקיים לזה העצם הנקרא בשם זה הוא בעצמו המקיים לזולתו
מכל הנקראים בשם ההוא המשותף להם בהסכמת הלשון,

Otros son convencionales, lo que significa que hay alguna cualidad insertada entre sustancias bajo un nombre singular, ya sea una o varias sustancias. Y este nombre particular hace referencia a todas las cosas que se aplican a él por convención debido a esta cualidad. Aquello que hace que el nombre se una a una sustancia particular es lo mismo que hace que cualquier otro sea considerado una convención del lenguaje.

בשם החי שהוא שם נאמר בהסכמה על אדם ועל חמור ועל שור ועל כל אחד ואחד מבעלי
חיים, מפני שעניין החיות הוא עניין נמצא בכל אחד מהם, והוא המקיים עצם כל איש ואיש
מהם, כי החי הוא גוף מין מרגיש, וזה הגדר הוא משותף לכל חי, ויתכן לומר זה ג״כ על כל מה
שהוא סוג או מין או איש, שהם הבדל עליהם שוה בהסכמה ששם הסוג, כגון גוף הוא מעמיד
כל בעל גוף,

Ese es el caso del nombre «ser viviente»,[199] nombre que se aplica por convención al ser humano, al burro, al buey, y a todos y cada uno de los seres vivientes. Ya que la cualidad de vivir se encuentra en todos ellos,

---

199. חי, en castellano «ser vivo», «animal», «criatura».

siendo la sustancia de todos y cada uno de estos tipos. Y es que un animal es un cuerpo vivo que se alimenta, y esa definición se aplica a todos los animales. Esto podría ser aplicado a cualquier especie que tenga una diferencia de elementos que se aplique a toda ella por convención. Ya que incluso una especie, al igual que el cuerpo, es algo corpóreo.

וכן המין שהוא האדם, וכן המדבר שהוא הבדל והוא מעמיד עצם האדם שגדרו חי מדב ר, וידוע שכל גדר מורכב בסוג משתף ומהבדל מבדיל בין ממין מאשר השתתף תחת הסוג, שכל סוג כולל תחתיו שני מינין לפחות, ועל כן השם המוסכם כולל סוג או מין או הבדל המורים על עצמות מהות דב ר, ולא יורה על סגולה ולא על מקרה, מפני שאין הסגולה ולא המקרה מן הדברים המקיימים או העצם, וזה שכבר יתכן שימצא הנמצא בסור מעליו המקרה או הסגולה לפי המושכל, ויש שמות הם מסופקים והוא השם הנאמר על שני עצמים, נמצאים משותפים בענין בלתי מקיים מהות כל אחד מהם או על עצמים יותר מהם, כשם אריה שהוא נאמר על החי ועל המת ועל המצויר בכתל,

Lo mismo ocurre con la especie del hombre y con el idioma, siendo este último la propia sustancia del hombre, pues éste es un animal parlante por definición.[200] Es común que cada definición esté compuesta por un tipo común y una diferencia que separe a una especie de otra, incluso entre las especies incluidas dentro del mismo tipo. Puesto que cada tipo incluye al menos dos especies; y además, un nombre convencional se aplica a una especie, o una diferencia se refiere a la misma esencia de su sustancia, y nunca se refiere a una sustancia accidental, ya que ninguna propiedad o accidente son elementos que pudieran convertirse en la sustancia de algo. Esto hace que algo que pueda existir incluso cuando la propiedad del accidente ha sido eliminada, de acuerdo con el intelecto. Algunos nombres pueden ser dudosos, y ese es el caso de los nombres que tienen dos o más sustancias y que comparten una cualidad que no es esencial en ellos. Ese es el caso del nombre «león», que se aplica a un animal viviente, a un animal muerto o al animal dibujado en un muro.

וכבר יאמר על הנראה במראה או במים, אבל אותו אין לו מציאות כי אם בדמיון ואנחנו דב־ רנו בנמצאים, אלא שהשתוף בין אלה הנמצאים בשם אחד אינו מצד הדבר המקיים עצם כל אחד מהם, אבל מצד מקרה שקרה להם, והוא צורת התואר כלומר תבנית הגוף

También se dice acerca del espejo reflejado en el agua, aunque en este caso se trata de algo que sólo existe en la imaginación, y estamos

---

200. *Véase* nota 47.

hablando de seres vivientes. Sólo la cualidad común entre aquellos que son llamados por un nombre singular es aquella que contiene la sustancia de dichos seres, aunque un accidente les haya ocurrido a éstos, como por ejemplo un cambio de su forma, por ejemplo, la forma del cuerpo.

וידוע שאין התבנית מקיים עצם האריה האמיתי, כי אם צורתו הטבעית הפנימית שהיא הנפש החיה הזנה והמרגשת, ולא נשתתף בזה האריה החי עם המת, ולא עם המצויר כי אם בשם אריה לבד:

Pues es sabido que la forma no es la verdadera sustancia del león, sino su forma interna natural, que consiste en comer, alimentarse y en sentir. Aquello que no sea común al león viviente, al león muerto o al león dibujado, afecta únicamente a la palabra «león».

והנה דומה השם המסופק מב' צדדיו לשני השמות הנזכרים דומה למשותף הראשון הגמור האמיתי מצד היותו זה העצם זולת זה האחד באמתות, ודומה למוסכם מצד היותו נקרא בשם אחד עם זולתו, מפני ענין מין העניינים ששיתף ביניהם, שבעבורו נקראו בשם אחד יחד, ומפני התדמותו לאלו הב' שמות נקרא מסופק:

También existen los nombres dudosos, aquellos que se parecen a los anteriores en cierto grado. Se parecen a los equívocos en el hecho de que la sustancia es completamente diferente de la verdad; y se parece a los nombres convencionales porque hay alguna cualidad común entre ellos, y porque son llamados por el mismo nombre. Debido a que se parece a estos dos tipos de nombres, se les llama «nombres dudosos».

ויש שמות נאמרים בכלל ובפרט, והם כשיקרא מין מהמינים בשם סוגו, בשם כוכב האמור על כל כוכב וכוכב מכוכבי השמים בדרך כלל, והוא גם כן אמור בשם משותף מיוחד פרטי לכוכב אחד מיוחד, והוא כוכב חמה הנקרא כוכב השכל, אשר גלגלו הוא השני אשר על גלגל הירח, והוא כדמות סופר לחמה, ועל כן נקרא כוכב חמה ועל החציר גם כן והדומים לו נאמר שיש לו שם כללי ופרטי:

Hay nombres que son hablados de forma general y particular, aquellos en los que una especie dentro de otras es llamada por el nombre de un «tipo» concreto, como por ejemplo en la palabra «estrella», empleada para referirse a todos y cada uno de los astros celestiales en general. También destaca que el nombre de una estrella, Mercurio, conocida como la Estrella del Intelecto, sea la esfera de la Luna, escriba a su vez del Sol, motivo por el cual es llamada «La estrella del Sol». Esta misma referencia puede aplicarse al «heno», tanto de forma general como particular.

כללי מפני שכל העשבים לפי מיניהם שמם חציר, ויש מהם אחד מיוחד ששמו ג"כ חציר,
והוא שתרגום כרתי ויש שמות שנקראים מושאלים, והם המודים תחילה על עצם דב ר, והונח
והתפרסם השם ההוא על העצם ההוא, ואחר כך הושאל מהעצם ההוא שהתיישב עליו, בה-
מידות אל עצם אח ר, אלא שלא התיישב על העצם. האחר כמו שהתהיישב על הראשון, כשם
האריה המיושב על אחד ממיני בעלי חיים, ומבני שהוא גבור יקרא הגבור שבבני אדם לפעמים
בשם אריה,

General porque todos los tipos de hierba se consideran «heno», pero
también hay un tipo de hierba llamada «heno» y cuya traducción es *Kre-
ti*.[201] Algunos nombres son llamados «préstamos» porque inicialmente
indicaban la sustancia de algo, indicando una sustancia en concreto,
pero posteriormente se empleó para referirse a otra sustancia, dejando
así el nombre de estar identificada con la sustancia original. Se encuentra, por ejemplo, el caso de la palabra «león», una especie de animal que
es considerada heroica, y por eso a veces a una persona heroica se la
llama «león».

וכאלה אצל החרזנים והפייטנים אין להם קץ, ר"ל שמשאילים השמות בדמיונות מזה לזה,
ויש שמות שנקראים מועתקים כלומר שיורו על עניו אצל העם והוא מפורסם אצלם ואחר כך
הועתקו אצל החכמים אל דברים אין הכוונה בהם שווה עם כוונת העם, כשם תפילה שהוא
שם בקשה אצל העם, והועתק אל עניו אחד מיוחד בצורה מיוחדת אצל החכמים והנביאים,
וכן שם זכר ונקבה ובנים ובנות וכיוצא בהם רבים:

Esto no tiene fin entre los poetas y los hacedores de rimas, ya que
toman nombres de un lado y otro de acuerdo a su imaginación. A veces estos nombres son transformados, lo que significa que generalmente significaban algo, pero posteriormente fueron transformados por los
sabios para indicar algo que no es lo mismo que significaba anteriormente para el resto de personas. Eso es lo que ocurre con la palabra
«súplica», que las personas consideran como una petición, pero que fue
transformada para indicar una cualidad particular de los sabios y profetas. Esto mismo ocurre con los nombres «masculinos», «femeninos,
«hijos», «hijas» y más de este tipo.

---

201. כרתי, en castellano «cortada», también se aplica al puerro y a la cebolleta.

והנה אלה הו' חלקים מכלל השמות המשותפים, וגם כן יש עוד שמות רבים מהם נגזרים ומהם כנויים ומהם תארים ורבים אחרים, אמנם השם הגזור כגון לבן מלובן, וחכם מחכמה, וצדיק מצדק,

Estos son seis tipos de nombres equívocos, aunque también hay muchos más, algunos de los cuales son derivados, otros son pronombres, adjetivos, etc. Sin embargo, un nombre derivado es «blancura», que procede de «blanco»; o «sabiduría», que procede de sabio; y «justo», que proviene de «justicia».

ואלה הם מתוארים במה שנגזר תוארם משם התא ה, ואמנם התארים הם הם הלובן והחכמה והצדק והדומים להם, והכינוים שהם חלופים, יתכן שיהיו כתבות שלמות כמו אני והוא ואנחנו ואתם והם,

Se trata de descripciones que derivan de un adjetivo. Pero el adjetivo real es «blancura», «sabiduría», «justicia», y similares. Por otro lado se encuentran los pronombres, que pueden aparecer como palabras plenas, tales como «yo», «él», «nosotros», «vosotros» y «ellos».

ויתכן שיהיו באותיות מחוברות אל שמות ואל פעולות, כגון חכמתי ומעשי חכמתך ומעשיך חכמתינו ומעשינו וכן חכמתם ומעשיהם, גם בני ראשי בנך ראשך וכיוצא בהם, ויש שקרא אלה הכנויים בשם עשרת הקונים מפני השתתפים לעשרה, ואם תשים הבדל בין זכר ונקבה ויחיד ורבים כמו שתשמע יעלו לי"ב כינויים בהכרח שכן ראוי להשלים כל העניינים הנמצאים בדבור עד לי"ב חלקים כמו שנאמר בחלק ג' מזה החלק שאנו בו עתה,

Pero a veces aparecen como letras sufijos añadidos a los nombres y verbos, como es el caso de *Jajamei*,[202] *Maasei*[203] «mis acciones», *Jajamteja*,[204] *Maaseja*,[205] *Jajameinu*,[206] *Maaseinu*[207] «nuestras acciones», e incluso *Jajamtem*[208] «su sabiduría» y *Maasejem*.[209] Lo mismo ocurre con *Beni*,[210]

---

202. En castellano «mi sabiduría» (חכמתי).

203. En castellano «mis actos» (מעשי).

204. En castellano «tu sabiduría» (חכמתך).

205. En castellano «tus actos» (מעשיך).

206. En castellano «nuestra sabiduría» (חכמתינו).

207. En castellano «Nuestros actos» (מעשינו).

208. En castellano «vuestra sabiduría» (חכמתם).

209. En castellano «vuestras acciones» (מעשיהם).

210. En castellano «mi hijo» (בני).

Roshi,[211] *Beneja*,[212] *Rosheja*,[213] etc. Algunos llaman a estos pronombres «los diez posesivos», puesto que son diez. Pero si distingues las formas masculinas, femeninas, singulares y plurales, verás que en realidad son doce. Esto es apropiado ya que así las cualidades del habla se convierten en doce partes, tal y como indicamos en la tercera parte de la sección en la que nos encontramos.

ויש שמות מורכבות הרכבת ספור ועניני השמות משתנים בשנוים רבים, וכבר חלקום המדק־ דקים לחלקים רבים מאד, ועדין לא הגיעו אל תכליתם ולא יגיעו לעולם שאין להם קץ, ואנחנו רמזנו פה ענין השמות כדי לגלות בו לפנים מה שתשמע בעזרת ה׳ יתברך:

Hay nombres compuestos de numerosas composiciones, y las cualidades de los nombres tienen muchas variaciones. Los gramáticos los han dividido en grandes categorías, aunque están lejos de abarcarlas todas, ya que los nombres son infinitos. Así hemos dado cierta información acerca del tema de los nombres para que así entiendas aquello que escuches con la ayuda del Eterno, bendito sea.

חלק ק׳ ענין ב׳ סימן ב׳ כולל ענין הפעולות:

מפני שהשם יורה על מציאות עצמיי או מקריי והפעולה אינה לא עצם ולא מקרה אלא ענין מיוחס אל ענין נאמר בה מה שתשמע והוא זה.

Parte ק, Tema ב, Signo ב, que incluye el tema de los verbos.

Dado que nombre se refiere a un ser existente sustancial o accidental, la acción no es ni accidente ni sustancia, sino una cualidad atribuida a un sujeto, algo que fue dicho y que ahora es escuchado.

---

211. En castellano «mi cabeza» (ראשי).
212. En castellano «tu hijo» (בנך).
213. En castellano «tu cabeza» (ראשך).

דע שהפעולה יש ממנה נמצאת בכח ויש ממנה נמצאת בפעל. ויש ממנה טבעית ויש ממנה מלאכתית ויש ממנה מקריית, ואמנם מה שבכח יחלק לשני חלקים קרוב ורחוק, הקרוב הוא שקרוב אל הפעל מאד, והרחוק הוא שרחוק מהפעל,

Has de saber que algunas acciones son naturales, otras son artificiales y otras, accidentales. Y de hecho, lo que se encuentra en potencia puede ser dividido en dos tipos: potencia inmediata y potencia distante. La inmediata es aquella que se encuentra cercana a la acción, y la distante aquella lejana a la acción.

ולפיכך יכנסו ענייני קירוב וריחוק עוד בין הקרוב ובין הרחוק כאמרו חומר האדם הרחוק הם היסודות, והקרוב הוא שכבת זרע הנקרא קרי, והאמצעיים הם מה שביניהם:

De este modo hay varios grados de distancia entre la inmediata y la distante, como si la materia distante de un hombre fueran los elementos, la inmediata fuera la gota de semen llamada *Keri*[214] y todo lo demás fuera distancia intermedia.

ואמנם הפעל הוא כאמרך האדם כותב בשעת הכתיבה שאז הוא פועל בפעל, והגלגל מתגלגל בפעל תמיד, ואמרי שאין הפעולה לא עצם ולא מקרה כי אם יחס מתייחס אל הפועל שפועל אותה ואל הנפעל הנושא אותה, והנה אינה עצם שאינה גוף וגם אינה כח בגוף, שאם הוא כח אינו פועל, ואם תאמר היא כח פעול ועומד אם כן היה עצם, רק יתכן לקראתה על פי היחס תאר שבו יתואר הפעל הנמצא בעצם נושאו או המקרה,

Y ciertamente, una acción actual es como decir que un hombre está escribiendo, cuando en realidad está llevando a cabo la acción de escribir, y la esfera está siempre dando vueltas. Se dice que la acción no es ni sustancia ni accidente, pero la relación entre el que la lleva a cabo y lo realizado se ve sometida a la sustancia. Si no es una sustancia, ya que no es ni un cuerpo ni una fuerza que procede del cuerpo, entonces sería una fuerza no real. Y si fuera una fuerza real persistente, entonces debería ser una sustancia. La única opción se encuentra en considerarla como la relación entre la descripción del que lleva a cabo la acción y la descripción de lo realizado., ya sea a través de su sustancia o por accidente.

---

214. *Véase* nota 104.

ואמנם הפעולה הטבעית היא העמציית בין תמצא תמיד בכח המוכן לצאת לפעל, בין תימצא
בפעל כגון כבד הגופים המורכבים ברוב הרכבתם ממים ועפר וקלות המורכבים ברוב הרכבתם
מאש ומרוח וחמימות האש ולחות המים, ועליית זה למעלה וירידת זה למטה וכיוצא בם,
ואלה העניינים גם כן הנמצאים בפעלות הטבעיות יקראו מקריות כמו שיקראו עצמיות כי אינם
עצמים אבל קראנום עצמים. מפני היותם מתמידים עם העצמים הנושאים אותם ולא ימצאו
בלעדם בפעל כלובן בשלג והשחרות בזפת,

Y sin embargo, una acción natural es sustancial, ya que en ella siempre se encuentra el potencial de convertirse en real, o de ser tan real
como el peso de los cuerpos que están mayormente compuestos de
agua y tierra, o de la luz compuesta mayormente por el calor del fuego
y la humedad del agua, debido a la subida del primero y al descenso del
segundo, y así. Pero estas cualidades que se encuentran en las acciones naturales son llamadas tanto «accidentales» como «sustanciales», y
aunque no sean sustancias las llamamos «sustanciales». Esto se debe a
que dichas cualidades persisten siempre con la sustancias que las poseen, y realmente nunca existen sin ellas, tal y como ocurre con la blancura de la nieve o con la negrura del alquitrán.

וקראנו המקרה הקורה לעצם עת מהעתים, ועוד נעדר ממנו כחום למים וכלחות לדונג וכיוצא בם
מקרים עתיים, ואלה הדומים להם הם הפעלות הנמצאות בטבע ונקראו טבעיים ונמצאו מחויב
הטבעיים כאלה המקריים הנזכרים, הקורים לטבעיים בהתהפכות לעתים ונקראו מקריים:

Llamamos «accidentes ocasionales» a aquellos que afectan a la sustancia únicamente en ciertas ocasiones, que aparentemente se encuentran alejados, como podría ser el calor en el agua, la humedad de la cera,
etc. De forma similar hay acciones que existen en la naturaleza y son
llamadas «naturales», y existen necesariamente, pero son como estos
accidentes que hemos mencionado, puesto que ocurren de forma oca-
sional, de ahí que las llamemos «accidentales».

ואולם המעשים המלאכתיים הם הנעשים על יד אדם לבד, וכל באי עולם לא יבראו חומר אחד
לא קטן ולא גדול לא רב ולא מעט וגם לא יטרידוהו מהמציאות המוטבע, אבל המלאכה היא
דומה בקצת ענין לטבע, שהיא נתינת צורה בחומר בעל מזג, והנה על זה יוחסו הפועלים אל
פעוליהם והפעולים אל פועליהם, ויחס הפעולה הוא המשותף לשניהם להתיחס אליה וליחסה
אליהם, ומפני שאין פעל בלתי זמן ובלתי מקום, יוחסו גם כן הפועל והפעול והפעל אל זמן
ואל מקום, ומפני שאין פעל בלתי ארבע סיבות, והם החומר והצורה והפועל והתכלית, יוחס
כל פעל אל ארבעתן, שהוא סיבת מציאותו, וכל אלה העניינים מבוארים בספרי החכמה: אל
ארבעתן, שהוא סיבת מציאותו, וכל אלה העניינים מבוארים בספרי החכמה:

Sin embargo, las acciones artificiales son llevadas a cabo únicamente por el ser humano. Pero las personas no pueden crear materia, sea ésta mucha o poca, ni aniquilarla. Sin embargo, lo artificial es posible, siendo similar a la naturaleza en un aspecto: el de dar forma a una materia con ciertas propiedades. Y a través de esto el que actúa se relaciona con el acto, y el acto se relaciona con el que actúa. La relación es común entre ambos. Están relacionados entre sí del mismo modo que no hay acción sin tiempo y lugar, la acción, el que actúa y el acto están relacionados con el espacio y el tiempo. Y ya que no hay acción sin las cuatro causas (materia, forma, causa eficiente y causa final), toda acción está relacionada a estas cuatro, siendo así la causa de su existencia. Todas estas cuestiones se encuentran detalladas en los libros de sabiduría.

ואולם אנחנו נזכיר פה יחס הפועל אל הזמן לבד עם הפועל והפעול, והשאר יבוקש במקומו וימצא ויובן משם בעיון המשכיל, ונאמר על זה שהפועל הנה יהיה יחיד או רבים,

No obstante, mencionaremos el tema de la relación del acto con el tiempo, junto con el que actúa y el acto. El resto debe ser buscado en el lugar adecuado y entendido por la contemplación intelectual. Acerca de esto añadiremos que el que actúa puede ser un agente singular o plural.

והיחיד נחלק לשני חלקים זכר או נקבה, והרבים גם כן נחלקו לב׳ חלקים זכרים או נקבות, והמדברים המורים על הפעל יחלקו לג׳ חלקים, והנמצא המדבר עם הנמצא השומע על הש־ לישי בלתי נמצא לפניהם, והמדבר על עצמו, והמדבר על חבירו פנים אל פנים על עצמו שלח־ בירו, ויכללו אלו ג׳ החלקים ג׳ נמצאים כלליים, והם אנחנו אתם הם, וג׳ נמצאים פרטיים והם אני אתה הוא, ונקרא אלו כנויים חלקם עוד לזכרים ונקבות ויעלו לי״ב חלקים:

El singular se divide en dos partes, masculino y femenino; y del mismo modo, el agente plural también se divide en masculino y femenino. Y los hablantes indican que el agente puede ser de tres tipos: un hablante habla a un oyente acerca de un agente ausente, un hablante habla sobre sí mismo, o un hablante habla sobre sí mismo a otro que está presente. Estos tres tipos incluyen tres seres generales: nosotros, vosotros y ellos. E incluyen también tres seres particulares: yo, tú y él. Se trata de los «pronombres». Divídelos en masculino y femenino y obtendrás doce tipos.

ואם חסר מהם דבר דע שהוא מחסרון הלשון, והנה בלשונינו כשנרצה לייחס פעל שכבר עבר
באחת מן הבניינים אל פועליהם יחסרו מהלשון ג' שמות מהי"ב ונכפלו הג', וגם נתייחדו למי
שראוי ליחדה אליהם, ונשארו אם כן ט', ואלה הם פעל ראובן אתמול פעל פלוני פעלה אשתו,
פעל פלוני פעלו ראובן ושמעון, פעלו רחל ולאה, פעלנו אנחנו אברהם ויצחק, פעלנו אנחנו
שרה ורבקה, פעלתי אני יעקב, פעלתי אני בלהה, פעלת אתה יעקב, פעלת את זלפה, פעלתם
אתם עמרם ומשה, פעלתן אתן יוכבד וצפורה, אתמול פעל פלוני:

Y si faltase alguno de ellos, has de saber que esto se debe a un defecto del lenguaje. Y en nuestro lenguaje relacionamos un verbo pasado de una de las conjugaciones (*Binianim*) a su sujeto, en el que el lenguaje ausenta tres nombres de los doce; y tres nombres son repetidos y no se emplean en la forma en que debieran. De esta forma quedan nueve, y son los siguientes: Rubén hizo ayer; su esposa hizo. Rubén y Simón hicieron; Raquel y Lea hicieron; nosotros, Abraham e Isaac, hicimos; nosotras, Sara y Rebeca, hicimos. Yo, Jacob, hice. Yo, Bilha, hice. Tú, Jacob, hiciste. Tú, Zilpa, hiciste. Vosotros, Amram y Moisés, hicisteis. Vosotras, Yoheved y Zipora, hicisteis ayer.

הנה הנזכרים ביחס הפעולות הם י"ב, אמנם היחידים הם ו' והרבים הם ו', והנה נכפלו ב' מן
הרבים והם פעלו פעלו, גם פעלנו פעלנו, ולא נתיחדו בהם הזכרים מהנקבות כמו שנתיחדו
בשאר הרבים, ואם כן היו הנכללים ד' ונעלמו ב' מן הו', ועוד נכפל אחד מן היחידים והוא פ
לתי פעלתי פעלתי שלא נתיחד בם זכר מהנקבה, כמו שנתיחד בשאר היחידים, ואם כן היו
הנפרטים ה' ועלה הכל ט' ונעלמו ג':

De este modo hay doce categorías mencionadas en relación a las acciones. Sin embargo, los singulares son seis y los plurales son seis. Y dos de los plurales se encuentran repetidos, *Paalu*[215] y *Paalnu*,[216] pues funcionan tanto en masculino como en femenino. Masculino y femenino están unidos en estas formas, al contrario que en el resto. De esta forma, todas las formas se incluyen en cuatro, y faltan dos de seis. Una de las formas singulares también se encuentra repetida: *Paalti*[217], pues el masculino y el femenino no se distinguen de la forma en que lo hacen los tres singulares restantes. De este modo los singulares son cinco; en total sean nueve y faltan tres.

---

215. En castellano «ellos o ellas hicieron» (פעלו).

216. En castellano «nosotros o nosotras hicimos» (פעלנו).

217. En castellano «yo hice» (פעלתי).

ויש לשונות שחסרו יותר ויש שחסרו מעט ויש שחסרו בשוה, בלשונינו כלומר ט' אבל להוסיף
על י"ב לא יתכן, לפי הדבור הטבעי שאין הנמצאים לא יותר ולא פחות, ואלה הם הקונים
בעצמם. הוא היא הם הן אנחנו אנכי אתה את, אתם אתן והנה לפי זה הלשון עלו הכנוים י',

En algunos idiomas faltan más formas, mientras que en otros faltan
menos; y en otros ocurre como en nuestro idioma, con nueve formas,
aunque no puede haber más de doce, puesto que de acuerdo al habla
natural no hay más ni menos pronombres que éstos. Éstos son los pronombres: él, ella, ellos (masculino + femenino) nosotros, yo, tú (masculino + femenino, singular + plural). En nuestro idioma hay diez pronombres.

כי פעלו מעלו שהיו שוים לשנים, התיחד כל אחד ונבדל בין מ' לנ' בענין הם והן, ולואי והיה
אפשר להשלים כולם היה היה דבר מעולה, ויראה ממה שמצאנו אנחנו גם נחנו וגם אני וגם אנכי,
ולא מצאנו זה הכפל בזולתם, שהכוונה בלשון היתה להבדיל בין הנקראים בהם, ולא נאריך
בזה מן נהיה לבוז, ואין טענה מפני שמצאנו אתנה במקום אתן, ולא ממה שבא אתם לנקבות
במקומות, כי זה גם כן מכלל בלבול הלשון, או לסוד מן הסודות האחרים:

En el caso de ellos y ellas es el mismo, pero están distinguidos por
las letras *Mem* y *Nun* מ y נ : *Hem*[218] y *Hen*.[219] Si todos terminasen de esta
manera, lo cierto es que sería excelente. Encontramos redundancia en
Anajnu y *Najnu*,[220] así como en *Ani*[221] y *Anoji*, que no está presente en
ninguna parte, mostrando así que la intención del lenguaje era distinguir entre sus referentes. No prolongaremos más esta cuestión a menos
que hagamos referencia al uso de *Atena* en lugar de *Aten*,[222] y a que en
ocasiones *Atem*[223] (אתם) hace referencia a lo femenino, causando confu-
siones en el lenguaje, o al menos haciendo referencia a secretos ocultos
entre secretos.

---

218. En castellano «ellos» (הם).

219. En castellano «ellas» (הן).

220. En castellano nosotros (אנחנו) y (נחנו).

221. En castellano «yo» (אני) y (אנכי).

222. En castellano «vosotras» (אתנה) o (אתן).

223. En castellano «vosotros» (אתם).

והנה זה אשר זכרנוהו הוא לפעל שעבר ואמרנו שסובל י"ב לפי חלקי הנמצאים מצד הדבור,
ואמנם מפני שהזמן עוד נחלק לעומד ולעתיד, בא הפעל מורה על שניהם, ונחלק העתיד לשני
חלקים ולח' דבורים, ד' מהם צווי ומורה פעל עתיד להפעל, וד' מהם עתיד על פועלים והצווי,
מפני שהמקבלים אינם כי אם ארבעה והם יחיד נחלק לזכר או לנקבה ורבים נחלקים לזכרים
או לנקבות,

Tras haber comentado la forma del pasado del verbo, se ha indicado que éste es sujeto de 12 categorías de acuerdo con los tipos de seres existentes relacionados con el lenguaje. Sin embargo, ya que el tiempo se divide en presente y futuro, el verbo indica también ambos. El futuro se divide en dos tipos y en ocho formas, cuatro de las cuales forman el imperativo e indican una acción que aún no ha sido hecha, y cuatro de ellas se encuentran en el tiempo futuro de cuatro hablantes. Y el imperativo, dirigido a cuatro sujetos singular, en masculino y femenino, y plural, también en masculino y femenino, sirve para dar órdenes.

כאמרך בצוותך להם מצוות ראובן שמור זה הבית עתה או מח ה, אבל על עבר לא יתכן לאמר
שמור, שכל צווי עתיד ואינו עב ר, רק יתכן להאמר לקיים ההוה עתה, אך התחלתו מעת המ־
צוה ואילך או תעמוד או לאו, ואין שום מצוה כי אם פנים אל פנים, והבן זה שהוא סוד גדול
מהגדולים שבכל התורה,

Por ejemplo: «Rubén, vigila esta casa ahora o mañana». Pero en el pasado es imposible decir «vigila», ya que el imperativo se refiere al futuro y no al pasado. Es posible pronunciar el imperativo de modo que se lleve a cabo en el presente, pero siempre y cuando el imperativo se pronuncie cara a cara. Comprende esto, ya que es un gran secreto, uno de los mayores de toda la Torah.

כי מה שאני כותב פה אינו ריקם מהסוד, שאיני בא להעתיק בחבור זה ספרי המדקדקים, אבל
באו העניינים בו לענין הערב אל דבר מוכרח, או מועיל לכוונת החבור, ומזה עוד שתאמר עוד
לנקבה שמרי זה הבית בזמן פלני, וכן לרבים שמרו ולרבות שמרנה. והנה עשרת הקונים שהם
הכנויים יוסיפו על שרשי השמות או הפעלות, עשרה אותיות בסופן להבדיל בין הקונים בש־
מות, כאמרך שמי שמו שמה, שמך שמן שמנו שמם שמו שמכם שמכן:

Porque lo que escribo aquí no carece de secretos, y porque no pretendo copiar las palabras de los gramáticos en este texto, estos temas aparecen aquí debido al objetivo de puntualizar elementos necesarios que ayuden a alcanzar el objetivo de esta obra. Podríamos ir más allá diciendo «vigila (femenino singular) esta casa a esta hora», «vigila (masculino plural)», y «vigila (femenino plural)». Y los diez poseedores, que son los pronombres, añaden letras a la raíz de los nombres o verbos, diez sufijos para distinguir los poseedores dentro de los nombres. De este modo encontramos *Shmi*,[224] *Shmo*,[225] *Shmah*,[226] *Shimja*,[227] *Shman*,[228] *Shmenu*,[229] *Shmam*,[230] *Shimjem*[231] y *Shimjen*.[232]

ובפעלים כאמרך פעל פעלה, כמו שרמזתי בם ובכנוים, אלא שהפעלים יחסרו אחד כמו שזכר‑תי, אבל הכנויים עשרה כמו השמות, ואחר שהתחלתם מן הוא היא תבין סודם,

Y en los verbos, cuando dices *Pa'al* (פעל, él hizo) y *Pa'ala* (פעלה, ella hizo), tal y como se dijo sobre ambos en los pronombres, sólo los verbos carecen de uno, pero los pronombres son diez al igual que los Nombres. Y ya que se comienza con *Hu* (הוא, él) y *Hi* (היא, ella), entenderás su secreto.

וכן תבין סוד התחלת שלשת הכנויים שלשמות כי סופן לעדות, וכן סוף הצווי בג׳ מהן ג״כ שמרי שמרו שמרנה, והתעורר מדברי אל השם ותשים מעלת השם המיוחד יתברך, ועוד הפועל מורה על עומד וכן הפעול נעמד, ולא יקרא פועל אלא הפועל בפועל בעת הפעל, ואם פעולתו תמידית בלתי העד ה, גם הוא תמידי בלתי העד ה, וזה מושכל ראשון,

También entenderás el secreto del comienzo de las tres primeras denominaciones de los nombres, *Shmi Shmo Shma*,[233] puesto que sus letras finales dan testimonio.[234] Lo mismo ocurre con la parte final de tres de los imperativos: *Shimri, Shimru Shmorna*.[235] Date cuenta del nombre a partir de mis palabras, y aprecia la excelencia del nombre unificado, bendito sea. Además, el agente indica algunas cosas presentes sobre las que lleva a cabo la acción. Y nadie es llamado «agente» a no ser que actúe en el tiempo de la acción. Y si su acción es perpetua y nunca au-

---

224. En castellano «mi Nombre» (שמי).

225. En castellano «su Nombre», masculino singular (שמו).

226. En castellano «su Nombre», femenino singular (שמה).

227. En castellano «tu Nombre» en masculino (שמך).

228. En castellano «su Nombre» en plural femenino (שמן).

229. En castellano «nuestro Nombre» (שמנו).

230. En castellano «su Nombre» en plural masculino (שמם).

231. En castellano «vuestro Nombre» en plural masculino (שמכם).

232. En castellano «vuestro Nombre» en plural femenino (שמכן).

233. שמי שמו שמה, «mi, su, su Nombre».

234. Letras que forman parte del Tetragrama.

235. שמרי שמרו שמרנה, vigila, en femenino singular, masculino plural y femenino plural.

sente, entonces también es perpetua y nunca ausente. Ésta es la premisa intelectual primera.

ואם יעדר הפועל והנה הפעול עומד ככתיבת הספר אחר שנכתב, ואע״פ שהפועל חי או מת לא יקרא פועל, אבל הפעול יקרא פעול כל עוד שהפעל נמצא בו, ואם נעדר פעלו במחיקת אות מהלוח לא יקרא פעול אז, אבל יאמר עליו שכבר היה פעול, אבל אינו עתה פעול בפועל כי אם בכח קרוב או רחוק:

Si el agente está ausente pero la acción está presente, como es el caso del texto de un libro tras haber sido escrito, y ya esté vivo o muerto el agente, éste ya no se llama «agente», sino que se dice que la acción ha sido «realizada por…». Y si la acción se encuentra ausente, como cuando una letra ha sido borrada de una pizarra, entonces ya no es denominada «acto», sino que se dice que «fue efectuada», existiendo sólo en potencia, ya sea inmediata o lejana.

והנה היו הדבורים הנאמרים בפעל ד׳, והם כאמרך ראובן כותב, לאה כותבת, אברהם ויצחק כותבים, שרה ורבקה כותבות, ותי״ו כותבת באה במקום ה׳ של מכתבה, והכל שוה בלשון, וכן עוד ענין הפעיל כאמרך הספר כתוב. האגרת כתובה, הספרים כתובים, האגרות כתובות. וגם אלה הם ד׳ דבורים, ולא יתכן להוסיף עליהם ולא לגרוע מהן כלום, שאם ימצא אחד בלשון ואע״פ שלא ימצאו השאר בין מכלל כל הבנין בין באחת מו׳ מעלותיו, תוכל לבנותו בכל מקום שתרצה,

Las formas del habla que se aplican al agente son como si dijeras: «Rubén escribe, Lea escribe, Abraham e Isaac escriben, Sara y Rebeca escriben» La ת de *Kotevet*[236] se convierte en la ה de *Katvah*,[237] siendo ambas la misma forma lingüística. Y en lo referido a la acción se dice: «El libro es escrito (masculino), la carta es escrita (femenino), los libros son escritos (masculino plural) y las cartas son escritas (femenino plural)». Éstas son también 4 formas del habla. Es imposible añadir o quitar algo. Si una de ellas existe en un lenguaje, aunque el resto no lo haga, ya sea en todo el *Binian* o en uno de sus 6 tipos, podrías construirla en cualquier parte que quisieras.

---

236. כותבת, «escribe», en presente femenino singular.

237. כותבה «escribe» en pasado femenino singular.

והנה יש ב' ענינים שהן שרש לכל דבר שיאמר עליו ענין פעל, והם שמות ראשונים לפעל, כא־
מרך בניין או בנייניו שעליהן תבנה כל פעולותיו, עבר ועתיד ועומד והפעל לא יתגלגל על השם
העצם שאינו מקבל רבוי ולא סמיכה, אבל יתגלגל על שם התאר ועל המקרה שהם מקבלים
רבוי או סמיכה, והכלל שכל שם יחובר לו בסופו אות, אבל לשם העצם לבד לא יחובר לו אות
בסופו לעולם, אך יחובר לו מלפניו, וזה ג"כ סוד גדול ודעהו, וכבר ימצא עם העצם נגזר:

Ahora bien, hay dos cualidades que son la raíz de todo lo que es llamado verbo, es decir, el nombre original del verbo, una estructura o estructuras, a través de las cuales construyes diferentes acciones, pasadas,
futuras y presentes. Y un verbo no derivará de un nombre que no pueda
tomar la forma del plural o del genitivo. Pero podría derivar de un adjetivo o un accidente a través del cual se puedan construir las formas de
plural y genitivo. La regla es la siguiente: cualquier nombre recibe sufijos excepto en la forma dada del nombre, que sólo recibe prefijos. ¡Esto
es también un gran secreto, así que conócelo! De esta forma ya hemos
derivado la forma de identificar el nombre dado.

והנה שם הפעל נחלק לב' חלקים. אחד מהם הוא שם יחיד ורבים, והשני שם יחידה ורבות,

Pero el nombre de la acción está dividido en dos tipos: uno es (masculino) singular o plural, y el otro es (femenino) singular o plural.

כאמרך קדש קדשים או קדושה קדושות קדושות ברגשום השם, כי הרפויים מורים על תאר המתואר
באלה ומוצא בם, ומקור הפעל הוא כולל ג' חלקי הזמן, והם היה והוה ויהיה, והוא לבדו כמו
זכור או שמור, ויש לו דרכים רבים בכל הבניינים, ואין אדם יכול לפרש עניינו בטוב, כי מפני
היותו מקור היה עניינו נעלם, וכבר יתחברו לפניו ד' אותיות בכל"ם, ולא יתחבר אליו אות
אחרת לשמשו, אבל כבר יתחבר אליו ו' השמוש כמו [אסתר ט, יח] ועשה אותו יום משתה
ושמחה,

Así ocurre cuando se dice *Kodesh*,[238] *Kodashim*,[239] *Kedushah*[240] y *Ke-*
dushot,[241] enfatizando en la letra ש, puesto que las átonas indican un adjetivo derivado de estos, así como los verbos. Y la fuente del verbo contiene las tres partes del tiempo, que son: pasado, presente y futuro. Ése
es el caso de *Shamor*[242] y *Zajor*,[243] que tienen muchas formas de acuerdo

---

238. En castellano «santo» (קדש).

239. En castellano «santos» (קדשים).

240. En castellano «santidad» (קדושה).

241. En castellano «santidades» (קדושות).

242. En castellano «guardar» (שמור).

243. En castellano «recordar» (זכור).

con los *Binianim*. Pero no es posible interpretar del todo bien su significado, puesto que al igual que su infinitivo, sus cualidades se encuentran
selladas. Las cuatro letras preposicionales (בכל"ם) pueden añadirse, con
la excepción de la *Vav* (ו) conjunción copulativa y, que encontramos presente en «Y declararon día de convite y alegría» [Ester 9, 17].

וכן יתחבר אליו הא התמיהה, כגון האמר למלך בליעל, ולא יתחבר אליו אות אחרת, וכן
יתחברו אחריו כל י' הכנויין, והיותו ד' מדרגות עם בכל"ם, ובהיותו מקור כולל יורה על היות
חומר אחד לד' יסודות, והוא משותף בכל"ם והוא מקור להן,

Y la *He* (ה) interrogativa y de asombro, presente en «¿Acaso diré al
rey que eres un villano?».[244] No hay otras letras que puedan ser pre-
fijadas. Además, los diez pronombres pueden ser sufijados en cuatro
niveles de acuerdo con las letras preposicionales. Y como fuente que
contiene todos los tiempos se trata de una única materia que incluye los
cuatro elementos, común a todos ellos y a su fuente.

וזה עניינו שמור ש' קמוץ הוא מקור, ושי"ן שוא הוא צווי, ומן המקור הראשו, ומן הצווי
תמצא שרש כל התיבה, ולא תמצא שום אות משמש עם הצווי, כי אם אות ו' והוא הנוסף,
כגון צא ועשה וראה ועשה,

Eso es lo que ocurre en *Shamor,* con la letra ש con una vocal *Kamatz*[245]
formando así el infinitivo. Y si no tiene vocal se trata del imperativo. A
través del infinitivo y el imperativo se localiza la raíz de toda la palabra.
Y no hay letra que sirva al imperativo excepto, significando «y», como
en «Márchate y haz, y ve y actúa».

וכשתוסיף בכל"ם תאמר בשמור כשמור לשמור משמור, והנה שב להיות ש' מנוקד בשוה
בענות ההוספה של ד' אותיות, אמנם בהיות שם ו' השמוש לא ישתנה מקמצותו וכל הא
מיתמה לא ישנה המקור אליו בבוא אחריו אות שהגרון מהנמשכים אתו,

Y tras añadir las letras preposicionales se dice *beShmor,*[246] *keShmor,*[247]
leShmor,[248] *meShmor.*[249] Ahora bien, la letra ha perdido su vocal debido
a la adición de las cuatro letras preposicionales. Sin embargo, cuan-

---

244. *Véase* Job 34:18.

245. «A» larga.

246. בשמור, «en la vigilancia».

247. כשמור, «como la vigilancia».

248. לשמור, «al vigilar».

249. משמור, «de la vigilancia».

do la ו está presente no hay parte que cambie. Lo mismo ocurre con ה, que no cambia su fuente, salvo si es el caso de la letra cuando sigue una letra gutural.

והנה העתיד כולל ד' ענינים על ד' נמצאים, והסימן שיורה עליהם הוא אותיות אית״ן, וזה ענינים ראובן מדבר על עצמו ואומר אשמח, ובדברו על חבירו הנסתר אומר עליו לוי ישמח ובדברו לפניו אומר לו תשמח, ובהיותו כולל אחרים עם עצמו אומר נשמח, ואע״פ שימצא עוד אשמחה היא שוה לראשון, וכן ישמחו הוא לרבים, וכן נשמחה וכן תשמחו וכן תשמחי ובן תשמחנה, כל אילו נכללו באית״ן, והנה גם זה היה הדבור ראוי להיותו נדבר על פי הצורה שזכרנו, בין יחיד לרבים ובין זכרים ונקבות עד תמם בזו הדרך, אלא שחסרו מהם מה שתראה, והמשל בזה אני ראובן אלך, אני תמר אלך, אנחנו שמעון ולוי נלך, אנחנו רחל ולאה נלך, יהודה ילך, יוסף ושלמה ילכו, שרה ורבקה תלכנה, יהודה ויוסף תלכו, שמואל תלכו, שרה תלך, שרה תלכי, יוכבד וצפורה תלכנה:

Y he aquí que el futuro se divide en cuatro tipos de acuerdo a cuatro sujetos. Y la marca que los indica es *Eitan*.[250] Y esta cuestión se expresa de esta forma: «Rubén habla de él mismo y dice, *Esmaj*»;[251] y cuando habla de alguien que está ausente dice: «Levi *Ismaj*»;[252] y cuando le habla directamente dice: «*Tismaj*»;[253] y cuando él se incluye en un grupo junto a otros dice «*Nismaj*».[254] E incluso aunque haya otras formas como *Esmajnah*,[255] que es como la primera y *Ismaju*,[256] y también *Tismaju*[257] y *Tismajna*,[258] todas ellas se encuentran contenidas en *Eitan*. Ahora bien, esta forma de habla debería ser hablada de acuerdo a la forma que hemos indicado arriba, en función del singular y plural, masculino y femenino, hasta que todo esté cubierto. Sólo falta lo siguiente: por ejemplo, «Yo, Rubén, iré; yo, Tamar, iré, nosotros Simón y Leví, iremos; nosotras, Raquel y Lea, iremos; Judá irá; José y Salomón irán; Sara y Rebeca irán; Judá y José, vosotros iréis; Yoheved y Zipora, vosotras iréis».

---

250. אית, las cuatro letras que componen el tiempo futuro.

251. אשמח, en castellano «yo seré feliz».

252. ישמח, en castellano «será feliz».

253. תשמח, en castellano «tú serás feliz».

254. נשמח, en castellano «nosotros seremos felices».

255. אשמחנה, «yo seré feliz».

256. ישמחו, para la tercera persona de plural.

257. תשמחו, segunda persona masculino plural.

258. תשמחנה, segunda persona femenino plural.

הנה אלה י״ב דרכים. ו׳ ליחידים ו׳ לרבים והחסרון שבלשון בם, הם ביחידים ב׳. וברבים ב׳,
ואם כן נשארו ח׳ שלא נכפלו ד׳ ביחידים ובד׳ ברבים, וכפי זו הדרך אתה צריך לחקור בשאר
הבניינים הכבדים, כמו שראית מזה הבנין הקל אשר העירותיך אליו,

Éstas son las 12 formas, 6 en singular y 6 en plural, y a nuestro idioma le faltan dos singulares y dos plurales. Además, hay 8 formas no repetidas, 4 singulares y 4 plurales. De esta forma deberías estudiar la otra parte de los *Binianim*, ya que has visto la luz en este *Binian* que te he enseñado.

כי לא כתבתי זה הענין בזה החיבור, אלא להעירך אל סוד הלשון לפי ההכרח, אשר אי אפשר
להשיג מה שיבוא לפנים כי אב בהקדמות כאלה, שהן מוכרחות להקדימן כדי להגיע אחריהן
אל הכוונה בחבור והיא ידיעה השם באמת,

Ya que aunque no lo he escrito, esto se ha llevado a cabo para indicarte el secreto del lenguaje de acuerdo con la necesidad; ya que lo que sigue sólo puede ser comprendido con estas premisas, las cuales deben ser indicadas antes de que podamos indicar el propósito de este ensayo, que no es otro que el verdadero conocimiento del Nombre.

והשכל מוכיח שאם לא תקדם ידיעת סתרי הדבור להשגה, לא יתכן להיות ההשגה מושכלת
המקובלת מהשם שלמה. ואמנם עם ידיעת ההקדמות הנרמזות ההשגה קלה להכירה, אם לא
ימנע מזה מונע חיצוני או פנימי או רצון אלהי:

El intelecto demuestra que si no introduces el conocimiento de los secretos del idioma antes de dicha concepción, entonces la concepción intelectual recibida del Eterno no será perfecta. Sin embargo, con el conocimiento de las premisas aludidas aquí, el concepto es fácil de reconocer, haya obstáculo externo o interno o voluntad divina para contrariarlo.

חלק ר' ענין ג'. סימן ו'. כולל דרכי המלות:

כל לשון כוללת ג' דברים אלה, שמות ופעולות ומלות. וכבר ביארנו השנים מהם בקצור כפי
ענין כוונת החבור, ונשארו לבאר המלות, שהם דבר השלישי מהם,

Parte ר, Tema ג, Signo ו, que incluye el tema de las palabras.

Todo lenguaje contiene estas tres cosas: nombres, verbos y palabras.
Ya hemos comentado dos de ellas brevemente, puesto que ésta es la intención de este texto. Lo que falta es el comentario acerca de las palabras, la tercera categoría.

ונאמר בהם, שהמלות הם הדבורים הנקראים קשר לעניינים המכוונים, והם מקרים ואע"פ
שהם הכרחיים בדבור, וזה כי באמרך שם כגון יעקב לא תובן ממנו כוונה לעולם, ואע"פ ששם
העצם הוא שרש שהוא מורה על מהות הנמצא ועל עצמותו, ואפילו אם תרכוב כמה שמות
העצם יחד לא תובן מהם כוונת ענין, עד שתשתתף אל השם פעל,

Diremos que las palabras son partes del idioma que tienen la intención de conectar el sujeto con el asunto. Se trata de accidentes necesarios para el habla. Esto se debe a que, cuando pronuncias un nombre,
como por ejemplo Jacob, tu intención nunca será entendida de esa forma, incluso aunque el nombre sea una raíz, puesto que se refiere a la
esencia del ser y su sustancia. E incluso si combinases distintos nombres juntos, el propósito seguiría sin ser entendido, y así hasta que no
combines un nombre y un verbo.

וגם הדברים הרבים צריכים לקשרם במלות או נפרדות או באותיות נקשרות בשמות או בפע־
לים, כאמרך ראובן שתף אליו פעל אחד כגון יצא. ואמור ראובן יצא והנה מן השם לבדו לא
הובן דבר מכוון. ולא מן שתתפו אל פעל עד שהוסיף להם דברים אחד או רבים, כגון מן העיר
היום, ואז תושלם כוונת הדיבור בהזכירך הכל יחד, כאמרך ראובן יצא מן העיר היום.

Una pluralidad de elementos deben ser combinados a través de palabras separadas o letras añadidas a nombres y verbos. Cuando dices
«Rubén», combínalo con un verbo para decir, «Rubén salió». Pero solamente con el nombre no se entiende la intención, y tampoco se entiende
tras la adición de un verbo, a no ser que añadas más palabras como «de
la ciudad hoy». Entonces la intención de tu habla se habrá completado
cuando unas todo y digas «Rubén salió de la ciudad hoy».

ואם השם המורה על דבר נמצא לא השלים הדבור לבדו כשלון המלה שהיא מן או מ', כי מן
העיר כמו מהעיר, שאינה מורה על שום נמצא. ומכאן תתעורר לדעת שדרכי המלות הן רבות
מאד והן מכוונות מאד זו מזו. וגם תתעורר מכל מה שאמרתי להבין מתוכו מה שאומר מכאן
ואילך בע"ה. בחלקים הבאים:

Y si el nombre que se refiere a un ser existente no completa el idioma
por sí mismo, cuanto más es necesaria una palabra como «de», la cual
no se refiere a ningún ser existente. Con esto te darás cuenta de que las
formas de las palabras son muy numerosas y diferentes unas de otras.
Y con todo lo que te he indicado te darás cuenta de lo que explicaré, con
la ayuda del Eterno, en los capítulos siguientes.

הנה כבר ביארתי לך מה שראוי לבארו בג' חלקי הדבור אשר כל לשון בנויה עליהן לפי ענייננו,
ושמתי לה החמשה פרקים הנחלקים לה' חלקים ראשונים, בדמות הקדמות כוללות בקצרה
למי שיבוא בה' פרקי' הבאים אחריהם הנחלקים עוד לה' חלקים אחרים. והנה כללו אלה
החמשה הגדולים שמבוא ב' חלקים קטנים להם, וגם הה' חלקים אלה הגדולים הבאים יכללו
עוד י"א חלקים קטנים פרטיים להם. וסימן כלם כח"י.

He aquí que te he indicado todo lo que debe ser aclarado sobre las
tres partes que componen el habla de cada idioma, de acuerdo con sus
cualidades generales. He dividido los siguientes cinco capítulos en cinco grandes partes, presentando una breve introducción general para todos aquellos que lleguen a estos cinco capítulos, divididos también en
cinco grandes partes. Estas cinco grandes partes contienen veinte partes más pequeñas, y las cinco grandes partes siguientes contienen dieciocho partes más pequeñas. Y su marca es *Koji*.[259]

חבר אליהם י' חלקים גדולים ויבוא הכלל חיי"ך, וסימנין כי הוא חייך ואורך ימיך, והשמר לך
פן תשכח את הדברים האלה, ופן יסורו מלבבך כל ימי חייך, כי הם דברי אור השכל הראשון,
ועל כן יאיר בלבך כוכ"ב מחדש ותכיר שם חשבון מחשבון שם ותחיה בו חיי עד:

Añade diez partes más grandes y el total es *Jaiieja*[260] y tu señal es
«Pues Él es tu vida y la prolongación de tus días».[261] Ten cuidado y no
olvides estas cosas, para que no desaparezcan de tu corazón durante tus
días. Ellas son las palabras del intelecto primario. Y además, una estrella brillará en tu corazón de nuevo, conocerás el nombre del cálculo del
Nombre, y con Él vivirás una vida eterna.

---

259. כחי, «mi fuerza», guematria 38.

260. חייך «tu vida», guematria 48.

261. *Véase* Deuteronomio 30:20.

הַחֵלֶק ו' סימני אותיות ש'ת' חלקיו ב', ועניניו ב' והתיבה א'ל':

חלק ש' ענין א' סימן א' כולל אותיות השם המיוחד:

כל מי שיש בידו שום קבלה מידיעת השם, ורוצה להשלים שכלו עמה ולהוציא קבלתו מכח
מקובל אל כח מושכל, צריך שלא תתבהל נפשו על מה שיראה בספר זה.

**Capítulo Sext, cuyas letras son ת, ש, tiene dos partes y dos temas
a través del Nombre ל, א**

Parte ש, Tema א, Signo א, que contiene el tema de las letras en el
Nombre Unificado.

Cualquiera que haya recibido algo de conocimiento sobre Cábala en
relación al conocimiento del Nombre[262] y desee perfeccionar su intelecto con ello y cambiar la Cábala de su conocimiento intelectual no debe
sorprenderse por lo que encuentre en este libro.

ואם תתפעם רוח קבלתו יקרא אל יוסף פותר החלומות, או אל דניאל אשר הוא ממינו ויפתור
לו חלומותיו, ולא תהיה נפשו עגומה עליו, בראותו דברים עמוקים בתחלת מחשבה,

Y si el espíritu de la Cábala se encuentra en su interior, deja que
llame a José, el descifrador de sueños, o a Daniel, su mano derecha,
y él interpretará sus sueños en su nombre. Y así, este espíritu no será
sombrío, sino que verá cosas muy profundas justo al inicio del pensamiento.

---

262. השם, en castellano «el Nombre», suele traducirse como «el Eterno».

ואם לא ימצא פותר ומתיר קשרים ייגע עד שיבין כוונתי, שאני יודע שאם הוא בעל שכל ועצם מוחו זך ועיין והסתכל בשוה בדרך מכל הדרכים האמתיים, ישיג דעתי וישמח בה מאד. אם לא ישיג דעתי אל ידיעה כפי רצונו ולא כפי דעתו המקובלת אצלו, אלא כפי האמת אם יכול, ולא ישא פנים לקבלתו אם היא בלתי מושכלת כדי שיקשה על קבלתו המושכלת המקובלת מן ה׳ ומן משה.

Y si hay descifradores o deshacedores de nudos, dejad que se esfuercen hasta que profundice en mi propósito, puesto que yo sabré que si es uno de los maestros del intelecto, entonces la sustancia de su pensamiento es lúcida, sus investigaciones y reflexiones auténticas, y comprenderá mi pensamiento y se regocijará en él. Pero si no alcanza (a entender) mi pensamiento, que no juzgue con su voluntad o con las opiniones que ha recibido su Cábala, sino de acuerdo a la verdad que pueda conocer. Y no le permitas que favorezca su Cábala recibida, hasta que no la conciba intelectualmente, porque esto le impide recibir la Cábala intelectual que procede del Eterno y de Moisés.

אבל ימחול על כבוד קבלתו המותחלת. וידחנו מפני קבלתינו המושכלת, ויחשוב שקבלתו גם כן היא היתה אתמול קבלתי גם כן, טרם הולד בלבי עיני השכל, והוא הזמן אשר בו לא ראיתי אור ואם בהיר בשחקים השחקים בשם.

Dejadle que se enfrente a su Cábala inicial, y la rechace en favor de nuestra Cábala intelectual. Dejadle que considere mi Cábala tal y como es, ante los ojos del intelecto que nacieron en mi corazón. Pues hubo una época en la que yo no vi ni la luz ni si brillaba en los cielos[263] de aquel que desea[264] Nombre.

ואולם בראותי אור אור השכל, דלגתי בו מענין שפל אל ענין נכבד, והיו לי שתי הדיעות ובח־נתי ובחרתי לי הנכבדת, וגם שמרתי הראשונה, וכל המתדמה לי ולדומים לי בזה הענין בדלגו מענין לענין, ובהרימו דגל הענין הנכבד למעלה, יורם נסו ויתעלה דגלו מאת השם,

Pero una vez vi una luz gracias a la luz del intelecto, haciéndome saltar desde lo más bajo hasta lo más venerable. Por lo tanto, conozco ambas posiciones. Las he investigado y convertido en honorables, aunque también mantengo la primera. Y cualquiera que sea como yo y de mi clase en este asunto saltará de un tema a otro. Y así se puede pasar a esta venerable cuestión, establecida por el Eterno.

---

263. שחקים, en castellano «nubes», «cielos», «alturas».

264. שחקים, en castellano «que desea». Se trata de un *Tzeruf* de שחקים, «nubes».

וקורא אני עליו ודגלו עלי אהבה, אל תקרי דגלו אלא דלוגו, ואחר שהתריתי בך בהתראה
קטנה, והזהרתיך על מה שראוי להזהיר עליו בדברים מעטים שבאו במקומות רבים, אחל
בסתרי אותיות השם הנכבד והנורא, ואודיעך איזה אותיות הם בע״ה:

Y sobre esto se dice «Y su mirada sobre mí es amorosa».[265] No leas
Diglo,[266] sino *Dilugo*.[267] Tras haberte dado esta pequeña advertencia, y
pidiéndote aquello que debe ser solicitado en pocas palabras apareci-
das en muchos lugares, comenzaré con los misterios de las letras del
Nombre más venerable y terrible. Y te informaré de qué letras son, con
la ayuda del Eterno.

דע בני והבן כי אותיות השם הם ד', ונקרא בכללם אותיות ההעלמה, על דרך [שמות ג, טו]
זה שמי לעולם וזה זכרי לדור דור.

Has de saber y comprender, hijo mío, que las letras del Nombre[268]
son cuatro. En general son conocidas como las letras ocultas, pues se
dice «Éste es mi Nombre para siempre jamás y éste es mi recuerdo para
las sucesivas generaciones».[269]

ואמר בקבלה לעלם כתיב כלומר שראוי להעלימו, ועל כן היו אותיותיו אותיות ההעלמה זהו
המובן לעם, אבל הנעלם אינו זה, כי לעלם הוא דבור משותף ועניינו האחד הוא ענין ההעלם,
והשני הוא ענין המעלה, והוא שאותיות השם ראוי לעלם, כלומר לעלה לעלה אותם, והוא כמו להע-
לם למעלה הראויה.

En Cábala se dice que está escrito *LeOlam*[270] indicando que debería
ser ocultado como *leHaalimo*.[271] De este modo, sus letras son letras de
ocultamiento. Y si bien esto es entendido por la gente, el aspecto oculto no, puesto que *leOlam* es una equivocación; y su primer significado
está justamente relacionado con la ocultación, y el segundo significa-

---

265. *Véase* Cantar de los cantares 2:4.

266. דגלו «su mirada».

267. דלוגו «su salto».

268. *Véase* nota 258.

269. *Véase* Éxodo 3:15.

270. לעלם, «para siempre».

271. להעלימו, «para ocultar».

do está relacionado con *Maalah*;[272] y con el hecho de que las letras del Nombre deberían ser *leAlam*,[273] alcanzando así su propia elevación.

והעד על זה אמרו מיד וזה זכרי, שהורה שהאדם חייב להזכירו וסוד לדר דור מורה שכל דור ודור מתגלגל בשם לפי הזכרת שמו, והפך ההזכרה שכחה, וכבר הזהרתיך ואמר פן תשכח, והרמז [דברים כה, י] תמחה את זכר עמלק מתחת השמים לא תשכח,

Para dar testimonio de esto, se dice inmediatamente después: «mi recuerdo», indicando que una persona debe mencionarlo. Y el secreto de toda generación indica que cada generación gira en torno al Eterno de acuerdo a su recuerdo. Y lo opuesto al recuerdo es el olvido, motivo por el que él nos dio esta advertencia: «No olvidéis», pues se dice «Raerás de bajo el cielo de la memoria de Amalek; no lo olvides» [Deuteronomio 25, 19].

שכבר נאמר [שמות יז, טז] כי יד על כס יה מלחמה לה׳ בעמלק מדר ד ר, והנה דר מלשון דירה, ועניינו כלל הזמן שהדור דר בעולם ולא נשכח זכרו, שכן כתיב [קהלת א, יא] אין זכרון לראשונים וכו׳ וכתיב [שם א, ד] דור הולך ודור בא והארץ לעולם עומדת, אבל השם כבר נאמר [תהלים קלה] עליו ה׳ שמך לעולם ה׳ זכרך לדור ודור, ונאמר עוד בגלוי הסוד [תהלים קמה]

También se dice «La mano hacia el trono del Eterno. ¡Guerra tendrá el Eterno con Amalek de generación en generación!» [Éxodo 17, 16]. *Dor*[274] deriva de *Dirah*,[275] refiriéndose al tiempo en que una generación mora en el mundo y no es olvidada. Por eso se dice, «No hay memoria de los antepasados» [Eclesiastés 1, 11], así como «Una generación se va y otra viene, pero la tierra siempre permanece» [Eclesiastés 1, 4]. Pero del Nombre ya se dijo «Señor, tu Nombre dura eternamente, tu memoria, Señor, de una edad a otra» [Salmos 135, 13]. Yendo aún más allá, se dijo en la revelación de un secreto «Tu reino es reino de todos los siglos, y durará tu imperio por sucesivas generaciones» [Salmos 145, 13].

---

272. מעלה, «excelencia».

273. להעלם, en castellano «elevadas».

274. דור «generación».

275. דירה «morada», «residencia».

מלכותך מלכות כל עולמים וממשלתך בכל דור ודור, ונגלה יותר באמרו אתה ה' לעולם תשב
כסאך לדור ודור, הורה במלכות ובשם ובמהות, סוד לעולם באמרו מלכותך ושמך ואתה, כי
הם ג' מעלות ליחוד הוא ושמו ומלכותו:

A esto se reveló «Mas Tú, Señor, por siempre permaneces; tu trono de generación en generación».[276] De esta forma se indica que el Nombre, el reino y la esencia, son el secreto de *leOlam*, como si se dijera «Tu Nombre, Tu reino y Tú», puesto que estos son los tres niveles de unificación. Él, Su Nombre y Su reino.

וכבר נודע כי שם הוא סימן מורה על מציאות עצם או מקרה, וסוד השם הו"א שמ"ו
מלכות"ו, ועו"ד הו"א ש"א ש"ם מלכו"ת, סופי תיבות וראשי תיבות ותוכי תיבות הש"ם אמת
וכל"ו והאמת מושכל, והאם מושכלת, והש"ם כולו אמת, והאמת כלו שם והמושכל אמת,

Ya se sabe que un nombre es un signo que hace referencia a una sustancia que existe o un accidente. Y el secreto del Nombre del Eterno (השם) es el acrónimo formado por *Hu*,[277] *Shmo*,[278] y *Maljuto*.[279] Las iniciales, letras intermedias y finales de «Él, Nombre y reino» forman en *Tzeruf* «el Nombre es verdad en su plenitud», *VehaEmet Moshkil*,[280] *VehaEm Moshkelet*,[281] *VehaShem Kulo Emet*,[282] *VehaEmet Kulo Shem*,[283] y *VehaMaskil Emet*.[284]

והסוד הוא זה והבינהו שם מלכות הוא מלכות שם הוא, ובשם יתברך הוא שמו והוא מלכותו
בעצמו, ואין זה דבר שידומה אבל הוא מושכל, כי במדומה יפול ציור הרכבה ואין בשם הרכ־
בה,

El secreto de esto es el siguiente: el Nombre del reino, él es el reino, él es el Nombre, y en el Nombre exaltado él es su Nombre; y él es su reino en esencia. Esto no puede ser imaginado sino intelectualmente

---

276. *Véase* Lamentaciones 5:19.

277. הוא, en castellano «el».

278. שמו, en castellano «su Nombre».

279. מלכותו, en castellano «su reino».

280. והאמת מושכל, en castellano «y la verdad es intelectual», su guematria es 848.

281. והאם מושכלת, en castellano «y la madre concibe intelectualmente», su guematria es 848.

282. השם כולו אמת, en castellano «y el Nombre completo es verdad», su guematria es 848.

283. והאמת כלו שם, «y toda la verdad es un Nombre», su guematria es 848.

284. והמושכל אמת, «y el intelecto es verdad», su guematria es 848.

concebido, puesto que la imaginación sólo puede reflejar algo complejo;
y el Eterno no tiene complejidad.

והנה נזכר עוד ג' מעלות להורות בם על סוד הדורות והדור מיוחס לדרים בעולם, והעולם
מיוחס לעולם, והמעלות הם זכרו וממשלתו, וכסאו וזכרו נמשך לשמו, וממשלתו נמשכת
למלכותו, וכסאו נמשך לעצמו, והדורות נמשכין לעולם ולזמן, ואלה ההמשכות הנזכרות ידו־
עות לכל משכיל מקובל:

Los tres grados superiores son mencionados para indicar el secreto
de las generaciones cercanas. Una generación se relaciona con aquellos que moran en el mundo; el mundo se relaciona con el tiempo, y el
tiempo con el mundo. Los grados son su referencia, su gobierno y su
trono. Y su mención es una extensión de su reino, y su trono es una extensión de su esencia. Y las generaciones son extensiones del tiempo
y el espacio, y estas extensiones son conocidas por todo *Maskil*[285] que
sea cabalista.

והנני רומז סודם לבעלי השכל, אין ספק שהנמשך אחר הממשיך הנמשך ממנו בהיותם
משני מינים, אבל בהיותם ממין אחד יתכן היותם שוים במעלה, ואע"פ שאינם שוים במ־
ציאות, ומפני היות הנמשך או הממשיך אחד מהג' חלקים, והם נבדל או כח בלתי נבדל או
גוף, נצטרך להכריח בשכל מי נמשך אחר מי מאלו הג',

Y aludo al secreto de aquellos que poseen intelecto debido a que la
extensión se encuentra indudablemente tras la propia extensión; y la extensión es menor cuando es de dos tipos. Pero cuando es de uno sólo,
es posible que no se encuentren en el mismo grado, incluso aunque no
sean idénticas en su existencia. Y debido a que la extensión y lo exten-
dible puede ser una parte de tres, potencial separado, potencial inseparable de un cuerpo, o un propio cuerpo, debemos determinar por el
intelecto a cuál de las tres partes pertenece.

---

285. *Véase* nota 8.

ובדעתינו שהשכל הנבדל מושך ואינו נמשך ודע שהכח הוא האף נמשך אחריו והוא בלתי
נמשך אחר אחד מהם, ובדעתינו שה' שהוא הסבה הראשונה לכל המציאות, הוא מחויב
המציאות בבחינת עצמו, והוא שכל בעליונה שבכל מדרגות המציאות, ידענו ג"כ מזה שהכל
נמשך אחר עצמו, וכל מה שידומה מההתארים המיוחסים אל עצמו, כולם נמשכים אחר עצמו,
אחר שאין בעצמו שום הרכבה, שאם היה מורכב לא היה מחויב המציאות בבחינת עצמו,
אבל בבחינת שני חלקי הרכבתו, וכל הרכבה הוא מקרה שקרה לנרכב, וכל מורכב יש לו
מרכיב,

Conociendo que el intelecto separado se está extendiendo y no es
una extensión, deberíamos saber que el potencial de un cuerpo y el
cuerpo son sus extensiones, mientras que no hay extensión ajena de
ellos. Y sabiendo que el Eterno es la causa primera de toda la existencia,
él necesariamente existe en su esencia, puesto que él es el intelecto superior en todos los niveles de existencia. También podemos saber que
todo es una extensión de su esencia, y que toda descripción imagina-
ble atribuida a su esencia son extensiones de su esencia, ya que su esencia no tiene complejidad, puesto que si fuera compleja, no existiría en sí
mismo, sino en las otras dos partes. Y cada complejidad es un accidente
acaecido en el compuesto, y cada compuesto tiene sus componentes.

וכל זה כבר התבאר במופתים בספרי החכמה, ואם כן כל שם שיורה עליו יהיה שם מורה על
מציאותו או על הבדל שבו נבדל מזולתו, וזהו מנהג הוראה על העצמים בהבדלים, או יורה על
תאר מיוחס אליו, או על היותו פועל, או על מה שידמה שום שלמות בתחלת מחשבה אצל
ההמון, אשר אין להם השגה שמציאותו כי אם בקבלה,

Y todo esto ya ha sido indicado en los libros de sabiduría. Así, cada
uno de sus nombres haría referencia a su existencia o a algún rasgo
distintivo de todo lo demás. Ésa es la cuestión referente a las diferentes
sustancias empleando su cualidad distinguible, o puede referirse también a una descripción atribuida a él, a sus acciones, o a aquello que parece ser un tipo de perfección entre la población, que no tienen conocimiento de su esencia excepto por la tradición.

ואם כן הנה יהיו כל שמותיו נמשכין גם כן אחר השם המיוחד לו, כמו שכל נמצא נמשך אחר
מציאותו, ויהיה השם הנכבד והנורא הנקרא שם המפורש לבדו ראשית לו כל שמותיו, כמו
שהוא עצמו ראשית לכל העצמים,

Así, todos sus Nombres son extensiones del Nombre único, al igual
que todo ser existente es una extensión de su existencia. El Nombre
honorable y terrible es llamado *Shem HaMeforash,* inicio de todos sus

Nombres, del mismo modo que él es en esencia el comienzo de todas las sustancias.

והוא כלם בפעל, והם כלם עומדים בכחו, ומפני שהשם עקר לזכר, והזכר אינו כי אם בשם ימשך הזכר אחר השם, ומפני שהמלכות עקר לממשלה, שכל מלך מושל ואין כל מושל מלך, תמשך הממשלה אחר המלכות, ומפני שהעצם הראשון עקר לכל עצם, ימשך כסא העצם אחר העצם היושב עליו, ואם היה היושב על הכסא גוף, היה צריך אל כסא שהוא גוף לשבת עליו,

Él es todas ellas en acto, y todas persisten por su potencia. Y debido a que el Nombre es el quid de la cuestión, y la cuestión es su Nombre, se trata así de una extensión del Nombre. Y debido a que el reino es el quid del gobierno, puesto que todo rey gobierna, pero no todo gobernante es rey, el gobierno es una extensión del reino. Y debido a que la primera sustancia es el quid de toda sustancia, el trono de la sustancia es una extensión de la sustancia sobre la que se sienta.

אבל ה' יתברך שהוא אינו גוף ולא כח בגוף, אינו צריך אל כסא שישב עליו, אבל אם יוחס לו שם כסא יהיה הכסא ענין בלתי גוף:

Sin embargo, El Eterno, bendito sea, no es un cuerpo ni la potencia de un cuerpo, puesto que no requiere de trono en el que sentarse; pero si la palabra «trono» es un término que se le atribuye, este trono sería entonces una cualidad incorpórea.

ומזה תבין שהכסא ההוא הוא ענין מעולה, ואעפ"כ הנה השם עליו בדמות, והנה ה' נצב עליו [בראשית כח, יג] על הסלם על דרך משל, ואחר שהדבר כן איך יתכן למצוא שם שיורה על אמתת מהות עצמו יתברך שהוא ענין בלתי מושג בשכל,

Así, entenderías que este trono es una cuestión exaltada, puesto que el Eterno descansa sobre una imagen: «El Señor estaba en pie junto a ella» [Génesis 28, 13], siendo dicha imagen la escalera, una forma de alegoría. Ya que esto es así, ¿cómo es posible encontrar un nombre que haga referencia a la verdad de su esencia, que es inconcebible para el intelecto?

ואיך הושג בשאר השגות שהם למטה מהשגת השכל, ואמנם יורה שמו המפורש על מציאותו,
ויורה על הבדלו מזולתו וההבדל ההוא אינו הבדל עצמו מעצם זולתו לבד, אבל הוא הבדל
עצמו תכלית ההבדל מעצם זולתו, וגם הבדל ענייני עצמו מענייני עצם זולתו תכלית ההבדל,
אשר אין הבדל גדול ממנו, כמו שנאמר בחלק הקטן הבא אחר זה:

¿Cómo puede ser comprendido intelectualmente por cualquier ser inferior? El *Shem haMeforash* indica su existencia y su diferencia respecto a todo lo demás. Y la diferencia no es sólo aquello que lo diferencia del resto de sustancias, sino la diferencia absoluta de su sustancia del resto de sustancias y también la diferencia de cualidades de su sustancia frente a cualquier otra sustancia, siendo así la diferencia más grande, tal y como indicaré en el breve apartado siguiente.

ואמנם בזה אודיע בו אי זה אותיות הם שנתיחדו להיותם שם לו יתברך שמו, והוא שנאמר
שהאותיות כולן כ"ב, ובחר ה' מהן כשהודיע זה לבעלי הלשון ד' אותיות, ובא להורות בם
מציאותו, וראה שלא היה אפשר להורות על מציאותו המיוחד כי אם בשם מיוחד, וצוה את
משרתיו הכהנים לברך בו את עמו המיוחד המובחר משאר אומות, כמו שנבחר שמו משאר
אותיות, ואע"פ שכלן הן אותיותיו, כמו שכל האומות הן בריותיו,

Sin embargo, en éste te he indicado cuáles son las letras seleccionadas para convertirse en su Nombre, bendito sea su Nombre. Pues el Eterno escogió cuatro de ellas para comunicarse a aquellos a los que habla e indicar Su existencia. Él vio que era imposible indicar su existencia única salvo a través del Nombre único. Ordenó a sus siervos, los sacerdotes, que bendijeran al pueblo escogido, seleccionado entre las naciones tal y como su Nombre fue elegido del resto de letras, incluso aunque todas son sus letras, al igual que todas las naciones son sus creaciones.

וכאשר היה הוא מיוחד ושמו מיוחד, צוה להביא הברכה באמצעות שבט מיוחד מכל שבטיו,
ואע"פ שכלן שבטיו מיוחדים, וכמו שהשכל מיוחד, בחר ברכה מיוחדת, ואם היא משולשת כמו
ששמו אחד משולש, וכמו שעמו אחד ומשולש, כהנים לוים וישראל, וכולן ישראל, אבל אין
כולם לוים, וכן כל כהן לוי אבל אין כל לוי כהן:

Él es único así como su nación es única. Ordenó que su bendición descendiera sobre una sola tribu de todas sus tribus, incluso aunque todas sean sus tribus. Y como todo es único, él escogió una bendición única, que al mismo tiempo es triple, al igual que su Nombre también es triple. Del mismo modo su nación también es triple: sacerdotes, levitas e Israel. Y todo sacerdote es levita, pero no todo levita es sacerdote.

ואחר שהודעתיך זה, אודיעך שאין שום שם פחות מב' אותיות בשום פנים, והנה הם הרא־
שונים הנבחרים מכל האותיות שהם י"ה, ועוד נבחר ו' לשתפו אל השם. ועוד נבחר א'. והנה
אלה הד' הם אותיות השם, והם אשר מציאותם בכל, וכל גלגול מתגלגל על שם המיוחד אין
בו שום שתוף מאות אחר כי אם מאלה הארבעה, והם הם לבדם אותיות ה' המיוחד, ואחר
שהודעתיך זה, שמע מה שאומר בהם בסתריהם לפי הקבלה בחלק זה:

Ahora que te he informado acerca de esto, te haré saber que no hay
nombre que tenga menos de dos letras de ninguna manera posible. Por
un lado están las primeras y más escogidas de todas las letras, que son
YH (יה); y V (ו), escogidas para dar forma al Nombre, y también está *Alef*
(א). Éstas son las cuatro letras del Nombre, y su existencia lo es todo. Y
no hay otra letra salvo estas cuatro que participen en todo lo relacionado con el Nombre único. Y estas son las únicas letras del Nombre único.
Ya que te he informado acerca de esto, escucha lo que tengo que decir
acerca de sus misterios en este capítulo.

חלק ת' ענין ב' סימן ל' כולל ענין הוראת אותיות ה':

בעבור שהשם נמצא, חיוב מציאות יורו עליו האותיות, אשר מכללם במספרם התחייב במ־
ציאות כולם בהכרח, והם כולם יח"ה, ומה שהוא ראשית כל מה שנמצא אחריו, והתחייב
מרצונו הוא האלוה יתברך,

Parte ת, Tema ב Signo ל, que incluye el tema de las letras presentes en
el Nombre.

Desde que se consideró que el Nombre es existente, se debe indicar
que el número total de letras que hacen necesaria su existencia. Esto
ocurrió al inicio de todo lo que existe y fue necesario por la voluntad de
Dios, bendito sea.

ועל כן צריך שיורה עליו אות שיורה שם עניינו עם הבאים אחריו, וזהו אות א', כי א' הוא אות
נמצא ראשון לכל האותיות במדרגה, ולא יתכן להזכיר אחד מהן במבטא בלתי א', וכל נקוד
שמניע אות עמו תנועה א' משותפת, והזכר כל האותיות מופשטות מכל הרכבה אחת אחר,
ר"ל מן א' עד ת', עם כל אחד ואחד מהנקודים:

Él debería ser mencionado por una letra que demuestre que ésta es
su relación con todo lo que viene después. Dicha letra es א. Puesto que
א es la primera de todas las letras en su nivel, y ninguna de ellas puede
ser pronunciada sin א. Y cualquiera que sea la vocal que va con ella, el

movimiento de א está ahí. Pronuncia todas las letras sin unirlas, una por una, desde א hasta ת con cada una de las vocales.

ותאריך בכל אות אריכות מעט, ותמצא שהתנועה התחלתה משתוף א' עם אות ועם נקודה, ואחר צאת הברת האות מן הפה, נשארה הנקודה המשותפת עם א' מתגלגלת בנגון בהארכה בתנועה מתמדת, על דרך משל על הא' לבדה בלי הפסק עתים אלה מנשימה לנשימה, וזה הכרחי לפי מציאות האדם, שאם תפסק ממנו נשימתו אשר היא הסבה הקרובה להיותו קצת שעה, ימות מיד ועל הנשימות, הן סיבות חיותו הקרובות, הורה את הנשימה שעליה נתלו כל הנשמות על מציאות האלוה שהוא חיי כל חי והוא הסיבה הראשונה לכל חיי החיים כולם, ועליו נתלו כל התנועות מראש ועד סוף:

Prolonga un poco la pronunciación de cada letra y descubrirás que el movimiento comienza con la combinación de la letra con א y una vocal. Y después de la pronunciación de la letra, la vocal emerge desde la boca, combinada con א y permanece alrededor de la pronunciación en constante movimiento, como si un א estuviera ahí sin separar ambas exhalaciones. Eso es necesario de acuerdo a la vida humana, ya que si cesa la respiración, causa inmediata de la vida, se muere de forma inmediata. Y ya que la respiración es la causa inmediata de la vida, la letra de la respiración, de la que dependen todas las demás letras, se debe referir a la existencia de Dios, quien es la vida de todos los que viven, y causa primera de la vida de todos los seres vivientes y de la que depende el movimiento de todo, desde el principio hasta el fin.

וידוע שכל ההברות הן ה' מינים במציאות הדבור, אחת למעלה ושמה חולם וציורה נקודה אחת על סוף האות, ואחת למטה ושמה חירק וציורה נקודה אחת באמצע האות, ואחת תלויה בין מעלה ובין מטה באמצע אחר גוף האות ושמה שורק, ואחת למטה מושכת ישרה ושמה קמץ. וציורה קו ישר מסוף האות עד ראשו ונקודה אחת תחת הקו באמצעיתו. ואחת למטה ושמה צרי, וציורה שני נקודים א' בסוף האות ואחת בראש האות מלמטה,

Se sabe que existen cinco tipos de vocales en cada idioma. Una se encuentra arriba, y su nombre es *Jolem* («o»), y su forma es un punto en la parte superior de la letra. Otra se encuentra abajo, y es llamada *Jirik* («i»), y su forma es un punto en la parte inferior de la letra. Existe otra que se encuentra entre la parte superior y la inferior, en la mitad del cuerpo de la letra. Ésta es llamada *Tsuruk* («u»). Otra se encuentra justo debajo, y es llamada *Kamatz* («a» larga), y su forma es una línea horizontal desde un extremo de la letra hacia el otro, y una línea vertical en medio. Otra letra es llamada *Tzeré* («e» larga), y su forma son dos puntos, uno al inicio de la letra y otro al final.

נמצא שכל ה' הברות הן למטה ולמעלה ובאמצע, אלא שהאחד התיחד להיות עליון לבד, והאמצעי התיחד להיות באמצע, וציור למטה נקוד אחד נקרא בשמו ונזכר בהברתו, והג' הנשארים היו למטה, ושאר הנקודים מאלו הורכבו, וזה העניין יושלם במקומו בחלק השמיני בסוד מבטא השם:

De este modo, las cinco vocales se encuentran abajo, arriba y en el medio. Sólo una se encuentra arriba y sólo una se encuentra en el medio. Y las tres restantes se encuentran en la parte inferior, y todas las vocales restantes están compuestas por éstas. Éste es un tema que será compuesto en el capítulo octavo, acerca del secreto de la pronunciación del Nombre.

ודע שהנשימות אשר לאף הן אלף ורמז זה אלף אלפין ישמשוניה [דניאל ז, י] והוא בגימ' אלף נשימות האף, והנה סודו [בראשית ב, ז] ויפח באפיו נשמת חיים, שרמז בו על גדרו של אדם, והוא על שני דרכים, וכן הם מונים חי מת, והו"א בגימ' ח"י, משכי"ל מ"ת,

Has de saber que las aspiraciones de la nariz son mil, y a esto se refiere «Miles de millares le servían» [Daniel 7:10], que en guematria significa «mil aspiraciones de la nariz» (אלף נשימות האף). Y su secreto es «E insuflando en sus narices aliento de vida» [Génesis 2:7], aludiendo así a la definición del hombre de dos maneras. Se trata de «vivo» y «muerto», que en guematria significa «los vivos conciben intelectualmente a los muertos» (חי משכיל מת).[286]

וכמו שאם תעביר הזכרת אלף מהאות, לא יהיה מציאות לאות הנחשב להזכ ה, אם כן תעדיר נשימות מהאיש לא יהיה מציאות לחיי.

Y es que cuando eliminas la pronunciación del א de cualquier otra letra que quieras pronunciar, es como si eliminases la respiración de una persona, acabando así con su vida.

---

286. Guematria 858.

וְדַע זֶה וְנִרְמַז מַה שֶּׁאָמַרְתִּי בְעִנְיַן הַנְּשִׁימָה שֶׁגַּם הִיא שְׁמָהּ נְשָׁמָה בְּסוֹף תְּהִלִּים [קנ, ה] כְּמַאֲמַר
כֹּל הַנְּשָׁמָה תְּהַלֵּל יָהּ הַלְלוּיָהּ שֶׁפֵּירְשׁוּ [דב"ר ב] בּוֹ בְּסוֹדוֹ כָּל נְשִׁימָה וּנְשִׁימָה שֶׁבָּךְ. וְעוֹד נְבָאֵר זֶה
יוֹתֵר מְבוֹאָר בְּסוֹד מִבְטָא הַשֵּׁם בְּעִנְיַן הַנְּשִׁימוֹת וּבְכַמּוּתָן וְאֵיכוּתָן, וּבְמַהוּת עַצְמוּתָן בע"ה:

Has de saber que todo lo que he dicho acerca de la respiración, *Neshimah*, es que también es llamada *Neshamah*[287]. A esto se hace referencia al final de los Salmos en el siguiente versículo: «¡Todo cuanto respira (*Neshamah*) alabe al Señor!» [Salmos 150:6], cuyo secreto es interpretado como «Alabadle con cada aliento en vuestro interior». Explicaremos en detalle el secreto de la pronunciación del Nombre en el apartado de las respiraciones, su cantidad y calidad, así como la misma esencia de su sustancia, con la ayuda del Eterno.

וְעַל הֱיוֹת א' רִאשׁוֹנָה בְּכָל עִנְיָינָהּ, ר"ל בְּמַעֲרֶכֶת אל"ף א בִּית"א שֶׁהִיא רִאשׁוֹנָה לְכָל הָאוֹתִיּוֹת,
וּבְמַעֲרֶכֶת מִסְפַּר הָאֲחָדִים שֶׁהִיא רֵאשִׁית לְכָל הַמִּסְפָּרִים,

Y a propósito de א, es la primera letra de todo lo que existe, como es el caso del alfabeto y los números y es la primera de todas las letras y en el conjunto de números simples, ya que es el comienzo de todos los números.

לְפִי הֱיוֹתָהּ סִימָן לַמִּסְפָּר הָרִאשׁוֹן, שֶׁמִצַּד אֶחָד הוּא מִסְפָּר וּמִצַּד אַחֵר אֵינוּ מִסְפָּר, וּלְפִיכָךְ
הָיְתָה אוֹת א' רְאוּיָה לִהְיוֹתָהּ שֵׁם לַשֵּׁם, כְּלוֹמַר לְהוֹרוֹת עָלָיו עִם הַדָּבָר הַנִּכְבָּד שֶׁבְּכָל הַנִּמְצָאִים
הַמִּינִיִּים וְהַסּוּגִיִּים, וְעוֹד נֵדַע שֶׁהָא' הִיא רֵאשִׁית לְד' מַעֲלוֹת הַמִּסְפָּר ה, שֶׁהֵם אֲחָדִים שֶׁרֹאשָׁם
א' בְּסִימָן רֶמֶז, וַעֲשָׂרוֹת שֶׁרֹאשָׁם יו"ד בְּסִימָן רֶמֶז, וּמֵאוֹת שֶׁרֹאשָׁם ק' בְּסִימָן רֶמֶז, וַאֲלָפִים
שֶׁרֹאשָׁם א' עוֹד בְּסִימָן רֶמֶז, וְהוּא חֲזָרָה חֲלִילָה

Al ser el signo del primer número, se trata de un número por un lado y un número por otro. Así es adecuado considerar a la letra א un Nombre del Nombre, haciendo referencia que él es lo más exaltado de todo ser y especie. También se sabe que א es el comienzo de los cuatro grados de los números, que son las unidades, comenzando por א, pasando por las decenas, comenzando por י, seguidas por las centenas, que comienzan por ק y los millares, que comienzan por א y una variante de este signo la marca; y esto indefinidamente.

---

287. נשימה, «respiración» y נשמה, «alma».

ועל כן נקרא האלף אחד, והנה בא להורות בזה שמי שהוא ראשית הוא בעצמו תכלית, והוא
מאמר הנביא שרמז בו על מה שאמר [ישעיה מז, ו] ה', אני ה' אני ראשון ואני אחרון,
ואשר בא לגלות הוא שהא' היא מאותיות השם, והיא הראשונה בשם העצם שהוא שם
אהי"ה,

Además, mil es llamado uno, lo cual demuestra que el principio
también es el final. Es como las palabras del profeta, que se refieren al
Eterno diciendo: «Yo, el Señor, soy el principio y el final» [Isaías 44:6]
lo cual viene a revelar que א se encuentra entre las letras del Nombre,
y que el principio del Nombre sustancial es el Nombre אהיה (*Ehie*).

והיא היא מאותיות השם, והיא ראשונה בשם העצם, שהוא שם יהו"ה, והיא אחרונה במד-
רגת האחדים, והיא ראשונה במדרגה העשרות, כל זה הורה על היותו יתברך ראשון ואחרון,
כלומר ראשית שאין לו ראשית ותכלית שאין לו תכלית, הוא ראשית לכל נמצא מאתו, והוא
תכלית לכולם, שכלם נבראו בעבור התגלות מעלתו לברואיו, ולפי זה העניין צוה ה' ליחד שמו
כל בכור, שהוא מורה על ראשית כח המציאות האנושי, כמו שנאמר [בראשית מט, ד] ראובן
בכורי אתה כחי וראשית אוני,

Y י se encuentra entre las letras del Nombre, siendo el inicio del
Nombre sustancial יהוה; encontrándose también en el final de las unidades y al principio de las decenas. Todo esto indica que él es el principio
y el final, significando que el principio no tiene principio y que el final
no tiene final. Él es el principio de todas las cosas, puesto que todo existe a través de él, y termina a través de él, puesto que todo fue creado
para que su existencia fuera revelada a sus creaciones. Éste es el motivo
por el cual él nos ordenó que consagráramos nuestro primogénito a su
Nombre, puesto que hace referencia al comienzo del poder de la existencia humana, tal y como se dijo: «Rubén, tú eres mi primogénito; mi
fuerza y las primicias de mi virilidad» [Génesis 49, 3].

וצוה עוד ליחד שמו עשירי, להורות על תכלית מה שאפשר להגיע בו מן המציאות לעדות
שהוא הכל, ומפני שמן א' עד י' שהם י' אותיות, וכולם מיוחסים אל הראשון שנקראו בשמם
הכללי אחדים על שם הראשון ששמו אחד, הוצרך להודיע בראש האחדים ובסוף האחדים,
שאין לפניהם ראש ואין אחריהם סוף אחדות, וששניהם צריכים להעיד על אחדות השם על פי
[ספר יצירה פ"א מ"ג] י' ספירות בלימה שהם אמתת האחדות,

Y él nos ordenó entregar el diezmo a su Nombre, para indicar la llegada del final de la existencia, así como para atestiguar que él lo es todo.
Y ya que desde א hasta י hay diez letras, todas ellas se atribuyen a la primera, motivo por el cual son llamadas unidades, y de modo que así se
conozca el inicio y el final de las unidades. Antes de la unidad no hay

unidad, y todo ello se refiere a la unidad del Eterno de acuerdo con las diez *Sefirot Belimah* [Sefer Yetzirah I-3] pero que también forman nueve numerales básicos, todas ellas verdad de la unidad.

ולא היה אפשר אם כן שיהיה שמו בלתי שתי אותיות אלו בשום פנים, והנה היו שניהם במס־פרם כוללים חצי האותיות, ועל כן היו אותיות נקראים עליהם בסימן עצמם,

De este modo, se entiende que es imposible que su Nombre se encontrase sin cualquiera de esas dos letras. Y el valor numérico de ambas es 11, conteniendo así la mitad de las letras del alfabeto. Además, las letras son llamadas por su propio signo.

שהנה בחלקך שתי אותיות לשני חלקים או״תיו״ת, ותשים א׳ לבדה ואחר כך ו״ת, ועוד יו״ד לבדה ואחר כך ו״ת ותהפך ו״ת אל ו״ת בשניהם הנה תמצא סודם ת״ו א׳ ת״ו י׳, כלומר סימן ראשון וסימן אחרון, שעניין ת״ו הוא סימן רמז, כמו [יחזקאל א] והתוית ת״ו,

Si divides el Nombre *Otiot*,[288] en dos, אות (*Ot*) y יות (*Iot*), se observa que hay una א al inicio seguida de ת׳ו. A continuación sigue י y luego ת׳ו. Invierte ת׳ו en ת׳יו descubrirás que su secreto es ת׳א, es decir, la primera y última letra, puesto que ת es una letra indicativa, ya que se dice «Señala con una ת» [Ezequiel 9, 4].

והרמז שם ת״ו יחיה יורה עליו תו של דיו, ת״ו תמות יורה עליו תו שלדם והסוד אותם שבת״ו בל״ב הורה עליהם ת״ו שלדם, ואותם שחי״ו בנפ״ש הורה עליהם ת״ו של דיו והבן זה מאד,

Esto se refiere a que con ת vivirás (תחייה, *Tijieh*), a través de una ת de tinta, y con una ת morirás (תמות, *Tamut*), a través de una ת de sangre. El secreto es que aquellos que se encuentren muertos en el corazón están marcados por una ת de sangre, y aquellos que viven por su *Nefesh* están marcados por una ת de tinta.

---

288. אותיות, en castellano «letras».

וסו״ד די״ו הו״א סו״ד יו״ד, וסו״ד ד״ם הו״א סו״ד יו״ד ה״א ו״ו ה״א, ופירושו גם הוא יוד
הוא, אלא שאלו המיתוהו בלבם וכסוהו עם דם הלב, אשר לא מלו הלב עד שהתגלה העטרה
הסובבת בו ועודנו ערל, ועברו על מצות ונמלתם את ערלת לבבכם, והפסיד הייעוד הטוב
שהוא וערפכם לא תקשו עוד בסוד הקשת,

El secreto de la tinta (דיו, *Dio*) es el secreto de la letra (יו׳ד) י, *Iod*;[289] y
el secreto de la sangre (ד׳ם, *Dam*) es יו׳ד ה׳א ו׳ו ה׳א[290], que también significa ה׳א יו׳ד ה׳א.[291] Los muertos en el corazón y cubiertos con la sangre del
corazón son aquellos que no circuncidaron su corazón; de este modo la
corona a su alrededor se haya revelada pero incircuncisa. De este modo
transgredieron el precepto de «Circuncidad, pues, el prepucio de vuestro corazón»,[292] perdiendo así la buena fortuna, «endureciendo vuestra
cerviz»,[293] en el secreto del arco iris.[294]

שהוא הסיבה הקרובה הפועלת למציאות האדם, והוא מצד השני הרחוקה מצד החומ ר, לפיכך
התחייבו מיתה אשר הם המיתו בקרבם מי שהיה סבת מציאותם, ואילו החיוהו בנפשם מי
שהסירו מלבם ערלתו, וגלו את ערלתו בכח מילתו ומלוהו, ושפכו את דמיו, עד שיכירו מהותו
ומצאוהו מת בטבעו והחיו מה שכנגדו, החליפו מת בחי וזולתם המירו חי במת,

Ésta es la causa inmediata que afecta a la existencia del hombre,
aunque por otro lado, en relación a la materia, esto es algo remoto. Además, son sentenciados a muerte porque acabaron con la causa de su
misma existencia. Esto ocurrió mientras otros animaron su *nefesh*, cir-
cuncidando el prepucio de su corazón, descubriendo su prepucio por el
poder de la circuncisión de la palabra, derramando su sangre hasta reconocer su esencia y encontrarla muerta en la naturaleza. De este modo
lograron animar a lo opuesto y cambiaron lo muerto por lo vivo, mientras que otros cambiaron lo vivo por lo muerto.

---

289. Se trata de las mismas letras invertidas.

290. Una pronunciación de las letras del Tetragrama cuya guematria es 44 como la
de *Dam*, sangre.

291. Él es י, Él es ה, expresión cuya guematria es 26, como la guematria Raguil del
Tetragrama. Los cabalistas relacionaban a *Sod*, «secreto» con *Dio veDam*, «tinta y sangre» pues la guematria de ambas expresiones es la misma: 70

292. *Véase* Deuteronomio 10:16.

293. *Véase* Deuteronomio 10:16.

294. Juego de palabras entre תקשו, «endureciendo» y הקשת, «el arco iris». La guematria de esta palabra es 605 y la de la anterior 606, por lo que se consideran
equivalentes.

ומפני היות כל דם ראשית חומר האדם, היה שם כולל השם המפורש מורכב במבטא, ונאמר
עוד כי ת"ו א', גם ת"ו יו"ד, מספר ת"ו עולה את ה"ה, ובאילו הם ב' עדים על השם שהם מעי־
דים עליו ואומרים לו אתה א' אתה י', כלומר אתה ראשון ואת אחרון, והנה אתה בלשון לעז
ות"ו שניהם שוים ג"כ במספר.

Y debido a que toda sangre es la primera materia del Hombre, su
nombre contiene el Nombre explícito incluyendo su pronunciación. Y
comentaremos más detalladamente en relación a ת"ו יו"ד, puesto que la
guematria de ת"ו es Atah[295] como si fueran dos testigos ante el Eterno,
testificando ante Él y diciéndole: «Tú eres א, Tú eres י», es decir, tú eres
el principio y el final. Y «tú» en una lengua extranjera es ת"ו,[296] siendo
ambos iguales en número.

ואחד שהיו אלו ב' האותיות מורים על השם, והם ראש וסוף ליחוד, הוכרחו להשתתף אליהם
עוד ב' אחרים אמצעיים, כי מפני שהם זוג, אי אפשר להמצא אות אחד לבד אמצעי בעיניהם
כי אם ב', ועל כן היו האמצעים ראוים להיותם שם לשם, והם הו"ת, ונקרא חשבונם חשבון
עגול ונקרא חשבון א' שרש ראשון לכל חשבון. וחשבון י' חשבון שלם:

Y ya que estas dos letras hacen referencia al Eterno, siendo el principio y el final de la unificación, dos letras intermediarias deben combinarse necesariamente con ellas, ya que al ser una pareja, una letra no
puede ser la intermediaria de ambas. De este modo, las letras intermediarias son dignas de ser parte del Nombre del Eterno. Dichas letras
son ו"ת, y su número es llamado «un número redondo». Mientras que el
número de א es llamado» «la primera raíz de cada número»; y el número
de י es llamado «un número completo».

וידעתי שתשאלני ותאמר אחר שהדבר כן, מפני מה לא היה שם אהו"י מורה שהוא שם
המיוחד, דע שכן היה ראוי אבל מפני שהשם רצה להעלים שמו, כדי לבחון בו לבות המשכי־
לים ולצרוף ולברר וללבן בו כח שכלם,

Sé que me vas a preguntar, «en ese caso, ¿por qué el Nombre *Ehevi*
(אהו"י) no indica el Nombre Único? Has de saber que así debería haber
sido, pero debido a que el Eterno deseó ocultar su Nombre, para probar
así el corazón de los sabios, purificando, filtrando y blanqueando el poder de su intelecto.

---

295. אתה, en castellano «tú». La guematria de esta palabra es 406, como la de la letra *Tav*.

296. Cuya guematria es 406.

היה הכרח לכסותו ולהסתירו ולהעלימו, והורכב על זה מאותיות ההעלמה, ולא היה נעלם תכלית העלם אפילו המשכילים בעיינם, אליו לא היו יכולים להשיג ממנו שום דב ה, והיא השם נמצא אצלם על דרך מקובל לא על דרך מושכל,

De este modo era necesario cubrirlo, ocultarlo y alejarlo. Fue compuesto con las letras de la ocultación, pero tampoco fue ocultado totalmente, puesto que entonces ni siquiera los *Maskilim* en su contemplación habrían sido capaces de comprenderlo. El Eterno habría estado con ellos sólo a través de la tradición, y no a través de la comprensión intelectual.

אבל היה הכרח שיהיה משותף בין שתי קצוות כדי להשלים בו שני מיני בני אדם, שנאמר [תהלים לו, ז] עליהם אדם ובהמה תושיע השם, והם שכלים וסכלים אלה בכח עיונם בשם, ואלה בקבלם עליהם שהוא נמצא,

Así es como fue necesario combinar los dos extremos, para perfeccionar a dos tipos de personas, puesto que se dice: «¡A hombres y bestias salvas, oh Señor!» [Salmos 36, 7]. Se trata de los sabios[297] y de los necios,[298] los primeros poseen el poder de la contemplación del Eterno, y los últimos aceptan su existencia.

והכסילים נאסרה עליהם הזכרתו והם לא יזכירו עוד בשמם, והשכילים הותרה להם הזכרתו שמחו מאד בדעתם דרכיה, כמו שאמר הנביא היו דעו באמת לשמך ולהזכירך תאות נפש,

El ignorante tiene prohibido pronunciarlo. No lo pronunciarán mientras que a los sabios se les permite hacerlo. De este modo se regocijarán enormemente en su conocimiento, tal y como el profeta que supo la verdad y dijo: «El anhelo del alma tiende a tu Nombre y a tu memoria».[299]

וכן צועקים הנביאים על זכרו כמו שנאמר המזכירים את השם אל דומי לכם, ועד ואל תתנו דמי לו עד יכונן ועד, ישים את ירושלם תהלה בארץ, וכבר אמר עליהם יומם ולילה לא יחשו, כלומר לא ישתקו מלהזכירו, ואחר שהדבר כן הנה היתה שם סיבה להעלימו וסיבה לגלותו,

Y los profetas gritaron, pues se dice: «Sobre tus murallas, Jerusalén, he apostado vigías; ni en todo el día ni en toda la noche han de callar» [Isaías 62, 6], lo que significa que no callarán. Debido a esto, hay una razón para ocultar el Nombre y una razón para revelarlo.

---

297. En hebreo *Sejelim,* iniciado con la letra *Shin.*

298. En hebreo *Sajalim,* iniciado con la letra *Samej.*

299. *Véase* Isaías 26:8.

ואלו היה אהו"י שם קבוע והיה צורך להודיע, שאלה הד' הם האותיות המשמשות עם כל
נקוד, היו הכסילים תמיהים ואומרים שזה לא יתכן שיהיה השם מורה על אותיותיו שהם שמ־
שים לזולתם, שלא היו מכירים מעלת זה העניין האמתי העליון, על כן הצרך לגלות זה בצורות
אחרות בלתי מובנות לפתאים ומבנות לחכמים:

Si el Nombre *Ehevi* (אהו'י) fuera un Nombre, un Nombre permanente, se hubiera sabido que estas cuatro letras son usadas como vocales y
entonces el ignorante hubiera dicho que es imposible que el Eterno sea
indicado por letras que sirven a otros, y no habrían reconocido entonces la excelencia suprema del Nombre. Por lo tanto, se tuvo que revelar
mediante otras formas que no fueran entendidas por los ingenuos, pero
comprendidas por los sabios.

ועוד טעם שני מעולה מן הראשון והוא שה' האמתי לא יובן סודו בלתי גלגול, שהוא יורה שכל
גלגול מאמתת מציאותו התחייב, וגם לא יודע מבלתי נוקודו הראוי לו, שבנקודו יכיר אדם סוד
כל התנועות, ושהוא סבת כל תנועה סבובית או ישרה, וצריך שתמצא בו תנועה סבובית בה־
כרח להורות על התחייב התנועה סבובית ממנו, וגם צריך שתמצא לו התנועה הישרה כמו כן
להורות על שממנו התחייבה גם היא:

Y otra razón, superior a la primera, es que el secreto del Nombre verdadero no puede ser entendido sin un *Guilgul*,[300] lo cual indica que cada
Guilgul necesita de la verdad de su existencia. Y además, no se puede
conocer sin las vocales adecuadas, puesto que a través de sus vocales
el hombre puede conocer el secreto de todos los movimientos, y que él
es la causa de todo movimiento, ya sea circular o lineal. El movimiento
circular tiene que existir para indicar que el movimiento circular necesita de su existencia. Y el movimiento lineal también debe existir para
indicar que necesita de su existencia.

והנה לא תהיה הזכרתו שלימה בלתי נגוני הנשימות הידועות לו, שהם יורו על כחותיו, ועל
התחייב ממנו כל כח כללי או פרטי שבמציאות, כי זאת ההשגה בכללה היא הנקראת על פי
הקבלה האלהית המושכלת ידיעת השם באמת,

Sin embargo su pronunciación no estará completa sin la melodía de
la respiración conocida por él, la cual indica sus poderes y que todo poder general o particular necesita de su existencia. Porque en general,

---

300. Esta palabra, de muy difícil traducción, se refiere a algo que da vueltas. Por
   eso se la traduce en el hebreo moderno por «rueda» e incluso «revolución».
   Se aplica también a la reencarnación. Esta expresión podría entenderse como
   «darle la vuelta».

dicha concepción es llamada de acuerdo a la cábala intelectual divina, el conocimiento del Nombre en verdad.

ואם כן לא היה מורה בשם בעצמו זה כולו היאך היה מורה עליו בשלמות האחרונה, ועל כן בא השם הנקרא שם העצם בכל התורה כלה, בענין מורה על גלגל חוזר חלילה תמיד, וזה סודו יהוה והמשכל יבין. ובא עוד במקום אחד מיוחד בצורה שנית מגולגלת והיא זו, אהיה:

Así, si el Nombre no hubiera indicado todo esto en su esencia, ¿cómo podría hacer referencia a Él en su perfección final? Además, el Nombre que es llamado «Nombre sustancial» aparece a través de toda la Torah como una cualidad que indica que es un *Galgal*. Éste es el secreto: ¡*Iod* es![301] ¡Deja que el sabio lo entienda! Y en un lugar particular, también aparece como otro *Galgal*, que es «¡*Alef* fue!». [302]

והחכם יכיר שהנה זו הצורה השניה לא באה כי אם ג' פעמים בכל התורה בשם ראוי להיותר בלתי נמחק, גם לא בא בנביאים ולא בכתובים בגזרת שם השם אפילו פעם אחת. ואמנם המקום שבא בו בתורה ג"כ לא בא אלא להורות על היותו סבת הגאולה הכללית, והרמז ה' אלפים וי' פעמים ה' והבן זה:

El sabio reconocerá que esta segunda forma sólo aparece tres veces en toda la Torah, en la forma de un Nombre que no debe ser borrado. Y nunca aparece en los libros de los Profetas ni en los Escritos, por orden del Eterno. Ni una sola vez. De hecho, el lugar donde aparece en la Torah hace referencia a que Él es la causa de toda redención. Y la alusión es ה letras *Alef* y 10 veces ה. ¡Entiéndelo![303]

והוא מה שהורה עליו השם הראשון כ"ב דרכים, האחד י' פעמים ה', וה' אלפים שהם ה' לבד שהאלפים אחדים הם, והשני יציאה מן השם וביאה אל ו' בזמן ה' פעמים י', וכן השם השני בעצמו דרכו השני בהפוך כזה ה' פעמים ה' אחר עבור ה' פעמים א', ולפי זו הדרך יהיה שם העצם אשר ראשו א' והוא הכ"ל ורמזו ה"ן לה' אלהי הכל שלו, והראשון אשר ראשו י' הוא הכ"ל מצד חבור כל האחדים עדיו, והוא כלל מצד ה' פעמים ו' שהם א"ל, ומצד ה' פעמים י' שהם כ"ל, וישר והפוך יעלה סודו כלל לכ"ל, והוא סוד עץ חיים אשר העלם מבטאו דיי"ן.

En esencia se trata de lo mismo indicado de dos formas distintas. La primera es י veces ה y ה veces א, la cual es ה a secas, puesto que א es

---

301. הו'ה י', pronunciando YHVH.

302. הי'ה א', pronunciando *Ehieh*.

303. O sea 5 x 1 = 5 sumado a 10 x 5 = 50, lo cual da 55. Se trata del número secreto o triangular del 10. Se trata de la guematria de *haKol*, «todo», como veremos en el párrafo siguiente.

1. La segunda es la aparición de ה y su entrada en ו durante ה veces י. Así el segundo Nombre es su esencia. Su segunda forma es invertida de la siguiente manera: ה veces uno en ה veces א. Y de acuerdo con esta forma, el Nombre sustancial cuya raíz es א lo será todo (הכ'ל). A esto se refiere «YHVH, nuestro Dios» [Deuteronomio 10, 14]. Él es todo. Pues la primera letra, cuya raíz es י significa «todo» (הכ'ל), tras la suma de todas las unidades. Y es «en general» (כלל) la suma de ה veces ו', lo cual es ל (30). Y en la suma de ה veces י se obtiene «todo» (כל, *Kol* = 50).[304] Así, de forma directa e invertida, el secreto se convierte en «regla general» (כלל), equiparándose a «todo» (לכ"ל). Ése es el secreto al *Etz Ha-Hayyim*,[305] cuya pronunciación oculta es *Dayan*.[306]

וסודו זה בא"ת ב"ש ודעהו, וקום משחהו כי זה הוא, וכל עץ יש לו עלי"ך ובם יעלי"ם פירותיו, וכשתשלשהו לשם בן י"ב יהיה סודו כל"ל לכ"ל כל"ל, וכן ה' יתברך שמו ויתברך זכרו לעד, ורמז המספר ד"ם וסודו רו"ח יהו"ה:

Y su secreto es *Atbash*.[307] ¡Conócelo! Toma nota y apúntalo, puesto que *Zeh* es *Etz* en *Atbash*. Cada árbol tiene hojas en las que se encuentran ocultos sus frutos. Y cuando los triplicas, se convierten en el Nombre de doce letras.[308] Y su secreto se convierte así en una regla para toda regla (כל'ל לכ'ל). El Eterno, bendito sea su Nombre y Su mención para toda la eternidad, y la mitad del número es 240.[309] Su secreto es *Ruaj YHVH*.[310]

---

304. O sea 5 x 6 = 30 sumado a 10 x 5 = 50, lo cual da 80, la guematria de *Klal*, «general», «total», «común».

305. עץ החיים. En castellano «Árbol de la Vida». La guematria de esta palabra es 233.

306. דיי'ן, en castellano «juez».

307. *Véase* nota 160.

308. Se trata del Nombre que según Abulafia el sumo sacerdote mencionaba diez veces en el día de Iom Kippur y que correspondía a los diez días de arrepentimiento y a las diez *sefirot*.

309. ר'ם, en castellano «exaltado», «elevado».

310. רוח יהוה, «el Espíritu de YHVH», guematria 240. Si sumamos la guematria de «Árbol de vida», que es 233 a la de *Ze*, «éste», que es 17, obtenemos 240.

והנה זה הוא עץ חיי"ם כפול ד"ם ותמצא רו"ח מרו"ח הוא, והינו נפש אדם הכוללת כל נפש,
והנה הורו ה"ו בהתהפכם בשם שהם גלגל מתהפך פנים ואחור, והרמז [תהלים קלט, ה]
אחור וקדם צרתני,

Y así *Zeh* (זה) es el Árbol de la Vida.[311] Duplica *Dam*[312] y encontrarás
que es igual a *Ruaj meRuaj*,[313] se trata del alma de Adam, que contiene
toda alma. De este modo *Ruaj* indica a través de su inversión del Nombre que se encuentra en una esfera que se mueve hacia adelante y atrás.
Pues se dice «Por detrás y por delante me constriñes» [Salmos 139:5].

ואמנם הנה באו בשם הראשון פנים ואחור והיה ו' בנתים מכריע הגלגול של י' ספירות ה'
כנגד ה', וענין ו' שהוא בנתים יורה על קיום דבר תמידי נצחי עומד, כענין עמוד שעליו הבית
נשען, והוא בדמות [בראשית כח, יב] סלם מוצב ארצה וראשו מגיע השמימה ויהיו מלאכי
אלהים עולים ויורדים,

De hecho se encuentran detrás y delante, y ו se encuentra entre
ellos, decidiendo el movimiento de las 10 *Sefirot*, 5 frente a las otras 5.
El hecho de que ו se encuentre entre ellas indica la existencia de algo
perpetuo, eterno y persistente, como un pilar sobre el que descansa la
casa. Es la imagen de una escalera apoyada en el suelo, con su cabeza
alcanzando los cielos. Y los ángeles de Dios ascienden y descienden
por ella.[314]

מתנועעים סביבו תנועה ישרה בצורה ו' שעמידתה ישרה עומדת בקומה זקופה, ואם כן יורה
זה השם שהשם מעמיד העולם, אשר התנועות בו ישרות עולות ויורדות בכח זה השם שסודו
י' ספירות, שהם נחלקות לב' חלקים שוים שהם הו"ה, ויורה השני שהוא א' הי"ה אשר הוא
המכריע בנתים הוא י',

Moviéndose por ella en línea recta, tal y como indica la forma de ו,
cuya posición es recta y se mantiene erecta. Así es como el Eterno fun-
da el mundo, mediante el movimiento recto, ascendente y descendente,
por el poder de este Nombre cuyo secreto son las 10 *Sefirot* divididas
en dos partes iguales, que son א' הי"ה, siendo el elemento decisivo entre
ambas partes la letra י.

---

311. עץ החיים, en castellano «Árbol de la Vida», guematria 233. La guematria *Atbash*
de *Ze* es 160, coincidiendo con la guematria de *Etz*.

312. En castellano «sangre», su valor numérico es 44. Multiplicado 4 por 40 obtenemos 160, la guematria de *Etz*, «árbol».

313. רוח מרוח הוא, en castellano es «espíritu del espíritu». Su guematria es 480.

314. *Véase* Génesis 28:12.

וצורתו עגולה שמורה על תנועה סבובית סביבה, שה' מעמיד עולם התנועה הסבובית, שהוא
עולם הגלגלים בכח זה השם, שהוא כולו ספירה אחת ראשונה ושמה רוח אלהים חיים. והיא
רוח הקדש, ועל כן נאמר [יחזקאל א] כי רוח החיה באופנים,

Y su forma es redonda, lo cual indica el movimiento circular a su alrededor, puesto que el Eterno ha fundado el mundo a través del movimiento circular, y es el mundo de las esferas, a través del poder de este
Nombre, presente en la primera *Sefirah*, y cuyo Nombre es «espíritu de
Dios vivo» (רוח אלהים חיים). Éste es el espíritu de santidad (רוח הקודש, *Ruaj
haKoddesh*), pues se dice: «El espíritu está en las ruedas/esferas (אופנים,
Ofanim)» [Ezequiel 1:20].

וכבר נאמר [שם א, יב] במרכבה אל אשר יהיה שמה הרוח ללכת ילכו לא יסבו בלכתן, וסוד
יהיה עם שמה הרוח יגלה לך סוד רוח השם הנכבד, והנה היה השם גם כן בן ב' אותיות. והוא
זה י"ה, וכשתהפכהו או תכפלהו תמצא סודו שהוא י"ה י"ה, עתה חבר כל ג' גלגולי השמות
בג' ותמצאהו גלג"ל, והיו הרוחנים א' עם יו"ד, שים א' עם ג"ל בכלל ויעלה ד"ל, ושים יו"ד
עם ג"ל עוד ויעלה מ"ג, חבר שניהם ותמצא מגד"ל, והרמז [משלי יח, י] מגדל עז שם השם
בו ירוץ צדיק ונשגב,

Ya se dijo al hablar del Carro «Hacia donde el Espíritu vaya (יהיה, *Ihieh*)
marcharán, sin volverse al marchar» [Ezequiel 1:12]. Y el secreto de *Ihieh*
se encuentra con el secreto de allá donde se encuentre el espíritu, el cual
te revelará el secreto del espíritu del Eterno, Nombre que también está
compuesto por dos letras, que son י"ה (YH). Y cuando las inviertes o duplicas, encontrarás que su secreto es י"ה י"ה (YH YH). Después combina
los tres movimientos de los tres Nombres y descubrirás que el primero es
Hove,[315] que el segundo es *Hayah*,[316] y que el tercero es *Ihieh*.[317] Suma sus
números y obtendrás *Galgal*.[318] Los seres espirituales son א con י. Suma א,
cuyo valor es 1, junto con *Gal*,[319] y se convierte en *Dal*[320]. Ve más allá sumando י cuyo valor es 10, con *Gal* y se convertirá en *Mig*.[321] Suma ambos

---

315. הוה, en castellano «es». Su guematria es 16.

316. היה, en castellano «fue». Su guematria es 20.

317. יהיה, en castellano «será». Su guematria es 30.

318. גלגל, en castellano, rueda. Su guematria es 66. Si sumamos la guematria de
Hove, *Haiah* e *Ihieh* obtenemos este número.

319. גל, en castellano «palanca», «gozne». Su guematria es 33.

320. דל, en castellano «pobre» o también «puerta». Su guematria es 34.

321. מג, su gueamatria es 43.

y obtendrás *Migdal.* [322]Pues se dice: «Torre fuerte es el Nombre del Señor: a ella se acorre el justo y está seguro» [Proverbios 18:10].

והנה ע״ז שוה במספרו עם מגד״ל, חברם יחד ותמצאם קנ״ה, וסודו קדי״ם, והרמז יבוא קדים, והנה יהוה אלהינו יהוה אחד שלשת השמות עולם מגד״ל ע״ז שהם קנ״ה, והסוד נק״ה,

Y el otro es igual en número a *Migdal.* Súmalos y obtendrás 154 (קנ״ד). Y su secreto es el *Kadim.*[323] Pues se dice: «El Espíritu del Señor viene desde Oriente» [Oseas 13, 15]. «El Señor es nuestro Dios, el Señor es Uno» [Deuteronomio 6, 4], los tres Nombres ascienden hasta 154, convirtiéndose en una torre de valor.

ושם סוד הנזכרים למעלה בג׳ שמות [הי״ה הו״ה ויהי״ה] מיוחדים שהם עקר שם בן י״ב, ועלו אותיות השם ועם א״י עלו י״ב ואלה י״ה, אבל יורו על גלגול השם השלם פנים ואחור, והשם שהוא תאר והוא אלהינו מכריע בנתים. והכל אחד כדמות אהי״ה אשר אהי״ה [שמות ג, יד], שהיה אשר מלה מכרעת בנתים,

Y este secreto es semejante a los *nikud,*[324] cuyo valor es 154. Ahí es donde se encuentra el mencionado secreto de los tres Nombres unificados: «es», «fue» y «será», centro del Nombre de 12 letras, aunque en realidad son 11 letras y junto con א forman 12. Y con éstos forman 14, indicando el movimiento completo del Nombre completo adelante y atrás. Y el Nombre que es una descripción de nuestro Dios es lo que decide entre ellos. Y todo es uno, a imagen de *Eheye Asher Eheye* (אהיה אשר אהיה, Yo soy el que soy),[325] siendo la palabra *Asher* la que decide entre ellas.

וב׳ השמות הם דבר אחר התאר והמתואר, והמכריע גם כן שם למי שיכיר סודו, ואם תכיר ג׳ אלפין מהן ותכלול כל אחד יעלה כ״ב ש״ה,

Y los dos Nombres son una cosa: la descripción y lo descrito. Y el elemento que decide también es un Nombre para cualquiera que reconoce su secreto. Y si reconoces los tres א indicados antes, combina cada uno de ellos y añádelos a 22 *Sar.*[326]

---

322. מגדל, en castellano «torre», su guematria es 77.

323. קדים, en castellano «oriente». Su guematria es 154, o sea 77 multiplicado por 2.

324. נקד, nombre de los puntos vocálicos. Su guematria es 154.

325. *Véase* Éxodo 3:14.

326. שר, en castellano «príncipe». Su guematria es 500.

וסימניך שכרך הרבה מאז, וסוד אש"ר נ"ר מאי" ה, והסוד כמו באורך נראה אור, והכל בם
נ"ר מאי" ה, והמספר דרך השם בארץ והוא נ"ר באר"ץ, והרמז [משלי כ, כז] נר יהוה נשמת
אדם שמספרם השגחת נשמה, שהיא בעצמה השגחת השמים,

Y las señales son muchas y el secreto de *Ner Asher* es *Ner Meir*.[327] Pues el secreto es que «Por tu luz vemos» [Salmos 36, 10]. Y todo en su interior es una vela que brilla, y su número es igual al camino de YHVH en la tierra. Pues se dice: «Antorcha del Eterno es el Espíritu del Hombre» [Proverbios 20, 27], cuyo número es *Hashgajah*[328] del Espíritu, semejante a la Providencia de los Cielos.

והסוד כמו שנמצאת השגחת השם בכוכב כן נמצאת השגחת השם במח:

El secreto es que al igual que existe la Providencia del Eterno en la estrella,[329] también existe la Providencia del Eterno en el cerebro.

ויתגלה לך סודו מסוד וכל שהוא י"ו משולש שיורה על זו"ג משולש, והוא מה שגיליתי לך
בסוד האד"ם המתגלגלים שהם ו' פעמים הא שהוא א"ל, ועוד המכריעים הם י"ו, הנה תרבעם
זה על זה ותמצא שהם כל"י, חבר אליהם ל' היו כלל"י,

El secreto de los secretos del jubileo te será revelado, siendo este triple י,[330] siendo así una triple pareja (זו'ג).[331] Esto que te he revelado es el secreto del hombre (האד"ם), que es 6 (ו)[332] veces 5 (ה'א), convirtiéndose en 30 (ל), junto con los que deciden, que son 2. Multiplica uno por el otro y descubrirás que son un «recipiente» (כל'י, cuyo valor es 60).[333] Suma 30 y se convierte en «lo general» (כללי).[334]

---

327. נר מאיר, en castellano «vela brillante». Su guematria es 701 y se puede asociar a Shabbat, guematria 702.

328. השגחה, en castellano «providencia».

329. La guematria de *Kokav*, «estrella», es la misma que la de *Moaj*, «cerebro», 48.

330. Su guematria es 16, y si es triple, multiplicando este número por tres, de nuevo obtenemos 48.

331. *Zug*, en castellano «pareja», su guematria es 16.

332. Porque fue creado el sexto día.

333. 30 multiplicado por 2 = 60.

334. כללי, en castellano «general». Su guematria es 90, o sea 30 sumado a 60.

וסודו מלך, ורמזו ה' מלך, וידוע שמציאות הא' נזכר הוא כעניין הנה, כמו [בראשית מז, נג]
הא לכם זרע, ויהיה סוד אהי"ה ה"א י"ה בעניין הנה השם, כלומר הנה הוא נמצא, כמי שאומר
הנה המלך כחדו ממנו, כי עתה יבקש מכם מה שאתם חייבים לו, והנה הלב והנפש והמאר
ומה שנמשך אחריהם, והנה הא הפוך הוא חיצי אהבה, והנה עקר כל אוהב וכל אהוב,

Y su secreto es igual a *Melej*[335] «rey» (מלך), pues se dice, «YHVH es rey» (יהו'ה מלך). Se sabe que en realidad א funciona como «ahí» (הנה),[336] como en «Ahí (ה'א) tenéis semilla» [Génesis 47:23]. Así el secreto de *Eheye* (אהיה) se convierte en «He aquí YHVH» (הנה יהו'ה), pues «Aquí está Él», tal y como alguien dice «Ahí está el rey, témele, puesto que va a decirte que le perteneces». Eso es justamente el corazón, el espíritu, la luz y lo que procede de ellos. Y he aquí que א roto es la mitad del amor, siendo la esencia de cada amante y cada amado.

ושלשתם כוללים כח אחד שהוא כח אהב"ה, וסוד בה' או והכל יהו"ה י"ה, שים על אהבה
עולם ותמצא העול"ם הב"א, שהוא עול"ם אח"ד קטן, והנה עולם אהבה בלא ספק, ועל זה
רמזו על י"ה אש"ר הו"א מל"א אלהי"ם, והוא בעצמו יו"ד ה' שהוא יהו"ה, והוא רמז כ"ו כ"ף
ו"ו, כי יהו"ה הוא האלהים, והוא הכולל מלאך האלהים, והוא אדני יהוה שהוא אדני אלהים,
להורות בם סוד העולם, שהוא כלי האלהים. חשוב אלהי האלהים ותמצא אל"ף ויו"ד כלומר
ראשון ואחרון,

Y los tres contienen el «poder de uno»,[337] que es el «poder del amor»[338] y su secreto es en ה o en הבל está YHVH. Y todos juntos son iguales a YHVH YH (יהוה יה). Pon el «mundo»[339] sobre el «amor» y descubrirás «el mundo venidero» (העול'ם הב'א), porque es un mundo pequeño.[340] Es un mundo de amor.[341] Y por esta razón se dice que YH está lleno de Elohim; y que él mismo es YH que es YHVH. Y a esto aluden 26[342] y 112[343] «Pues YHVH es Elohim»[344] e incluye al ángel de Elohim. YHVH

---

335. מלך, en castellano «rey», su guematria es 90.

336. הנה, *Hiné*, en castellano «allí», su guematria es 60.

337. כח אחד, en castellano «poder del Uno», su guematria es 41.

338. כח אהבה, en castellano «poder del amor», su guematria es 41.

339. עולם, en castellano «Mundo», su guematria es 146. Si le añadimos 13, la guematria de אהבה, «amor», obtenemos 159 que es la guematria de העולם הבא, «el mundo venidero».

340. En hebreo *Katán*, קטן, la guematria de esta palabra es 159.

341. עולם אהבה, *Olam Ahavah,* «mundo de amor», expresión cuya guematria es 159.

342. כ"ו, la guematria deIHWH, el Tetragrama.

343. כ"ף ו"ו, la suma de la guematria de estas dos letras es 112, o sea la guematria de Elohim, 86, añadida a la del Tetragrama, 26.

344. *Véase* Deuteronomio 4:39.

Adonai, es Adonai Elohim para indicar el secreto del mundo junto a él, pues se trata del «recipiente de Elohim» (כל'י אלהי'ם) Calcula «Dios de dioses» (אלה'י האלהי'ם),[345] que es igual a *Alef* y *Iod*, lo cual indica el primero y el último.

וחשוב עוד אדני האדנים, ותמצא המעי"ן הכולל מדה כנגד מדה, חברם ותמצא שיו"ב, ודע שהוא לרמז לרמז שש"ת ימ'י בראשית, ויוצא מכלל שם בן י"ב מצורף שלם שסוד חציו אין'ו גו'ף, וסוד חציו הנשאר ולא כח בגוף, והגלגול שמי שית בראשית והסוד שמי נסתר. ברא נסתר. שמי שני יצרים ברא שני יצרים שמי המיוחד והמפורש.

Pero ve más allá calculando *Adoni haAdonim*[346] y descubrirás que es igual a *haMaian*,[347] que contiene cada medida. Suma todos y obtendrás 312 (שי'ב). Has de saber que esto hace referencia a los seis días de la Creación. Procede del Nombre de 12 letras en *Tzeruf* y está completo, pues el secreto de su mitad es «Él no tiene cuerpo»;[348] y el secreto de su mitad restante es «Y no es la potencia de un cuerpo».[349] Siendo su rotación «Mi Nombre es *Shit*»,[350] pues el valor de *Shit* es 710, como en *Bereshit*. Y el secreto es *Shemi Nistar*.[351] Creó y se ocultó. «Mi Nombre es dos impulsos, creó dos impulsos; así es Mi Nombre Único y Revelado, el *Shem haMeforash*.

ואם תוכל להבין הדרך המופלאה מדיעת השם תדע את השם, חבר שי"ת עם שי"ת ותמצא גלגל השכל את"ך,[352] ורמז [ירמיה טו, כ] כי אתך אני להצילך נאם ה',

Y si puedes entender este maravilloso camino de conocimiento del Nombre, conocerás el Nombre. Combina *Shit* con *Shit* y descubrirás que la esfera del intelecto se encuentra junto a ti. Pues se dice: «Porque contigo estoy Yo para librarte, oráculo de YHVH» [Jeremías 1:8].

---

345. La guematria de esta expresión es 137.

346. אדני האדנ'ם, en castellano «el señor de los señores». Su guematria es 175. Si le añadimos 137, la guematria de *Adoni haAdonim*, obtenemos 312.

347. המעין, en castellano «la fuente». Su guematria es 175.

348. אינו גוף, en castellano «él no tiene cuerpo», su guematria es 156, o sea la mitad de 312.

349. ולא כח בגוף, en castellano «y no es la potencia de un cuerpo».

350. שית, en castellano «base», «fundamento». Su guematria es 710.

351. שמי נסתר, en castellano «mi Nombre está oculto».

352. את'ך, en castellano «junto a ti». Abulafia concede el valor 1000 a la *Alef* y lo suma 400 por la *Tav* y 20 por la *Jaf*, con lo cual llega a 1420, que es el doble de 710.

וחבר שמי שסודו שכ"ל עם בר"א שסודו אב"ר והוא רב"א, ותמצאהו בכ"ל רא"ש והוא
רא"ש בכ"ל, ואם תמצאהו בצורה תמצאהו בחומ ה, וכשתמצאהו בחומר תמצאהו בצורה
בסוד נר באש, וכלל הסוד ב' יצרים בחומר ב' יצרים בצורה:

Y combina *Shemi*,[353] cuyo secreto es igual a *Sejel*[354] que «creó»,[355] cuyo
secreto en *Tzeruf* es *Eber*, y que a su vez en *Tzeruf* es *Rabbah*. Así descubrirás que «mi Nombre + creó» es igual a *beKol Rosh*.[356] Esto es igual a
Rosh beKol.[357] Y si encuentras la forma, encontrarás la materia. Y cuando
encuentres la materia, encontrarás la forma en el secreto de la «vela en
el fuego».[358] El secreto total son dos impulsos en la materia y dos impulsos en la forma.

והרי התגלה לך סוד ששת ימי בראשית, והוא סוד [יחזקאל א, י] שש כנפים, בשתים יכסה
פנים ובשתים יכסה רגליו ובשתים יעופף, שהם הפנים שהם בראש והרגלים שהם למטה.
והכנפים אשר ידי אדם תחתיהם שהם באמצע פנים ב', ולהם ז' שערים ידים שתים ולהם י'
ספירות כנגד י' אצבעות הידים רגלים ב', ולהם ג"כ י' ספירות כנגד י' אצבעות הרגלים, ומהם
התחייבו כ"ז מיני אדם וכ"ז אותיות:

Así, el secreto de los seis días de la Creación te será revelado, y éste
es el secreto de las «Seis Alas cada uno; con dos cubriánse el rostro, con
dos cubriánse los pies y con dos volaban» [Isaías 6:2]. Y éste es el rostro que está en la cabeza, los pies que están debajo y las alas que tienen
manos humanas bajo ellas que están en medio. Y dos son para la cara,
que tiene siete puertas. Y dos son para las manos, que tienen 10 *Sefirot*
correspondientes a 10 dedos. Y dos son para los pies, que también tienen 10 *Sefirot* correspondientes a los 10 dedos del pie. Y hay 27 tipos de
personas y 27 letras derivadas de todo esto.[359]

---

353. שמי, en castellano «mi Nombre». Su guematria es 350.

354. שכל, en castellano «intelecto». Su guematria es 350.

355. ברא, «creó». Invirtiendo las letras obtenemos Eber (אבר), «miembro», «órgano»
o *Rabbah* (רבא), «grande». Su guematria es 203.

356. בכ'ל רא'ש, en castellano «en cada cabeza». Su guematria es 553.

357. רא'ש בכ'ל, en castellano «la cabeza de todo». Su guematria es 553, o sea la suma
de *Shemi*, «mi Nombre», 350, y la de *Barah*, creó, 203.

358. נר באש, en castellano «vela en el fuego», expresión cuya guematria es 553.

359. O sea las 22 letras del alfabeto más las 7 letras finales o *Sofit*.

והנה די"ן תשר"י דין ו' ימי בראשית ועל כן יום ראש השנה הוא יום הדין, ומתגלגלין כף זכות וכף חובה, שסודם ע"ת ק"ץ, והיה שד"י מכריע ביניהם,

Y he aquí que el juicio de *Tishrei*[360] es el juicio de los seis días de la Creación, y el día de *Rosh haShannah* es el Día del Juicio. Y el platillo (de la balanza) del mérito y el platillo (de la balanza) de la culpa se mueven, cuyo secreto es igual al tiempo que está por terminar; decidiendo Shaddai entre ellos.

, ועוד הסוד מטטרון שד"י שמו, כי יהיה סוד פירושו שדי שמו שדי, והמוכרח תתקע"ה, גם שם מטטרון נער והכל כתר שדי לי, ועל זה תדע שגלגול ה' מעיד על יום הדין, ה' פעמים ה' כ"ה,

Cuando el secreto está más allá de Metatrón, su Nombre es Shaddai. Y la interpretación del secreto es «Shaddai, su Nombre es Shaddai»[361] (שדי שמו שדי), y de aquí es derivado. Además, el Nombre de Metatrón es «Joven»,[362] y todo junto es igual a «Yo tengo la Corona de Shaddai».[363] Y por esto sabrás que el movimiento de ה es testigo del día del Juicio. 5 veces ה es igual a 25; 5 veces 25 es 125; y su secreto es el «día del Juicio».[364]

---

360. דין תשרי, «el juicio del *Tishrei*». La guematria de esta expresión es 974.

361. מטטרון שד"י שמו, en castellano «Metatrón, su Nombre es Shaddai». La guematria de esta expresión es 974. Este ángel aparece en tres ocasiones en el Talmud, en los tratados de *Jaguigah* 15 a, *Sanhedrín* 38 b y *Avodah Zará* 3 b. La guematria de Metatrón es la misma que la de Shaddai: 314. La guematria de «Ahaddai su Nombre es Shaddai también es 974.

362. שם מטטרון נער, en castellano «el Nombre de Metatrón es «joven», expresión cuya guematria es 974.

363. כתר שדי לי, en castellano «yo tengo la corona de Shaddai», expresión cuya guematria es 974.

364. יו"ם הדי"ן, *Iom haDin*, en castellano «día del juicio». Su guematria es 125.

והסוד שם יחוד מציאה סופי תיבות מד"ה כנגד מציאות הד"ם ודעם, ודע כי חובר אל אות הרא־
שון של שם ו"ד מפני שני ענ"ינים ראשונים, אחד מפני היותם גם הם שניהם במספר י' בעצמו,
ושני מפני הוראת ממשלת יו"ד על כל המציאות, אשר ו"ד יורו עליו שהוא י' קצוות וד' סודות,
ואמנם יש לו אחר אלה הב' דרכים רבים, ואלה מהם כתוב י' מל"א, ותמצא סודו מלא"ך,

Y puesto que el secreto es *Shem Yijud*,[365] y *Metziah*.[366] El final de las
palabras pronunciadas como *Midah*,[367] se corresponden con la existencia de *haDam*.[368] ¡Conócelas! Y has de saber que ד׳ו se unen a la primera
letra del Nombre. Primero, porque las dos juntas forman el mismo número que י mismo (10); y segundo, porque esto indica el gobierno de י
sobre toda la realidad, denotado por ד׳ו, que implica 6 (ו) direcciones y
4 (ד) elementos. Sin embargo, más allá de estas dos letras hay muchos
caminos. Y entre ellos se encuentra el deletreo (יו"ד מל"א),[369] descubriendo que su secreto es igual a *Malaj*.[370]

ואמנם הוא האלהי"ם בעצמו כי סודו היה מלא והוא סוד ה"א יו"ד, ה"א שהוא כבו"ד יחי"ד
ל"ב, ויהו"ה הוא האלהי"ם, והוא אדני יהו"ה כמו שאמרנו, והרמז עליו מעשה ידי אמ"ן
שהוא סימן אל מלך נאמן, הנור"א ורמז ונהורא עמיה שרי,

Y ciertamente es *Elohim* mismo ya que su secreto fue deletreado. Y
se trata del secreto de su gloria, igual a su unidad, a su corazón. Pues
«YHVH es Dios»[371] y es «Adonai YHVH», como hemos dicho. A esto
alude: «Obras de manos de artista»,[372] siendo un acrónimo para «Dios,
rey fiel»[373] y terrible. Pues se dice: «La luz habita junto a Él».[374]

---

365. שם יחוד, en castellano «Nombre de Unificación», su guematria es 368.

366. מציאה, en castellano «existencia», su guematria es 146.

367. מדה, en castellano «medida», «regla», «manera de hacer o de comportarse». Su
guematria es 49.

368. הדם, en castellano «la sangre». Su guematria es 49.

369. Expresión cuya guematria es 91.

370. מאלך, en castellano «ángel», su guematria es 91.

371. *Véase* Deuteronomio 4:35.

372. *Véase* Cantar de los cantares 7:2. En hebreo אמן, *Amán,* pero también podría ser
leído «Amén». La guematria de esta expresión es 91.

373. אל מלך נאמן. Las iniciales de esta frase, *Alef, Mem* y *Nun,* forman la palabra *Amán.*

374. *Véase* Daniel 2:22.

והנה אהיה בלעז שריאו, וממנו תבין צורת דרך אהיה אשר אהיה, ועוד כתוב יו"ד ודע כמה
עולה המחובר מן יו"ד, והנה הוא הכ"ל ג"ס הי"ם, וראה עוד כמה עולה המחובר מן ו' ותמצא
א"כ, והמחובר מן ד' שעולה י' הרי מספר שניהם א"ל,

Y he aquí que *Ehieh* (אהיה) en un idioma extranjero es *Sharir* (שריר),[375]
de forma que puedas comprender la forma del camino de *Ehieh Asher
Ehieh*.[376] Al escribir יו"ד has de saber que es la suma aritmética de *haKol*[377]
y del *Iam*[378] siendo igual a 55. Has de saber que el número secreto de
6 (ו) es 21.[379] Y el número secreto de 4 (ד) es 10. De este modo el número
de ambos es 31 (אל).[380]

חברם מן המחובר מן י' שעלה הי"ם, והנה אלהי"ם יוצא מן מחוברי יו"ד והוא א"ל הכ"ל
ג"כ, ועוד חבר מחוברי ה"א במרובעם ותמצא יהו"ה, והנה כבר מצאת שיצאו מן י"ה מלא
יהו"ה אלהים,

Añádelo a *haIam*, y obtendrás *Elohim* (אלהים).[381] Es el número secreto
de la Iod.[382] Se trata del Dios (א"ל) de Todo (הכ"ל),[383] pues si añades א'ה al
cuadrado obtendrás YHVH.[384] Y ya sabes que YH al completo es YHVH
Elohim.[385]

והוא הוראת הפוך המדות, כי יהו"ה מדת רחמים, אבל אלהי"ם מדת הדין, כי אלהים הוא
דיין, והנה הי"ו אדנ"י גם הנה יו"ד ה"א, והסוד הא' יודי"ן שהן ס' והם יו"ד האי"ן שה"ם
ימ"ן הרי הכל סימן נסי"ם, ועל כן היה השם מיוחד ובנוי, ורמזם נקו"ד, ועניינם חסד ואמת
יקדמ"ו פני"ך.

---

375. שריר, en castellano «musculoso». Su guematria es 710. *Véase* nota 345.

376. אהיה אשר אהיה, en castellano «Yo seré el que seré», a pesar de que la mayoría de
traducciones dicen «Yo Soy el que Soy». *Véase* Éxodo 3:14.

377. הכל, en castellano «el todo». Su guematria es 55. Este número es el número secreto o triangular del 10. *Véase* nota 299.

378. הים, en castellano «el mar». Su guematria es 55.

379. El número secreto o triangular se obtiene multiplicando este número por el
siguiente y dividiendo el resultado por dos.

380. אל, en castellano «fuerza», pero también «Dios». 31 es la suma de 10 y 21.

381. Sumando 55, la guematria de *haIam* a 31 obtenemos 86, la guematria de Elohim.

382. El 55.

383. Sumando la guematria de *El* (אל) a la de *haKol* (הכל), obtenemos 86.

384. Se trata de la denominada guematria *Parati* que consiste en sumar los cuadra-
dos de los números que conforman una palabra. En este caso *He* vale 5 y *Alef*
vale 1 por lo que $(5 \times 5) + (1 \times 1) = 26$, la guematria del Tetragrama.

385. La guematria *Shemi* o completa de IH es 26 (*Iod* en *Shemi* es 20 y *He* en *Shemi* es 6), la guematria del Tetragrama. La guematria de IHVH Elohim es 112.

Y en lo que se refiere a la inversión los atributos, YHVH es el atributo de la misericordia, y Elohim es el atributo del rigor, ya que Elohim es un juez. Es lo mismo que decir HYV Adonai,[386] así como «He aquí Yod Heh»,[387] y el secreto de *Heh Yodin*,[388] cuyo valor es 60 (ס). Y es la *Iod* de *Ein*.[389] Todo junto es una «señal de milagros» (סימן נסים),[390] sinónimo del Nombre unificado y pronunciado, tal y como indican las vocales. «Misericordia y verdad van delante de tu rostro».[391]

והנה רמז יו״ס הדי״ן יצא מן ד׳ מיון י״ה מצד י׳ פעמים הרי מי״ן, וה׳ פעמים ה׳ הרי היו״ה, והנה הכל מן יו״ד ה״י:

Y la alusión al *Iom haDin*[392] procede de Dimion IH[393] «La Imaginación de YH». ¿Cómo es posible? 10 veces י es[394] מי״ן, y 5 veces ה es היו״ד[395] «la Yod» (היו״ד, cuyo valor es 25). Por lo que todo procede de 125 (יו״ד ה״י).

והוא הסוד הנקרא כח הדמיוני, וכאשר יצא ממנו הדמיוני יצא ממנו גם כן השכלי, מן סוד י״ה שמ״י, וגם הוא ש״ם היו״ד כמו שזה מי״ן היו״ה, חבר שניהם ותמצא סודם אד״ם שם המי״ן, גו״ף ע״ל צור״ה צור״ה ע״ל גו״ף ושניהם מתים,

Se trata del Nombre secreto de la fuerza de la imaginación.[396] Y al igual que la imaginación surge de Él, lo mismo ocurre con *haSejeli*,[397]

---

386. היו אדני, expresión cuya guematria es 86 como la de Elohim.

387. הנה יוד הא, expresión cuya guematria es 86 como la de Elohim.

388. הא יודין, expresión cuya guematria es 86 como la de Elohim.

389. יוד האין, expresión cuya guematria es 86 como la de Elohim. Aparentemente Abulafia se refiere a la letra central de la palabra *Ein*, «sin», «no hay», «nada».

390. סימן נסים, ambas palabras están compuestas por las misma letras. La guematria de la expresión es 320 y corresponde a los 32 senderos de los que habla el *Sefer Yetzirah* multiplicados por las 10 *Sefirot*.

391. *Véase* Salmos (89:15).

392. יום הדין, «día del Juicio», expresión cuya guematria es 125.

393. דמיון יה, en castellano «la imaginación de IH», expresión cuya guematria es 125.

394. מין, *Min*, en castellano «especie». Su guematria es 100.

395. היוד, en castellano «la *Iod*». Su guematria es 25.

396. כח הדמיוני, en castellano «fuerza de la imaginación». Su guematria, 153, es el número secreto del 17.

397. השכלי, *haSejeli*, en castellano «mi intelecto», su guematria es 365. *Véase* Proverbios 18:10.

procedente del secreto de *YH Shemi*,[398] que a través de *Tzeruf* también es *Shem haIod*.[399] Es semejante a la *Min haIod*.[400] Suma todo y descubrirás que su secreto es *Adam Shem haMin*[401] de forma semejante a *Tzurah al Guf* la forma sobre el cuerpo.[402] Y ambos están *Metim*.[403]

אך בהשתתף אליהם שם המיוחד שהוא ש״ם החיי״ם, נמצא השם מחי״ה המתי״ם,והכלל יצ״ר הטו״ב ויצ״ר הר״ע הוא שם מחי״ה המתי״ם תתצ״ג חשוב עוד ענין הא׳ ו״ו ה״א ות־מצא חבור כולם על הדרך הנזכ ר, עולה ע״ד שהוא בעצמו דיי״ן, ועל כן אמרו רז״ל [אבות ד, כב] הוא עד הוא דיי״ן שסודם ה״א ו״ו הא׳ ע״ד ודיי״ן:

Pero cuando se unen en el *Shem haMeiujad*,[404] que es igual al *Shem haJaim*,[405] entonces se obtiene el Nombre *Mejieh haMetim*.[406] En general, el *Ietzer haTov*[407] y el *Ietzer haRa*[408] es igual a *Shem Ejieh haMetim*.[409] Ve más allá considerando la cuestión de א׳ה ו׳ו ה׳ y descubrirás que la suma de todo ello es *Ed*, testigo,[410] quien es juez al mismo tiempo. Pues los

---

398. יה שמי, en castellano «IH es mi Nombre». La guematria de esta expresión es 365.

399. שם היוד, en castellano «el Nombre de la *Iod*». La guematria de esta expresión es 365.

400. מין היוד, en castellano «especie de Iod». La guematria de esta expresión es 125.

401. אדם שם המין, en castellano «Adam es el Nombre de la especie». La guematria de esta expresión es 490, o sea 125 sumado a 365.

402. צורה על גוף, en castellano «forma sobre el cuerpo». La guematria de esta expresión es 490.

403. מתים, en castellano «muertos». La guematria de esta expresión es 490.

404. שם המיוחד, en castellano «el Nombre Unificado». La guematria de esta expresión es 413.

405. שם החיים, en castellano «Nombre de vidas». La guematria de esta expresión es 413.

406. מחיה המתים, en castellano «el que revive a los muertos». La guematria de esta expresión es 558.

407. יצר הטוב, en castellano «la Buena Inclinación», su guematria es 322.

408. יצר הרע, en castellano «la Mala Inclinación», su guematria es 575.

409. שם מחי״ה המתי״ם, en castellano «el Nombre que revive a los muertos». La guematria de esta expresión es 898; la suma de la de «la Buena Inclinación», 322 y «la Mala Inclinación», 575 es 897 y por lo tanto son equivalentes.

410. עד, en castellano «testigo». La guematria de esta expresión es 74. La guematria *Atbash* de א׳ה ו׳ו ה׳ es 740 y por esto Abulafia las hace corresponder.

sabios dicen: «Él es testigo y él es juez» [Avot 4, 22],[411] cuyo secreto en *Tzeruf* es *Ed veDain*.[412]

ואמנם הסוד המבואר מהם הוא הוא, ועל זה נאמר [שמות ג, טו] זה שמי לעולם וזה זכרי לדור, והסוד זה ימש וזה יזכר, וזה על דרך ב' היצרים שמהם השגנו האלהות, שהם משותפים בעליונים עם חומר וצורה,

Y ciertamente el secreto queda claro al decir «Él es Él», pues se dice «Éste es mi Nombre para siempre jamás y ésta es mi recuerdo para las sucesivas generaciones» [Éxodo 3:15]. El secreto se halla en que uno será tocado[413] y el otro será recordado. Ésta es la forma de las dos Inclinaciones a través de las cuales comprendemos lo divino, pues ellas unen la materia y la forma entre los seres superiores.

ברמז צדיק ונשגב, המעידים על החומר והצורה בפסוד מגדל עז הרמוז למעלה, ועם הת־חנונים בעצמם זה דרכם ושתופים, אלא שהעליונים חיים והתחתונים מתים, ובהשתתף כח החיים עם המתים, כי שוים המתים חיים, ומכאן תבין מהו ענין תחיית המתים, ומהו ענין חיי העולם הבא:

Y a esto alude «Justo y sublime»[414], dando testimonio de la materia y la forma en el versículo sobre la «torre fuerte»[415] indicada anteriormente. Esa es la forma y la unión de los seres inferiores, mas los superiores están vivos y los inferiores muertos. Y cuando el poder de la vida se une al de los muertos, los muertos regresan a la vida. Así comprenderás la cuestión de la resurrección y la vida en el mundo venidero.

ודע שדרכי השם אין להם חקר כי סתריו בלי קץ, אבל אם תרצה להתעלות לפניו בכל יום, ושלא תהיה דומה לחמור הרחים אשר סובב סובב ואינו זז ממקומו, ואע"פ שפעל פעולת הטחינה בתנועתו והוא כלי לזולתו, חמור היה וחמור הוא, ואין לו מכל פעולתו שום מעלה נוספת על עצמו, תצטרך להדמות למשכלים בחכמות, שנפשותם בכל יום מתעלות לפני מי שבראם מתוך ידיעת שמו יתברך,

---

411. הוא עד הוא דיין, en castellano «él es el testigo», él es el juez». La guematria de esta expresión es 172, o sea dos veces 86, la guematria de Elohim.

412. עד ודיין, en castellano «testigo y juez». La guematria de esta expresión es 154.

413. En hebreo *Imash*, ימש, que se compone de las mismas letras que *Shemi*, שמי, «mi Nombre».

414. *Véase* Proverbios 18:10.

415. *Véase* Proverbios 18:10.

Has de saber que los caminos del Eterno son insondables,[416] puesto que Sus misterios son infinitos. Pero si lo deseas, levántate ante él cada día, por lo que no seas como el asno del molino que da vueltas y nunca deja su lugar. E incluso aunque lleve a cabo la acción de moler al moverse, se trata de la herramienta de otro, puesto que un asno es un asno, y así sigue siendo. Y sus acciones no le otorgan mayor cualidad de lo que es. Por lo tanto, tendrás que parecerte a aquellos que contemplan la sabiduría, cuya alma se levanta cada día ante su creador, fuera del conocimiento de su Nombre, bendito sea.

ולפיכך אחתום זה החלק בסוד שם בן י"ב ובהוראתו, וממנו התעורר לידיעת שם בן מ"ב, ולסוד שם בן ע"ב, כי הכל יצא ממקום אחד והכל הולך אל מקום אחד, ודע כי שם בן י"ב היה הכהן מזכירו י' פעמים ביום הכפורים, כנגד י' ימי התשובה וי' ספירות וי' מאמרות וי' דברות,

Además, finalizaré esta sección con el secreto de las 12 letras y su significado, y a partir de ahí despertaré el conocimiento del Nombre de 42 (letras) y el Nombre de 72 (letras). Has de saber que el sacerdote pronunciará el Nombre de 12 en 10 ocasiones distintas en el Día de la Expiación (*Iom haKippurim*), correspondiéndose con los 10 días de arrepentimiento, las 10 *Sefirot*, las 10 palabras y los 10 pronunciamientos.

שהכל עתה אל רמז אחד, מתפשט ממציאות למציאות וגם ממעלה אל מעלה ומענין לענין ומסבה לסבה עד הגע הכל לידי שליח דציבורא, שהנה שליחא דציבורא יוד הוא כלומר עשירי הוא והעשירי יהיה קדש לה'.

Todo ello indica lo mismo extendiéndose a lo largo de la existencia, de un grado a otro, de un tema a otro, de una causa a otra, hasta que todo llega al representante de la asamblea. Puesto que el representante de la asamblea es *Iod*, lo que significa que él es el décimo,[417] puesto que se dice que «el décimo será consagrado a YHVH».[418]

---

416. *Véase* Eclesiastés 11:5.

417. Ya que la letra *Iod* es la décima del alfabeto.

418. *Véase* Levítico 27:32.

והנה שם בן י"ב עולה למספר זה, בעבור חלקיו השוים שחציים ו' ושלישיהם ד' ורביעיתם ג'
וששיתם ב', וכלל חלקיו אלה עם החלק המיוחד שהוא א' עלה הי"א, וסוד י"ב הוא הו"א,
הרי הסוד היא הוא, או אמור הוא היא, והכל כ"ח י"ה אחד. וזה דרכם - יהוה יוהה יההו: וזה
אחד מפירושיו - יהיה והוה והיה:

El Nombre de 12 letras conduce al número de su combinación, debido a sus partes iguales: su mitad es 6, su tercio es 4, su cuarto es 3, y su sexta parte es 2. Y en relación a todas estas partes juntas, en relación a su parte unificada, que es 1, su secreto es *Hi*.[419] Y el secreto de *Hu* es 12.[420] De este modo, el secreto es «ella él» o «él ella». Y junto forma una unidad, que es el poder de YH. Y ésta es su forma: YHVH (יהוה), YVHH (יוהה), YHHV (יההו). Y ésta es cada una de sus interpretaciones:

YHYH (יהיה),   VHVH (והוה),   VHYH (והיה).

ואמנם יש לו כמה סודות אחרים ואלה מפסיקים לך בו, ובסוד המבטא נגלה לך עוד סוד
נקודם בע"ה.

Sin embargo, hay otros secretos, pero estos son suficientes para ti. Y sobre el secreto de su pronunciación te revelaremos el secreto de sus vocales, con la ayuda de Dios.

כבר נשלמה כוונתינו במה שרצינו להורות עליו בענין האותיות המיוחדות לשם השם, אלא
שתהיה מה שעוררנו עליו הכרחי, להיותו בדמות ראשי פרקים, למה שצריך שיודע ממנו כרב
העיון השכלי, כדי להגיע בו אל צורת תנועת הדבור:

Nuestro propósito ya está completo, pues deseábamos indicarte la cuestión de las letras del Nombre del Eterno. Solamente quedan los capítulos que giran en torno a la contemplación intelectual, así como a la forma del habla.

---

419. היא, en castellano «ella». Su guematria es 16.

420. הוא, en castellano «él». Su guematria es 12.

החלק הז' סימני אותיותיו ת'ש'ר'ק', חלקיו ארבעה, ועניניו ארבעה,
והתיבה עפי"א:

חלק ת', ענין א', סימן ע', כולל צירוף האותיות:

זה הכלל הוא קל להבינו, ואע"פ שאין לו מושג לנו, אבל יש לו סוף בהכרח, כמו שיש לכל
כתב סוף ולכל לשון סוף בפעל, אבל בכח אין להם סוף, והנה מפני שזו הדרך היא הראשונה
מן החכמה המקובלת שבה כדמות כללית, ועל כן כל חלקיה נכללו בשמה הכללי,

Capítulo séptim, cuyas letras son ש, ר, ק, ת, tiene cuatro partes y cuatro temas a través del Nombre ע, פ, י, ה

Parte ת, Tema א, Signo ע, que incluye el *Tzeruf* de las Letras.

El principio es fácil de comprender, incluso aunque no lo entendamos
del todo. Necesariamente tiene una finalidad, al igual que cada escritura
y lenguaje tienen un fin en el acto, aunque la potencia sea infinita. Esto
se debe a que este camino es el primero en términos de sabiduría recibida en su interior, puesto que en todas sus partes se encuentra contenido
su Nombre general.

והוא שם הצירוף האותיות, שהוא בגימ' שבעים לשונות, או נקרא הפוך האותיות שהכל אחד,
וידוע שאין בלשונות כי אם הפוך התחברות האותיות ויקרא זה מזג, מפני שבדמותו נמזגו
היסודות, וכמו שכל דבור מורכב מאותיות, כן כל מזג מורכב מד' יסודות,

De ahí el Nombre de *Tzeruf haOtiot*,[421] que en guematria significa
Shebaim Lashonot;[422] o inversión del lenguaje, y en él todo es uno. Puesto que se sabe que nada separa a los lenguajes excepto la inversión de
la combinación de las letras. Esto se denomina «composición» puesto
que los elementos se compusieron de acuerdo a su forma. Y al igual que
todo habla está compuesta por letras, cada composición está compuesta
por cuatro elementos.

---

421. צירוף האותיות, en castellano «combinación de las letras». Su guematria es 1214.

422. שבועים לשונות, en castellano «setenta idiomas». Su guematria es 1214.

וזהו סוד ה' שהוא יו"ד ה"א, כי א"ה וי' מורה על כ"ב אותיות, וד' מורה על ד' יסודות, ואם כן נמצא כל הדבור וכל היוצור יוצא בשם אחד, והוא כ"ו שסודו כ"ו, ומורה על היותו כת"ר תור"ה, וממנו הקשר מפורש, על כן הורה על היות השם המפורש באיברים:

De ahí que el secreto del Eterno sea *Iod He*,[423] debido a que *He* y *Iod* (אהו"י)[424] denotan a las 22 letras y *Dalet*[425] a los 4 elementos. «Y así encontraremos todo habla y toda criatura que emerge con un nombre»,[426] puesto que el secreto de כ'ו es 26. Esto indica que es igual a la *Keter Torah*,[427] así como a *Kesher Meforash*.[428] De esta forma se indica la existencia del Nombre Explícito en los órganos.

והוא בעצמו דבר יהו"ה, אשר ממנו כל הרכבה וממנו באה הברכה, גם לו משפט הבכורה בברור, והם הם אותיות הברכה והקללה, ועל כן התגלגלו האותיות בפנים ואחור, כמו שכתוב בספר יצירה [פ"ד מי"ב] ב' אבנים בונות ב' בתים, ג' בונות ו' בתים וכן כולם,

Y *Hu* es la misma palabra de YHVH, puesto que cada composición cabalga sobre cada bendición de la que procede.[429] Además, también porta el Primer Juicio. Y éstas son las primeras letras de toda bendición y maldición. Las letras se mueven hacia delante y hacia atrás, tal y como se dice en *Sefer Yetzirah*: «Dos piedras construyeron dos casas, tres piedras construyeron seis casas»,[430] y así con todo.

וזו היא צורתן. א"ב ב"א, אב"ג אג"ב ב בג"א בא"ג גא"ג גא"ב בא"ג גב"א, וכן כל מה שתבנה מהן יגיע אל תכלית כזו, והנה פירוש זה העניין הוא כמו שמוזג יין במים או יין במים, כלומר שמתהפך הראשון לאחרון והאחרון לראשון הסוף לראש והראש לסוף, ואם הזדמן בם אמצעי זוג או נפרד יתגלגל עם כל אחד ואחד עד סוף:

Y ésta es su forma: אב'ג אג'ב בא'ג ב'א בג'א גא'א גא'ב גב'א. Y de forma similar, todo lo que construyas a partir de ellas tendrá un resultado similar. Esto significa que cuando mezclas vino y agua o agua y vino, el primero se

---

423. יוד הא, las dos primeras letras de Tetragrama cuya guematria *Shemi* o completa es 26, como la del Tetragrama.

424. Expresión cuya guematria es 22.

425. ד La cuarta letra del alfabeto, su guematria es 4.

426. *Véase Sefer Yetzirah* II-1 y 2.

427. כת'ר תור'ה, en castellano «corona de la Torah». Su guematria es 1231.

428. הקשר מפורש, en castellano «nudo esplícito». Su guematria es 1231.

429. Juego de palabras entre *haRekavah* (הרכבה) «la que cabalga» y *Berajah* (הברכה), «bendición».

430. *Véase* Sefer Yetzirah (IV-16).

invierte para ser el último, y el último para ser el primero. El final se convierte en el principio y el principio en el final. Y si hay un elemento intermedio entre ellos, sea el que sea, se moverá junto a ellos hasta el final.

והנה במשולש מפני היותו בונה ו' בתים, והוא המספר שהורה עליו בנין הקרוב שקדם לו
בחשבון אותיותיו ותבותיו בכלל, שהיו ד' אותיות וב' תיבות היה ההפוך בכל אות ב' פעמים
בראש התיבה, א"א ב"ב ג"ג,

Y he aquí que si hay tres (piedras) se construyen seis casas. Éste es el
número indicado en la construcción más cercana en la suma de las letras y los segmentos de las palabras en general, que son 4 letras y 2 segmentos. Y durante la inversión, cada letra permanece dos veces como
inicio de un segmento: ב'ב א'א ג'ג.

והנשאר בכל ב' תיבות הוא הנלחם, כלומר המתהפך ב"ג כנגד ג"ב, וכן ג"א כנגד א"ג וכן
א"ב כנגד ב"א, ולא יושלם הצירוף לעולם באותיות בלתי דומות, עד שיהיה הדבור האחרון
הפך הדבור הראשון,

Y los dos segmentos restantes luchan, invirtiéndose: ג'ב ב'ג.Y lo mismo ocurre con א'ג contra ג'א, y ב'א contra א'ב. El *Tzeruf* sólo es compatible
con letras que no sean similares, en las que la última letra sea la opuesta
a la primera.

כגון אב"ג שהוא ראש הצירוף שהיה כנגדו הפוך סוף הצירוף שהוא גב"א, וכן בכל הצי־
רוף וכל צירוף שתצרף כשהוא מאותיות יותר מג', כגון אבג"ד או אבגד"ה או אבגדה"ו או
אבגדהו"ז לעולם תתחיל לצרף בו תחלה ג' אותיות אחרונות שבו, ושמור לפי המספר ההוא
להשים האות הראשון בתחלה תמיד, עד שיושלם גלגול הג' אותיות, כגון א' מן אבג"ד, וכן
אם הם רבים כגון א"ב מן אבגד"ה, או אב"ג מן אבגדה"ו או אבג"ד מן אבגדהו"ז, וכשיושלם
גלגול השלש,

Por ejemplo, אב'ג, que es el inicio del *Tzeruf*, tiene como opuesto
en el *Tzeruf* a גב"א. Y cualquier *Tzeruf* que hagas y tenga más de tres
letras, como אבגדהו'ז o אבג"ד אבגד'ה אבגדה'ו comienza siempre el *Tzeruf*
con las tres últimas letras. Y prosigue, de acuerdo con su número, po-
niendo las tres primeras letras siempre al inicio, hasta que el movimiento de las tres letras está completo, como es el caso de א en אבג'ד.
Y lo mismo ocurre si hubiera varias letras, como es el caso de א'ב en
אבג, אבגד'ה, o אבג"ד en אבגדהו'ז. Y una vez que el movimiento
de las tres está completo.

תעיין בצירוף הראשון שהוא מפתח שלכלם, ותתחיל הצירוף השני, ותשים הראש לסוף ותמ־
צא כל הדרך ישרה בלי טעות מהלגול הסובב חלילה, ותמצא ד' ראשי צירופים לאבג"ד לפי זו
הדרך ואלו הם:

Contempla el primer *Tzeruf*, puesto que se trata de la llave de todos ellos, y comienza con el segundo *Tzeruf*, pon el principio al final, y descubrirás el camino recto sin errores, puesto que el movimiento se repite sobre sí mismo. De esta forma descubrirás que los cuatro inicios del *Tzeruf* para אבג'ד son:

אבג"ד מתגלגל ו' פעמים. א' בראש התיבה:
אבג'ד se mueve 6 veces. א al inicio del segmento.

בגד"א מתגלגל ו' פעמים. ב' בראש התיבה:
בבגד'א se mueve 6 veces. ב al inicio del segmento.

גדא"ב מתגלגל ו' פעמים. ג' בראש התיבה:
גדא'ב se mueve 6 veces. ג al inicio del segmento.

דאב"ג מתגלגל ו' פעמים ד' בראש התיבה:
דאב'ג se mueve 6 veces. ד al inicio del segmento.

וכפי הדרך הזו תעשה לכל הצירופים וכבר הודעתיך דרכי הפוך האותיות כפי מה שמספיק
לכוונתינו:

Trata a todos los Tzerufim de esta forma. Te he informado lo suficiente de nuestro propósito referido a la inversión de las letras.

חלק ש' ענין ב', סימן פ'. כולל תמורת האותיות:

התמורה יש לה דרכים רבים, יש מהם מה שתהיה התמורה על צד החליף אות באות באלפא
ביתא, כגון יהוה שמתחלף בא"ת ב"ש אל מצפ"ץ, וכללו ש', ועל כן ש' שלש ראשים חקוקה
בתפלים, ובעבור שהשם ד' אותיות יורו עוד על מציאותו בש' של ד' ראשים:

Parte ש, Tema ב, Signo פ, que incluye la *Temurah* de las Letras.

Hay muchas formas de *Temurah*,[431] algunas de ellas basadas en el intercambio de una letra del alfabeto con otra, como es el caso de YHVH, que cambia a *Atbash*,[432] a *MaTZPaTZ* (מצפץ), cuyo total es 300 (ש). De esta forma hay una ש de tres cabezas grabada en la filacteria. Y ya que el Nombre consta de 4 letras, su entera existencia se encuentra indicada por una ש de cuatro cabezas.[433]

ורמז להם ז' ספירות אשר בראש, כנגד ז' שערים וכנגד ג' אבות צורה זו (ש), וכנגד ד' אמות צורה זו (ש), והרי סוד שניהם ש"ת, והוא רמז מיוחד ומפורש בחבור שכ"ל עם עפ"ר, והנה התמורות והחלופים יתכן היותם בכל אלפ"א בית"א, כמו שקבלנו על שם יהוה אלהינו יהוה שמתחלף בא"ב ג"ד על כוז"ו במוכס"ז כוז"ו, וכן בדברי הנביאים [מד"ר יח, יז] שש"ך במקום בב"ל כשדי"ם הוא ל"ב קמ"י, וכן רבים עד אין חקר ה,

A ellas se hace referencia a través de las 7 *Sefirot* iniciales, correspondientes con las 7 puertas y los 3 patriarcas de esta forma: ש. Y también se corresponde con las 4 matriarcas, de esta forma ש. Y el secreto de ambos es *Set*.[434] Ésta es la única y explícita mención a la combinación del *Sejel*[435] y *Afar*.[436] Las *Temurot* e intercambios pueden realizarse en cualquier alfabeto que hemos recibido en Nombre de YHVH Eloheinu YHVH (יהוה אלהינו יהוה, el Eterno Nuestro Dios es el Eterno), que a través de la *Temurah Avgad*[437] א"ב ג"ד es cambiado a KVZV BMVJSZ KVZV (כוז"ו במוכס"ז כוז"ו). Además, podemos ver en las palabras de los profetas [Midrash Rabbah 18, 17]: *Sheshaj* (ששך, vecindario) en lugar de *Babel* (בבל); los caldeos (כשדים) son *Lev Qami* (לב קמי, centro de mi elevación), e incontables más.[438]

---

431. תמורה, en castellano «intercambio». Se refiere al intercambio de letras.

432. *Véase* nota 160

433. Alusión a la letra *Shin* de cuatro palos, que representa a las cuatro matriarcas, y que aparece en el Zohar (III-262 b).

434. שת, en castellano «base», «fundamento». Su guematria es 700, la suma de 300 por la *Shin* de tres palos y 400 por la de cuatro palos.

435. שכל, en castellano «intelecto». Su guematria es 350.

436. עפר, en castellano «polvo». Su guematria es 350.

437. Este tipo de guematria consiste a adjudicar a cada letra el valor de la letra siguiente.

438. Se trata de dos ejemplos clásicos de guematria *Atbash*.

וכן בצירוף פאר תחת אפר [ישעיה סא, ג] וכן רבים, והנה הצירוף גלגל סובב בסיבוב קבוע
הכרחי, שאין לנטות ממנו ימין ושמאל, כשיכתב בצורה השלמה לבלתי עזוב דבר מכלל, כי כלו
סובב מכל צדדיו בסבובים רבים מופלאים בפיאות,

Y así obtenemos el *Tzeruf* de *Peer* [Isaías 60:3][439] en lugar de *Afar*,[440] y muchos más. El *Tzeruf* es un círculo repetitivo con un fin necesario y determinado, que no se desvía a derecha o izquierda, escrito de forma completa, sin faltar nada en él. Se mueve de muchas formas maravillosas en sus vueltas.

אבל התמורה אין לה הכרח קבוע מתהפך ומתגלגל אבל לפי הרצון, והנה תמורת האותיות
קרובה מן גמטריא, כי היא דומה לה מצד התמורה שזו וזו תמורה, ועל כן אנו אומרין כל
גימטריא תמורה, ולא כל תמורה גימטריא

Pero la *Temurah* carece de un fin necesario y determinado, invirtiéndose y moviéndose a voluntad. La *Temurah* de las letras se encuentra cerca de la guematria, ya que ambas son transmutaciones. Es más, podemos decir que toda guematria es *Temurah*, pero no toda *Temurah* es guematria.

והנה נבדלה התמורה מגימטריא, מצד שהתמורה היא על דבר קובע מצד אחד, ובלתי קבוע
מצד אחד, והקבוע הוא שיתהפך באלפ"א בית"א אחת תחלה הכרית, ובלתי קבוע שיתהפך
אחר כן כמה שיתרצה, המהפך להפכו באלפ"א בית"א שנית או שלישית או יותר בדבור אחד,
והנה דומא גימטריא לתמורה מצד שלא יזוג גימטריא מהמספר השוה לכל צד, ויבדל מהת־
מורה שמספרי גימטריא רבים על ענין אחד, ומספר התמורה אינו רק רבים על מספרים רבים,
ודע שכל מה שהתקרב דבר אל הצירוף שהוא השרש, הוא יותר מעולה, וכל מה שהתרחק
ממנו הוא יותר נחות, ואע"פ שדרכו יותר רחבה, וכבר מספיק זה המעט שרמזתי בתמורה,
לפי זה החיבור, ולפי דעת מי שחובר בעבורו:

La *Temurah* se distingue de la guematria en que la *Temurah* está determinada por una parte e indeterminada por otra. La parte determinada es la primera invertida en un alfabeto necesario; y lo indeterminado es invertido posteriormente, tantas veces como desee hacerlo el que invierte, ya sea en un segundo o tercer alfabeto, o incluso más a través del habla. Y la guematria es *Temurah* en el sentido de que nunca cambia de número en ninguno de sus lados. Se distingue de la *Temurah* en que los números de la guematria son muchos sobre una sola cuestión, mientras que los números de la *Temurah* pueden ser muchos. Has de saber que cuanto

---

439. פאר, en castellano «lujo». Su guematria es 281.

440. אפר, en castellano «ceniza». Su guematria es 281.

más cerca se encuentre el *Tzeruf* de la raíz, más excelso es, y cuanto más lejos se encuentre, más bajo es, aunque su camino sea más ancho. Estas pocas indicaciones sobre *Temurah* son suficientes en este texto, conscientes de a quién va dirigido.

חלק ר' ענין ג' סימן י' כולל משקל אותיות:

המשקל הוא שיהיה מספר האותיות שוה בשני עניינים, האחד בחשבון לבד לפי מציאותו כגון אבגד"ה שהן ה' אותיות כנגד ה' האחדים, והמספר של ב' העניינים בהיותו שוה משני הצ־דדים יקרא ענין שני, כגון השוי הנמצא בין אברה"ם ובין רזיא"ל זה וכיוצא בו יקרא משקל:

Parte ר, Tema ג, Signo י, que incluye el peso de las letras.

El peso significa que el número de letras es igual en dos cuestiones diferentes. Primero, porque es igual aritméticamente de acuerdo con su existencia, como en el caso de אבגד'ה, que cuenta con 5 letras que se corresponden a 5 unidades. Y el número de las dos cuestiones, de acuerdo con ambas partes, es llamado «segundo tema», del mismo modo que Abraham[441] y Raziel[442] son iguales, donde lo parecido entre ellos llamado «peso».

והנה זה הדרך שוה לגימטריא מצד אחז, והוא מצד שמירת המספר השוה בחשבון לבד, ואינו דומה לו מצד שוה שומר חשבון מספר האותיות בעצמם, ואין גימטריא שומר זה, על כן בה־חליפך ש' בק"ר יקרא זה גימטריא, והחליפך ת"ק בש"ר יקרא זה משקל, וכן כל הדומה לזה הוא ההבדל הנמצא בין גימטריא ובין משקל הנה כבר התבאר זה:

Por una parte, este camino es igual en guematria. Se trata del hecho de guardar siempre el mismo número aritméticamente. Pero es diferente en lo referido a mantener el número de letras sobre sí mismo, mientras que la guematria no hace esto. Es decir, cuando intercambias 300 (ש) por 100 + 200 (ק'ר) es guematria, pero cuando intercambias 400 + 100 (ת"ק) con 300 + 200 (ש'ר) es «peso». Ésta es la clara diferencia entre guematria y «peso».

---

441. אברהם, su guematria es 248.
442. רזיאל, su guematria es 248.

חלק ק׳, ענין ד׳, סימן א׳, כולל גימטריא וחביריו:

דע כי בספר יצירה לא מצאנו כי אם דרך אחת מבואר והוא הצירוף, ואע״פ שנאמר שם [פ״ב
מ״ב] חקקן וחצבן שקלן המירן צרפן. ואמנם אמרו חקקן הורה על התחלת הכתיבה בחקיקה,
כי כן שם הסופר כלשוניינו מחוקק,

Parte ק, Tema ד, Signo א, que incluye la Guematria y sus semejantes.

Has de saber que en el *Sefer Yetzirah* encontramos la indicación de
que sólo hay un camino: *Tzeruf*. Aunque a propósito las letras se diga:
«Grábalas, tállalas, pésalas, transmútalas y combínalas» [*Sefer Yetzirah* V-3]. «Grábalas» significa que el principio de la escritura consiste
en ponerlas por escrito, puesto que en nuestro lenguaje un escritor es
llamado *Mejokek*.[443]

והוא ענין תקון החומר להכינו לקבל צורה, ואמנם אמרו חצבן הורה על נתינת צורה בחומר,
אבל שקלן והמירן הם מה שספרנו, ואולם צרפן הוא אשר באר שם ענינו לבד, וזה מפני שהוא
ראשית כלן, וכל מי שקבל הצורה הראשונה הזאת שהיא צורת הצירוף קל עליו לקבל השאר
כלן, ומי שלא יקבל זאת ולא שת לבו גם לזאת לא יקבל דבר מן האחרות, כי כולן תלויות
בזאת, ועל כן סמך על הראשונה ולא זכר דרכי פרטי חבריה, כי אם בשם הכללי לבד והוא
אמרו שקלן והמירן:

Pues se trata de la cuestión de corregir el material que recibir. «Tállalas» implica dar forma a la materia, pero «pésalas y transmútalas» es
lo que hemos hablado antes. Sin embargo, «combínalas» es algo que
sólo se comenta aquí, y eso se debe a que se trata del principio de todo.
Cualquiera que haya recibido esta primera forma, la forma del *Tzeruf*,
encontrará fácil recibirlas todas. Y aquel que no las reciba, puesto que
su corazón no escucha, no recibirá nada, puesto que todas las letras dependen de él. Además, el *Sefer Yetzirah* se basa en la primera, y no menciona al resto en detalle, sino de forma general. Pues se dice: «Pésalas
y transmútalas».

ובאמת כבר רמז באמרו כיצד שקלן והמירן, א׳ עם כולן וכולן עם א׳, ב׳ עם כולן וכולן עם ב׳
חוזרת חלילה, וידוע שזו הדרך שזכר היא דרך הצירוף, ואינה לא דרך שקול ולא דרך המרה,
ואעפ״כ יחס להם ענין הצירוף,

---

443. מחוקק, en castellano «legislador», de la raíz *Jakak*, «grabar».

Ciertamente es una alusión a lo que se dice: «¿Cómo las ha pesado y transmutado? Con todas א y todas con א, después ב con todas y todas con ב, y así sucesivamente»[444]. Se sabe que ésta es la forma del *Tzeruf*, y que no es ni la forma de pesar ni transmutar. Y aún así, se les atribuye a ambos el *Tzeruf*.

והנה גימ' הוא ענין חשבון שוה במספר שעליו נבנה, כאמרו ארב"ע בגימטריא והוא רג"ע,
וכהנה רבות כלן בזו הדרך, כמו אליעז"ר בגמטריא שי"ח, והן כולן ואין להם חקה, ואמנם
נוטריקון יוחס אל גמטריא ואל ראשי תיבות, כגון [אסתר ה, ד] יבו"א המל"ך והמ"ן היו"ם
[ר"ת יהו"ה]. פעם יקראו זה נוטריקון ופעם יקראוהו ראשי תיבות ופעם יקראוהו גימטריא
מפני שתוף שיש ביניהם בעניינים:

Por otro lado, la guematria es la cuestión de la misma suma de los números en la que se basa. Por ejemplo *Arba*,[445] en guematria es igual a *Rega* «instante».[446] Hay muchos otros ejemplos, como es el caso de Eliezer,[447] semejante a *Shija*.[448] Hay muchos otros ejemplos. Sin embargo, el Notarikon está conectado con la guematria por las iniciales de las palabras, como es el caso de «Venga el rey con Hamán hoy (יבו'א ה'מלך ו'המן ה'יום)» [Ester 5, 5].[449] El Notarikon a veces es llamado «iniciales». A veces, «acrónimo», y otras, guematria, debido a las cualidades comunes que ambos poseen.

והנה רבותינו כתבו דברים רבים מאילו העניינים כעניין פס ידא אשר בעניין דניאל [ה, ח] על
אמרו ולא יכלין כתבא למקרא, ואמרו [סנהדרין כב, א] פלוני אמר בגמטריא איכתוב להו
[שם ה, כה] מנא מנא תקל ופרסין שהוא יטא יטת אידך פוג חמט ואחר אמר אנם אנם לקת
ניסרפו, ואחר אמר ממתום ננקפי אלארן, וכן יתכן לחשוב עליהם רבים:

Y he aquí que nuestros Rabbis escribieron muchas cosas acerca de estas cuestiones, como es el caso de «la mano de hombre»[450] en el caso

---

444. *Véase* Sefer Yetzirah II-8.

445. ארבע, en castellano «cuatro». Su guematria es 273.

446. רגע, en castellano «instante», «momento». Su guematria es 273. Señalemos aquí un guiño de Abulafia ya que este número también es la guematria de la palabra «Guematria».

447. אליעזר, el encargado de Abraham. Su guematria es 318.

448. שיח, en castellano «arbusto». Su guematria es 318.

449. Las iniciales de las cuatro palabras que forman este versículo son las cuatro letras del Tetragrama.

450. *Véase* Daniel 5:5.

de Daniel, puesto que se dice: «No lograron leer la escritura» [Daniel 5:8]. Y ellos dijeron: «Alguien dijo: la escribiré en guematria: *Mené, Mené, Tekel, Ufarsín* (מנא מנא תקל ופרסין) [Daniel 5:25], que es igual a יטת ממתום ננקפי.[451] Y otro dijo אנם אנם לקת ניסרפו. Y otro dijo: יטת אידך פוג חמט אלארן» [Sanhedrín 22a].[452] Y así hay muchas otras formas de considerar las letras.

כי הנה האותיות כחומר וההבנות בצורות, על כן יתגלגלו ההבנות על האותיות, והאותיות עומדות במקומן, ולא שנו כי אם סדר תנועתן, כי החומר מתנועע בעצם ומניע את הצורה במקרה, גם הצורה מניעה את החומר בעצם ומתנועע במקרה, ודרכי תוכי תיבות משתמשים בה מעט מפני חסרון חכמה, אבל סופי התיבות יותר וראשי התיבות הרבה.

Porque he aquí que las letras son la materia, y los entendimientos las formas. Los entendimientos se mueven sobre las letras, mientras que éstas se quedan en su lugar, cambiando excepto en el orden de su movimiento, ya que la materia mueve a la sustancia y se mueve de forma accidental. Además, la forma mueve a la materia en sustancia, pero se mueve de forma accidental. Y la forma del interior de las palabras se usa muy poco debido a la ausencia de sabiduría, pero el final de las palabras se usa mucho más, y el principio aún más.

כגון א׳ל׳ מ׳ל׳ך׳ נ׳אמן׳ אמ״ן הוא ראשים, לכ״ן הוא סופים. מל״א הוא תוכים. וכיוצא בם הכל כל מה שימצא מזה המין, ואין לי צורך לכתוב מהן יותר מזה, כי לראיה כתבתים לרמז כדמות ראשי הפרקים ואלה לפי הכוונה מספיקים:

Ese es el caso de *El Melej Neeman*:[453] Sus iniciales forman la palabra «Amén», y las letras finales forman *Lajen*.[454] Y en el medio se encuentra *Malé*.[455] Y de forma similar ocurre con todo lo que existe de esta manera. No necesito escribir más acerca de esto, puesto que ya he escrito sobre todo esto en los encabezamientos de los capítulos, y es suficiente por mi parte.

---

451. Lo mismo pero al revés.

452. Lo mismo mediante Notarikon.

453. אל מלך נאמן, en castellano «Dios, rey fiel».

454. לכן, en castellano «por eso».

455. מלא, en castellano «lleno».

החלק ח' סימני אותיותיו ה'ו'ה'. חלקיו ג', ועניניו ג', והתיבה ז'כ'ר':

חלק ה' ענין א' סימן ז' כולל הזכרת השם:

אחר אשר השלמתי ענין הפוך האותיות הכולל, מעתה יתכן לנו שנכתוב מה שאפשר לגלות
מסוד הזכרת השם, ודע כי אמתת השם הוא בצירוף הראשון הנמצא בתורה, ואין בו שנוי כי
אם בנקוד לבד וסודו י' שמות שלמים נזכרים בשתי צורות, ובכולן האות הראשון עומד ומתג־
לגל בנקודן:

Capítulo octavo, cuyas letras son ה, ו, ה, tiene tres partes y tres temas a través del Nombre ז, כ, ר

Parte ה, Tema א, Signo ז, que incluye la pronunciación del Nombre con sus vocales.

Tras la cuestión de la inversión de las letras, ahora ya podemos escribir acerca de la revelación del secreto de la pronunciación del Nombre. Y has de saber que la verdad del Nombre encontrada en el primer *Tzeruf* de la Torah no cambia excepto en sus vocales. Y su secreto son 10 Nombres completos pronunciados de dos maneras. En todos ellos la primera letra permanece quieta y a la vez se mueve junto a sus vocales.

וחשוב שהנקוד הוא בדמות אותיות והוא בכללו ה' נקודים, והתיבה בת ג' אותיות נזכרת פע־
מים בלשון זכר ופעמים בלשון נקבה, ואמנם חולם של ה' ראשונה אינו זז ממקומו כלל, ר"ל
שלא ישתנה בה כלל בכל ההזכרה, גם ו' מנוקדת פעם אחת בקמץ ופעם אחת בסגול והרמז
הוה על הוה. ואתה הוה להם למלך, ויהיה לפי מציאות י' שמות ה' כנגד ה' זכר ונקבה,

Considera a las vocales como letras, y las vocales generales son 5. Una palabra de tres letras a veces es pronunciada de forma masculina y otras veces de forma femenina. Sin embargo, el *Jolem* (vocal «o») de la primera ה nunca se mueve de su sitio, lo que significa que su pronunciación no cambia. Y las vocales de ו a veces son *Kamatz* (vocal «a» larga), y otras veces *Segol* (vocal «e» larga). A eso alude la palabra הוה (*Hove*, «es», masculino) o הוה (*Hova*, «es», femenino). «Y tú eres (הוה, *Hove*) su rey»

[Nehemías 6, 6]. Y de acuerdo con la existencia de los 10 Nombres, habrá 5 opuestos a los otros 5: masculinos y femeninos.

והנה ה' אותיות מתגלגלות בצירוף ק"כ פעמים, גם ה' הנקודים משונים זה מזה עולה לחשבון ו' מאות, ואם תגלגלה ה' נקודות עם ה' אותיות בכל מה שיוכלו לקבל מן הגלגול יעלה לחש־בון גדול מאד:

Y 5 letras se mueven en *Tzeruf* 120 veces; con 5 vocales distintas, lo cual hace un total de 600. Y si mueves los 5 puntos vocálicos con las 5 letras en todas las formas de movimiento que puedan tomar, esa suma será realmente grande.

ואמנם ההזכרה של שם אין שם גלגולה הראשון הנקרא גלגול השם כי אם הזכרת א', עם כל אות ואות מהשם פנים ואחור כפי הצורה הזאת שציירתיה בעבור חושבי שמו:

Sin embargo, en el caso de la pronunciación del Nombre, su primer movimiento no es llamado «movimiento del Nombre», sino sólo pronunciación conjunta de א junto con cada una de las letras del Nombre, adelante y atrás, de forma que he indicado lo siguiente para aquellos que contemplan su Nombre.

צורת הזכרת אלף עם יו"ד פנים ואחור:

La forma de pronunciar אלף junto a יו"ד por delante y por detrás:

אֹי אֻי אֵי אֶי אִי - יֹא יֻא יֵא יֶא יִא

AoIo AoIa AoIe AoIi AoIu - IoAo IoAa IoAe IoAi IoAu

יָאָ יָאֶ יָאִ יָאֻ יָאֹ - אָיָ אָיֶ אָיִ אָיֻ אָיֹ

IaAa IaAe IaAi IaAu IaAo - AaIa AaIe AaIi AaIu AaIo

אֵיֶ אֵיִ אֵיֻ אֵיֹ אֵיָ - יֵאֶ יֵאִ יֵאֻ יֵאֹ יֵאָ

AaIe AeIi AeIu AeIo AeIa - IeAe IeAi IeAu IeAo IeAa

יִאִ יִאֻ יִאֹ יִאָ יִאֶ - אִיִ אִיֻ אִיֹ אִיָ אִיֶ

IiAi IiAu IiAo IiAa IiAe - AaIi AiIu AiIo AiIa AiIe

אָיִ אָיֹ אָיֶ אָיִ - יָאִ יָא יָאֶ יָיֶ יָיִ

AuIu AuIo AuIa AuIe AuIi - IuAu IuAo IuAa IuAe IuAi

צורת הזכרת אלף עם ה"א פנים ואחור:

La forma de pronunciar א junto a ה por delante y por detrás:

אֹה אָה אֶה אֹה - הֹא הָא הֶא הֹא הֹא

AoHo AoHa AoHe AoHi AoHu - HoAo HoAa HoAe HoAi HoAu

הָא הָא הָא הָא הָא - אָה אָה אָה אָה אֹה

HaAa HaAe HaAi HaAu HaAo - AaHa AaHe AaHi AaHu AaHo

אֶה אֶה אֶה אֶה אֶה - הֶא הֶא הֶא הֹא הֹא

AeHe AeHi AeHu AeHo AeHa - HeAe HeAi HeAu HeAo HeAa

הֹא הֹא הֹא הֹא הֶא - אֶה אֹה אֹה אָה אָה

HiAi HiAu HiAo HiAa HiAe - AiHi AiHu AiHo AiHa AiHe

אָה אֹה אָה אֶה אֶה - הָא הָא הָא הָא הָא

AuHu AuHo AuHa AuHe AuHi - HuAu HuAo HuAa HuAe HuAi

צורת הזכרת אלף עם ו"ו פנים ואחור:

La forma de pronunciar א junto a ו por delante y por detrás:

אֹו אֹו אֹו אֹו - וֹא וֹא וֹא וֹא וֹא

AoVo AoVa AoVe AoVi AoVu - VoAo VoAa VoAe VoAi VoAu

וָא וָא וָא וָא וֹא - אָו אָו אָו אָו אֹו

VaAa VaAe VaAi VaAu VaAo - AaVa AaVe AaVi AaVu AaVo

195

אֱוֵ אֱוִ אֱוֹ אֱוֹ אֱוָ - וֵא וֵי וֵו וֵא וֵא

AeVe AeVi AeVu AeVo AeVa - VeAe VeAi VeAu VeAo VeAa

וִא וֵא וֹא וֵא - אֱי אֱו אֱו אֱו אֱו

ViAi ViAu ViAo ViAa ViAe - AiVi AiVu AiVo AiVa AiVe

אֱו אֱו אֱו אֱו - וֵא וֵא וֵא וֵא וֵא

AuVu AuVo AuVa AuVe AuVi - VuAu VuAo VuAa VuAe VuAi

צורת הזכרת אלף עם ה"א פנים ואחור:

La forma de pronunciar א junto a ה por delante y por detrás:

אֹה אֹה אֹה אֹה אֹה - הֹא הֹא הֹא הֹא הֹא

AoHo AoHa AoHe AoHi AoHu - HoAo HoAa HoAe HoAi HoAu

הָא הָא הָא הָא הָא - אָה אָה אָה אָה אָה

HaAa HaAe HaAi HaAu HaAo - AaHa AaHe AaHi AaHu AaHo

אֵה אֵה אֵה אֵה אֵה - הֵא הֵא הֵא הֵא הֵא

AeHe AeHi AeHu AeHo AeHa - HeAe HeAi HeAu HeAo HeAa

הִא הִא הִא הִא הִא - אִה אִה אִה אִה אִה

HiAi HiAu HiAo HiAa HiAe - AiHi AiHu AiHo AiHa AiHe

אֹה אֹה אֹה אֹה אֹה - הֹא הֹא הֹא הֹא הֹא

AuHu AuHo AuHa AuHe AuHi - HuAu HuAo HuAa HuAe HuAi

אלה הד' הזכרות הכלליות הם משתתפות בשם המיוחד עם אות הייחוד אשר לא נזכרה בו בתחלה שהיא מכלל השם ולא בחצי השם, כדי שלא יהיה הסוד נגלה לעם,

Estas cuatro pronunciaciones generales son combinaciones del Nombre Unificado con la letra de unificación, que no se menciona al inicio, y que es parte del Nombre pero no de la mitad del Nombre, de forma que el secreto no sea revelado a la gente.

גם חצי השם הנרמז בשם הללוהו שסודו הללו ה"ו שהוא בסודו גלגל הוה וכל גלגל הוה היה יהיה בסוד הללויה שסודו הללו י"ה, שהוא בסודו גלגל היה, ומלת ויהיה כוללת שניהן, וכל הויה מורה על מציאות נצחי בלי הפסד כשהיא לבדה קיימת בעצמה, מבלעדי צרכה לזולתה חוץ ממנה לקיימה, ואם היא נצחית ויש לה סבת מציאות עצמותה, אין ספק שסבתה נצחית,

Y la mitad del Nombre es aludido a través de la palabra *Haleluhu*,[456] cuyo secreto es *Halelu Hu*,[457] que en su secreto es igual a «esfera persistente» (גלג'ך הו'ה). Y toda esfera es, fue y será en el secreto de Aleluya,[458] cuyo secreto es igual a *Galgal haiah* «la esfera fue».[459] Y la palabra «será» (ויהיה) contiene ambas. Y cada *Havayah* (הוי'ה) indica la existencia externa sin pérdida, cuando se encuentra sola, existiendo por sí misma, sin requerir nada fuera de sí misma para existir. E incluso si es eterna, y tiene una causa por la existencia de su esencia, entonces indudablemente su causa es eterna.

ואם סבתה נעלמת והיא נגלית נצחותה מעידה על נצחות סבתה, ועל כן יתכן לקרוא שמה בשם סבתה, ולהזכיר שם סבת בשמה לכונת הוראה על מציאות סבתה ועל מעלתה, ומפני שיש בהזכרה עניינים גדולים ואם לא יזהר בם אדם מאד יסתכן בה הסתירווה הראשונים:

Y si su causa se encuentra oculta y es revelada por sí misma, entonces su eternidad testifica la eternidad de la causa. Y además es posible llamarla por el nombre de su causa, y mencionar el nombre de su causa por su propio nombre, con la intención de indicar la existencia de su causa y su excelencia. Y ya que su pronunciación contiene grandes cuestiones, si una persona no es extremadamente cuidadosa, entonces se pondrá en peligro. Por ese motivo los antiguos la ocultaron.

---

456. הללוהו, en castellano «Alabadle». Su guematria es 82.

457. הללו הו, en castellano «alabad a la He». Su guematria es 82.

458. הללויה, en castellano «Alabad a YH». La guematria de esta palabra es 86, como la de Elohim.

459. גלגל היה, en castellano «la esfera fue», ya que tiene la misma guematria, 86.

ואמנם עתה בזמן הזה כבר נתגלה הנסתר מפני שהגיעה השכחה אל התכלית האחרונה,
וסוף השכחה הוא ראש ההזכרה, וסוף ויס"ע הו"א סו"ף, ואם הוא רא"ש והסוף שהוא סוף
המלאכים, ועם כל זה הוא ראש, והוא לבדו נקרא מלא"ך כשם האלהים, וסוד אל קנא, וכולל
ז' ספירות השם, ועל כן צורת יעק"ב חקוקה בכסא הכבוד הכולל ז' ספירות, וזהו סוד גדול
וממנו הבין מהו סוד שתי ותכיר בו גם כן הפכו, על כן יעקב סודו נק"ט:

Sin embargo, ahora en estos tiempos, los misterios ya han sido des-
velados, debido a que el olvido ha alcanzado su final. Y el final del olvido es el principio del recuerdo. Y el final es semejante a *Vaiasá*,[460] puesto
que el viaje es el *Sof*.[461] Y si el principio es el final, entonces es el final de
los ángeles, y al mismo tiempo su principio, el ángel del Elohim; secreto del Dios celoso; pues éste contiene las 7 *sefirot* del Nombre. Además,
la forma de Jacob se encuentra tallada en el Trono de la Gloria, que contiene las 7 *sefirot*. Éste es un gran secreto a través del cual comprenderás el secreto de la red y la urdimbre, reconociendo su inversión en sí
misma. Además, el secreto de Jacob (יעקב) en *Tzeruf* es «mi talón» (עקבי).[462]

וסוד ישרא"ל לראש"י, זכור מן הנחש ומן מעשהו ונץ קללתו התלויה בראש, גם עקב ותמצא
השם השני נוסף, על כן סוף הפסוק הראשון [שמות יז, יט] מאחריה"ם וה' אותיותיו למפרע
מהירח, והוא סוד גדול מאד והחבור הד', ודע זה מאד להשיגו, [והשני] ויבו"א בי"ן והוא
מורה על האמצעי, וסופו כ"ל הליל"ה, והנה הוא בין ישר בין הפוך בין שוה, והשלישי וי"ט
מש"ה מורה על נטיה, וסופו ע"ל המי"ם והנה פעל הירח על כן סודם חסד גם לבנה, ורמז
[ישעיה א, יח] אם יהיו חטאיכם כשנים כשלג ילבינו, ונשארו ג' ספירות יורו על ישות שלשם,
והוא ישות משלש מחשבה חכמה ובינה אלה הם סוד היחוד:

Y el secreto de Israel (ישראל) en *Tzeruf* es *LeRoshi* (לראש׳).[463] Recuerda
a la serpiente, su acción y su maldición, colgando de la cabeza hasta el
talón, y así encontrarás un segundo Nombre añadido. De esta forma,
el final de la última palabra en el primer versículo es «detrás de ellos»
(מאחריה׳ם). Sus últimas cinco letras leídas al revés son «desde la luna»
(מהיר׳ה). Ese cuarto añadido es un gran secreto. ¡Has de saber esto bien!
El segundo versículo comienza con *VeIabo Bein*,[464] indicando al intermediario. Y su final es «toda la noche» *Kol haLaila*.[465] Aparece hacia ade-

---

460. ויסע, en castellano «él viajó». Su guematria es 146.

461. סוף, en hebreo «final». Su guematria es 146.

462. Son las mismas letras en un orden diferente.

463. לראשי, en castellano «a mi cabeza». Son las mismas letras en un orden diferente. *Véase* Génesis 3:15.

464. ויבא בין, en castellano «y llegó entre».

465. כל הלילה, en castellano «toda la noche».

lante, hacia atrás o igual. Y el tercer versículo, «Moisés se inclinó» indica
la inclinación. Y termina con «sobre las aguas». Se trata del efecto de la
luna. Además, su secreto es *Hessed*[466] y también *Levanah*.[467] Pues se dice:
«Aun cuando vuestros pecados fuesen como la grana, quedarán blancos como la nieve» [Isaías 1:18]. Quedan 3 *Sefirot*, indicando el inicio del
Nombre, siendo este un triple inicio: *Majshavah*,[468] *Jojmah*[469] y *Binah*.[470]
Las otras son el secreto de la unificación.

והראשון כולל הז' שמות וזה כולל הג' שמות, ואמנם סוד י' ספירות כולל הו' שמות יחד שהם
גרזי"ם והם דרכי יהו"ה,

La primera (unificación) contiene los siete Nombres, y ésta contiene tres Nombres. Sin embargo, el secreto de las 10 *Sefirot* contiene
los 10 Nombres juntos, *Gerizim*.[471] Estos Nombres son iguales a *Darjei
haShem*.[472]

וגם סוד ההזכרה בכלל האותיות מספרו עולה השמות א"ש, ולו ד' אלפין הרי רא"ש, והוא
סוד אהי"ה אשר אהי"ה, ונרמז בסוד [שמות כ, כ] בכל המקום אשר אזכיר את שמי, והנה
[תהלים קיט, קס] רא"ש דברך אמת לרמוז מופלא וכן רבים מאד:

Y también el secreto de la pronunciación con todas las letras, su número es *haShemotEsh*,[473] y tiene cuatro א. De ahí que *Rosh*[474] sea el secreto de *Eheyeh Asher Eheye*[475] [Éxodo 3, 14], «En cualquier lugar mencionaré mi Nombre». Y «Cabeza de tu palabra es la verdad» [Salmos 119, 160].

---

466. חסד, en castellano «bondad».

467. לבנה, literalmente «blanca», es uno de los Nombres de la Luna.

468. מחשבה, en castellano «pensamiento».

469. חכמה, en castellano «sabiduría».

470. בינה, en castellano «entendimiento». La suma de las tres más la *Vav* que las
une es 501.

471. גרזים, la montaña de la bendición de Siquem. La guematria de esta palabra es
260, o sea 10 multiplicado por 26, la guematria del Tetragrama.

472. דרכי יהוה, en castellano «los caminos de IHVH». La guematria de esta expresión es 260.

473. השמות, en castellano «los Nombres del fuego». La guematria de esta expresión
es 1052.

474. ראש, en castellano «cabeza». La guematria de esta palabra es 501.

475. אהיה אשר אהיה, en castellano «Seré el que seré». Éxodo 3:14. La guematria de
esta palabra es 543, o sea la suma de 501 y 42.

וסוד הצורה הראשונה ראשי"ם והו"א רא"ש האד"ם אשר כולל כל ראש, והוא רמז על עולם השכלי"ם שהוא קיו"ם השמי"ם, ונקרא או"ר לבוש"ו שממנו האו"ר והחש"ך,

El secreto de la primera forma es *Roshim*,[476] semejante a la *Rosh haA-dam*[477] que contiene cada cabeza. Esto indica el *Olam haSejelim*[478] el mundo del intelecto, semejante a la *Kiom haShamaim*.[479] Es llamado *Or haLebushin*[480] «La luz de Su ropaje», de la que derivan *haOr vehaJoshej*.[481]

והעולם השני שסודו של"ג ממנו החש"ך שענ"יינו שכח"ה, וסוד זכר"י הזכרה, וסוד שמי הוא השכח"ה, זה שמי לעולם זה הוא השכחה לעולם, וזה זכרי לדר דר זהו הזכרה לחש"ק, והסוד זה יזכר לדר דר:

Y en relación al segundo mundo, cuyo secreto es *Sheleg*,[482] de ahí procede *haJoshej*,[483] sinónimo de *Shikjah*.[484] Y el secreto de *Zikri*[485] es *ha-Zajrah*.[486] Y el secreto de *Shemi*[487] es *haShikjah Hu*.[488] «Ése es mi Nombre por siempre» [Éxodo 3:15], pues es semejante a mi olvido eterno y a mi recuerdo para cada generación. Ése es el deseo y su secreto será aquel recordado en cada generación.

---

476. ראשים, en castellano «cabezas». La guematria de esta palabra es 551.

477. ראש האדם, en castellano «cabeza de hombre». La guematria de esta expresión es 551.

478. עולם השכלים, en castellano «el mundo de los intelectos». La guematria de esta expresión es 551.

479. קיום השמים, en castellano «existencia de los cielos». La guematria de esta expresión es 551.

480. אור לבושו, en castellano «luz de su ropaje». La guematria de esta expresión es 551.

481. האור והחשך, en castellano «la luz y la oscuridad». La guematria de esta expresión es 551.

482. שלג, en castellano «la oscuridad». Su guematria es 333.

483. החשך, en castellano «la oscuridad». Su guematria es 333.

484. שכחה, en castellano «olvido». Su guematria es 333.

485. זכרי, en castellano «mi recuerdo». Su guematria es 237.

486. הזכרה, en castellano «mi pronunciación». Su guematria es 237.

487. שמי, en castellano «mi Nombre». Su guematria es 350.

488. הוא השכחה, en castellano «él es el olvido». Su guematria es 350.

וסוד הצורה השנית לאחרונה, ושתיהן יחד הראשון זה אחרון הפכם האחרון זהו הראשון, כלל"ם האחרו"ן והראשו"ן אחד, וסודו ש"ר שמי"א ש"ר הרצון. מדת"ו פני"ם ואחו"ר:

Y el secreto de la segunda forma es el último, puesto que ambos están juntos: el primero es el último, y el último es el primero. El primero y el último son uno, y su secreto es *Sar Shamiah*[489] «el príncipe del cielo», *Sar haRatzon*[490] es *Midato Panim veAjor.*[491]

וסוד הצורה השלישית שמ"י שכ"ל והכל שפ"ע שמ"י פני"ם ואחו"ר הש"ר שמ"ו שמ"י ראש"י משמש"י:

Y el secreto de la tercera forma es mi Nombre es intelecto y toda *Shefa* es mi Nombre. Delante y detrás a simple vista, el Nombre de mi amo es mi Nombre.

וסוד הצורה הד' בשנית ש' היא ש'. הנה הכל ראש אחד, על כן א' יתר שהוא שר אלף, וזה דרך פרטיהן שר כל. יצר יצרים בחומרים כלומר בכל חומר. ואחר שהודעתיך קצת מזה הכלל, אודיעך סוד תנועת האותיות עם הנקוד אחרי הודיעי אותך סתרי הנקוד הרמוז בשם כולו הנכתב בנקודו:

Y el secreto de la cuarta forma es la segunda ש, que es 300. Así, en cada cabeza hay una א adicional, que es el príncipe de miles. Y debido a la forma de sus detalles, es el príncipe de todo. Los impulsos se transforman en la materia, implicando a toda materia. Y después de informarte un poco acerca de este principio general, te informaré sobre el secreto del movimiento de las letras junto a las vocales, tras haberte informado sobre los misterios de las vocales, tal y como se indica en el Nombre completo escrito con sus vocales.

חלק ו', ענין ב', סימן ב', כולל סתרי הנקוד:

ידוע שסתרי האותיות הם ענינים עמוקים מאד, וכבר נכתבו עליהם סודות הרבה מפורשים בדרכי האותיות דר' עקיבא, ובפרקי הילכות דר' ישמעאל, ובספר הבהיר, ובספר יצירה ובספרים אחרים רבים ממיניהם, וגם קצת מדרכי הנקוד נרמז בספר הבהיר,

---

489. שר שמיא, en castellano «príncipe del cielo». Su guematria es 851. Juego de palabras que podríamos traducir como «el secreto de mi nombre es Alef».

490. שר הרצון, en castellano «príncipe de la voluntad». Su guematria es 851.

491. מדתו פנים ואחור, en castellano «su medida adelante y detrás». Su guematria es 851.

Parte ו, Tema ב, Signo כ, que incluye los Misterios de las Vocales

Se sabe que los misterios de las letras son un asunto muy profundo, y se han escrito muchos secretos a propósito de ellas, interpretadas en las *Darjei Otiot* de Rabbi Akiva,[492] en los *Pirkei Hajalot* de Rabbi Ishmael, en el *Sefer haBahir*,[493] en el *Sefer Yetzirah*, y en muchos otros libros. Sobre el tema de las vocales algo se comenta en *Sefer haBahir*.

אך מה שנרמז בספר צחות, ובמאזנים, ובספר השם לבן עזרא, שכתב בם ענייני הנקוד לפי הדקדוק, גם רמז קצת מהסודות ואין לנו צורך להשיבו פה, וגם לא לשנות מה שאמרו אחרים, וכבר חודשו גם כן ספרים רבים על ענין זה מזמן קרוב מאד על פי אנשים חכמים מחוכמים בסתרי קבלת ידיעת השם,

Pero en el *Sefer Tzahut*, en *Moznaim*, y en el *Sefer haShem*[494] de Ibn Ezra se ha escrito acerca de las vocales de acuerdo a la gramática, aunque también hay menciones a los secretos. No hay necesidad aquí de repetir o cambiar lo que otros ya han dicho. Y recientemente han aparecido muchos libros escritos por sabios versados en los misterios de la cábala del conocimiento del Nombre.

ובסומכי על מה שנאמר, באלה הספרים ובדומים להם על ענין הנקוד לא אאריך בו, אבל אגלה לך סתרי הנקוד הנרמז בשם הנכתב בחלק שלפני זה בלבד, ואודיעך אין גלגולו,

No me extenderé respecto a lo que se ha dicho en estos libros y en otros acerca de las vocales, y a lo que dicen acerca del Eterno, pues ya lo indiqué en la sección anterior, sino que te informaré acerca de Su movimiento.

---

492. *Véase El alfabeto de Rabbí Akiva*, traducción de Neil M. Frau-Cortès, Ediciones Obelisco, Barcelona, 2017.

493. *Véase El libro de la claridad*, cap. 42, 115 y 116. Traducido del hebreo por Mario Satz. Ediciones Obelisco, Barcelona, 2012.

494. Tres libros de gramática escritos en Italia en el siglo XII por Abraham Ibn Ezra, exégeta, gramático y astrólogo, autor de varios opúsculos sobre el Nombre de Dios.

שאני כתבתי השם בצורה שלא ידע כל אדם לקראה, שאין קריאתה כמו שהיא כתובה בצורת שירה אבל קריאתה בצורת ישרה,

Puesto que he escrito el Nombre de tal forma que no todo el mundo debería ser capaz de leerlo, puesto que no se lee como si fuera *Shira*,[495] sino de forma *Iasharah*.[496]

ועל כן יספיק לך ברמז שאעוררך אל הקריאה כישרה והיא שסודה כצורת נוטריקו״ן כזה אאאאא וזה היא צורת הקריאה הישרה. וסוד ההזכרה, והיא התחלתה באלף לפי טורה וגם ביו״ד בעצמה לפי טורה כן הזכרתה, כמה וזו היא צורת דרכה כתנועתה כזו יייי,

De este modo, una mera ilusión debería ser suficiente para despertarte hacia la correcta lectura, aquella que adopta la forma de Notarikon, de la siguiente manera: אֲאֲאֲאֲא la forma de la lectura directa y el secreto de la pronunciación. Comienza con א de acuerdo a su columna. Y la י, de acuerdo a su columna, es pronunciada de forma similar. Y esa es la forma del camino de las vocales, de la siguiente manera: יְיִיֵיֵ.

והנה אלף כוללת תחלה על פי התנועה הישרה א״י, ואחר שתשלים כל תנועות האלף בהיותה בראש התיבות, אחר כן חשוב ותתחיל מן י״א ותוליך י׳ בראש כל תיבה עד תשלום טור י״ה, ובדרך ה״י כן דרך טורי ה׳, וטורי ו׳ וטורי ה׳ עד סופה:

Y א las incluye según el movimiento directo: א״י. Y después de completar las vocales de א, inicio del segmento, vuelve hacia atrás y haz lo mismo con א״י. Conduce la י al inicio de cada segmento hasta que completes la columna de ה״י, junto al camino de ה׳, y a través de las columnas de ה, las columnas de ו, las columnas de ה y así hasta el final.

ודע שמפני שהחל״ם הוא כולל במספרו החכמ״ה, וסודו כולל ג׳ ספירות שהם ג׳ שמות מיוחדים בשלוש, וסודו שלש אמות [ספר יצירה פ״א מ״ב] שהם שלש מאות שהוא ש׳, ועמו נשלם חשמ״ל,

Has de saber que ya que *Jolem* («o»)[497] contiene la *Jojmah*[498] en su número, su secreto contiene las 3 *Sefirot* que son los 3 Nombres unificados en los 3 elementos que son «tres madres» (שלש אמות) [*Sefer Yetzirah*

---

495. שירה, en castellano «poesía». La guematria de esta palabra es 515.

496. ישרה, en castellano «directa». La guematria de esta palabra es 515.

497. Guematria 78.

498. החכמה, en castellano «la sabiduría». Su guematria es 78.

I-2], sinónimo de 300 (שלש מאות), y que con un *Jashmal* (חשמל)[499] están completas.

לפיכך היה עליון על האות, וזכור כי מי שמחל על כבודו וכבודו מחול, והנה חשמ"ל כולל
לה' נקודות כאחד, כי למטה ממנו ד' חיות הנקראות בשם אדם לפי צורת, וגם חשמ"ל הנו
גם הוא יש לו ענין כולל בדב ה, שנאמר [יחזקאל א, כו] ועל דמות הכסא דמות כמראה אדם
עליו מלמעלה והנה חמשה, והנקוד עולה כ"ה חשוב ה' פעמים ה' ותמצאם הרי כ"ה, חמשה
חברם הרי שע"ח והם חשמ"ל, וכל ש' היא רו"ח אלהי"ם, והיא חלם

Además, *Jolem* se encuentra por encima de la letra.[500] Recuerda que «aquel que absuelve por su honor, por su honor es absuelto».[501] *Jashmal* (חשמל) contiene en *Tzeruf* «para cinco» (לחמש) puntos como uno, y por debajo se encuentran las cuatro *Jayyot* (חיות, seres vivientes), llamadas de acuerdo al Nombre del hombre, debido a la forma de sus rostros, pues se dice: «En cuanto a la forma de sus rostros era rostro de hombre» [Ezequiel 1:10]. Y el *Jashmal* (חשמל) también tiene una cualidad contenida en todo esto, pues se dice: «Y sobre esa especie de trono una forma con el aspecto como de un hombre, sobre él, en lo alto» [Ezequiel 1:26]. Y son cinco (חמשה, cuyo valor es 353), y las vocales son 25. Calcula 5 veces 5 y obtendrás 25. Súmalas y obtendrás 378. Esto es *Jashmal* (חשמל). De este modo ש es el espíritu de Elohim y es *Jolem*.

ועוד ח"ת למ"ד מ"ם הרי מדתם חלם, והנוסף הפ"ה חס"ד והכל החכמ"ה דעת"י ראשונ"ה,
ובעבור היות חלם מלא הוא הראשו"ן,

Además *Het, Lamed, Mem*[502] es *Midat Jolem*.[503] Súmalos y el resultado es 486.[504] Todo junto muestra que la *Jojmah* es *Daati*,[505] a *Rishonah*.[506] Y

---

499. *Véase* nota 133.

500. Ya que es un punto que se halla arriba a la izquierda de la letra como, por ejemplo, en א.

501. *Véase* Talmud, tratado de *Kiddushin* 32a.

502. חת למד מם, la guematria de estas tres letras es 562.

503. מדתם חלם, en castellano «la medida de un Jolem». La guematria de esta expresión es 562.

504. Se trata de la guematria *Shemi* de *Lev*, «corazón».

505. החכמה דעתי, en castellano «la sabiduría es mi conocimiento». La guematria de esta expresión es 562.

506. ראשונה, en castellano «la primera». La guematria de esta expresión es 562.

ya que *Jolem* se encuentra «lleno», se trata del *haRishon* «del primero» (הראשו'ן).[507]

והו"א סוד החכמה אשר היא ראשונה לכ"ל, היה ראוי להיות הוא הראשון בכל הנקודות שלשם, ואם שם השם הוא שר הפנים כמו שהקבלה מעידה בסוד השלשות המורים על היות הם השלשה בעצמם, וממנו התחיב מציאות הוית הנפש בחומ ה, אם כן דין הוא להיות מה שכולל הג' שמות הראשונה, הוא המניע התנועה הראשונה אשר היא למעלה מהכל, וזהו סוד כל,

Ése es el secreto de la Sabiduría, la cual se encuentra por delante de todo. De este modo merece la pena ser la primera de todas las vocales del Nombre. Y ese es el Nombre del Eterno, él es el *Sar haPanim*,[508] ya que la Cábala da testimonio del secreto de treinta, lo cual indica que son tres en esencia, y hace necesaria la existencia del alma en la materia. Además, es cierto que lo que contienen los tres Nombres principales es también la primera vocal que se encuentra por encima de ellos. Ése es el secreto de *Kol*.[509]

ומפני שחצי ה' מנוקד ונזכר בכל מקום באות הראשונה בקמץ, דין הוא להיות השני קמץ בסוד ד' י"ה, שהרי כל קמץ כדור הוא, ומורכב הוא מן פתח וחרק, וצורת קמץ הוא צורת קו ונקודה, מפני שכל כדור תנועתו סביב נקודתו בצורה זו ⊙, וזהו מה שיורה עליו ציור קמץ, ומכאן למד כי הפתח ראוי להורות על עגול, מפני היותו קו ישר כי ציור כך מפני שלא יתקלקל ציור האות בנקודו:

Porque la mitad del Nombre se vocaliza y se pronuncia en todas partes con *Kamatz*,[510] la segunda también con *Kamatz* en el secreto de cuatro YH (י'ה). Cada *Kamatz* es una esfera compuesta por *Pataj*,[511] y *Jirik*.[512] Y la forma del *Kamatz* es una línea y un punto, puesto que toda esfera se mueve alrededor de su punto de esta manera ⊙. Esa es la forma del *Kamatz*, puesto que aprenderás que el *Pataj* denota un círculo, aunque sea una línea recta. Se representa de forma que no moleste a la forma de la letra con su vocal.

---

507. הראשון, en castellano «el primero». La guematria de esta expresión es 562.

508. שר הפנים, en castellano «príncipe de los rostros». La guematria de esta expresión es 685.

509. כל, en castellano «todo», se escribe con un *Jolem* en la letra *Kaf*.

510. אָ, «a» larga.

511. אַ, «a» breve.

512. אִ, «i».

והנה הדבר המקיף בכל סודו קמץ, והנה כדור מפי"ק מקי"ף, מפיק רצון כלי, ועל זה היה מפיק בה"א של י"ה לעורר על מה שאמרתי על פי שנים עדים, ועל זה היה ראוי לבוא קמץ אחר חלם, כלומר שיתנועע הכדור אחר החכמה,

Esa es la esfera de *Mapik*.[513] *Mapik* en *Tzeruf* es *Makif*,[514] puesto que produce la voluntad de todo. Así, hay un *Mapik* en la ה de י"ה, indicando lo que he dicho delante de dos testigos. Y así merece la pena que el *Kamatz* siga al *Jolem*, puesto que llevan a la Sabiduría.

ועל המצא שההחלם מיוחס אל הקמץ לבד מכל הנקוד, וישוב הקמץ בב' יסודות מתדמה אל החלם, והוא בהשתתף אל הקמץ שוא באות אחת, ונקרא בשם חטף קמץ או קמץ חטף, כלומר שמתנועע בתנועה מהרה בתכלית המהירות ואין בכל כדור מי שימהר כמקיף ותנועתו מן כ"ד אל כ"ד ולו ו' קצוות והוא מנוקד, שהוא בעצמו דק והוא קדמנו בכח, והוא דבוק בכרוב, וכל כרוב עץ חיים, והרמז עליו [משלי טז, טז] קנה חכמה מה טוב מחרוץ. קנה חכמה קנה בינה:

Además, descubrirás que *Jolem* es atribuido a *Kamatz* entre todas las vocales, y *Kamatz* se parece a la pronunciación del *Jolem* en dos formas. Cuando un *Shvá*[515] se une a un *Kamatz* en una letra, entonces se le llama *Jataf Kamatz* o *Kamatz Jataf*,[516] lo que significa que se mueve a tanta velocidad como le es posible. Y en una esfera, nada es más rápido que lo que se encuentra a su alrededor. Se mueve de כ"ד a ד'כ, cuyo valor es 24. Tiene 6 extremidades y se encuentra vocalizado. Precede a la potencia y se adhiere a cada querubín, como si fuera el Árbol de la Vida. Pues se dice: «Adquirir Sabiduría es mejor que el oro» [Proverbios 16:16]. «Adquiere Sabiduría, adquiere Entendimiento».[517]

---

513. מפיק. Un punto vocalizado en una ה a final de palabra. La guematria de esta palabra es 230.

514. מקיף, en hebreo «alrededor», «circundante». La guematria de esta palabra es 230. Alusión a *Or Makif*, la «luz circundante», fuerza espiritual que corrige e ilumina.

515. אַ, vocal muda.

516. אָ, *Kamatz* breve.

517. *Véase* Proverbios 4:5.

ודע כי התנועה המהירה הסבובית היא העצמית, והיא הקודמת שבתנועות בטבע, והנכבדת שבכל התנועות היא תנועת כדור ערבות [חגיגה]. וסימניך סלו לרוכב בערבות ביה שמו ועלצו לפניו, ורמז השתתפות חלם עם קמץ:

Has de saber que el movimiento circular rápido es sustancial, y precede a todo el movimiento de la naturaleza. Y el más distinguido de todos los movimientos es el movimiento de la esfera de *Aravot* [*Jaguigah*]. Pues se dice: «Alaba al que cabalga en *Aravot*, pues YH es su Nombre, y regocíjate en Él» [Salmos 68:33].[518]

הנה י"ה יהו"ה הוי"ה שזה בא להורות על הכח העליון המנהיג הכל והמנצח הכל והוא כח השם בעצמו, אלא ששב חציו הראשון אחרון יש ה, וחציו האחרון ראשון הפוך:

De esta forma YH YHVH HVYH se refiere al poder superior que gobierna todo y derrota todo. Ese es el poder del Nombre en sí mismo e invertido, su primera mitad al final y su última mitad al inicio.

והנה סוד השם נקרא מפורש מצדדים רבים, אחד מהם זה שהוא מצווה לך לעשות ממנו צורות ואלה הם, ישר ההפוך ותדעהו. הפוך הישר ותדעהו:

Y he aquí el secreto del Nombre es llamado *Meforash*[519] en muchas partes. Una de ellas es la que te ordena darle forma. Se trata del enderezamiento de la inversión y has de saber que también es la inversión de lo enderezado.

והצורה השנית שלכל קמץ ממהר שישוב מתדמה לחלם בעת בא שוא גם כן אחר הקמץ בסוד חכמ"ה, ואם אין תנועתו ממהרת אבל מאחרת אינו שב כדמות חלם, אבל עומד כמו שהוא ורמז ענין חלם פועל, וסימניך [בראשית מא, א] ופרעה חולם,

Y respecto a la segunda forma, cualquier *Kamatz* se apresura en volver a convertirse en *Jolem*, incluso cuando un *Shvá* aparece después del *Kamatz* en la forma secreta de *Jojmah*.[520] Pero si su movimiento no es breve sino tardío, no vuelve a parecerse a un *Jolem*, permaneciendo bajo la forma que tiene. La referencia a esto es que el *Jolem* es «acción» (פועל), pues se dice «Y Faraón sueña» [Génesis 41:1].[521]

---

518. *Véase* Talmud, tratado de *Jaguigah* 12.

519. מפורש, en castellano «explícito», pero también «evidente».

520. חכמה, en castellano «Sabiduría», donde la vocal «o» aparece representada con un *Kamatz*.

521. Juego de palabras entre *Jolem y Jalam*, «soñar».

וכל פעל שהוא נעמד תחלתו חלם, אבל כל פעול שהוא ועומד קים תחלתו קמץ, והנה בא
אחר חלם צרי להשלים סוד חשמ"ל הנרמז,

Y toda acción, cuando se encuentra a su inicio, es un *Jalam*. Pero el principio de toda acción que fue realizada y persiste en la existencia es *Kamatz*. Y después del *Jolem* viene el *Tzeré*,[522] para así completar el secreto aludido en el *Jashmal*.

וגם בא אחר קמץ כלומר בא משותף עם כל אחד ואחד מהם בסוד ל' של חלם ובסוד מ' של
קמץ, כי ח' לבדו יורה על כולו וכן ק' לבדו יורה על כולו, והנה בא עם פועל צרי עם חלם, וכן
שם סודו צרי, ורמז חלם עם קמץ משותפים מולם, ורמז קרבות צרי אל קמץ קמץ בעצמו, רק
סודו ועד, הרי עולם ועד, כלומר עקר התנועות הוא כך, חלם לפני קמץ וקמץ לפני צרי,

También aparece después de *Kamatz*, lo que significa que procede de la combinación de uno de ellos. Procede del secreto de ל en *Jolem* y de מ en *Kamatz*, puesto que la ח indica la totalidad de sí misma por sí sola. Y así, la acción de *Tzeré* con *Jolem* permanece por sí misma, y lo mismo ocurre con el Nombre cuyo secreto es *Tzeré*. Pues se dice que *Jolem* y *Kamatz* se encuentran combinados para siempre. También se dice que la cercanía de *Tzeré* a *Kamatz* es el propio *Kamatz*, sólo que su secreto es *VaEd*[523] y *Olam vaEd*.[524] Esto significa que el orden principal de las vocales es el siguiente: *Jolem* delante de *Kamatz* y *Kamatz* delante de *Tzeré*.

כלומר החכמה הקדמה לכדור והכדור קדם ליצה, אשר הוא החומר באמת, שהוא משותף בכל
חומר, וכל יצר מורכב מב' עניינים שוים תחתונים, כלומר שמתנהגים תחת הקדמונים שקדמו
לו, והם כדור ונקודה עליונה אחת, ונקודה תחתונה שניות, ועל זה היה שוה בעל ב' נקודות,
ומשתתף עם הפתח ועם הסגול ועם הקמץ, אבל לא עם השורק, ולא עם החרק, ולא עם החלם,
ולא עם צרי, וידוע שהפתח משרת לקמץ, וצורת הפתח קו ישר בלתי נקודה. גם תנועתו ישרה
כצורת תנועת הפתח שהוא נבדלת, והרמז [משלי כו, יד] והדלת תסוב על צירה,

Lo que significa que la *Jojmah* precede a la esfera y la esfera precede al impulso, por lo que la materia es verdad, puesto que ésta se combina con toda materia. Y cada impulso está compuesto de dos propiedades inferiores iguales, lo que significa que están gobernadas por los entes primordiales que las preceden. Son la esfera, el punto superior y el punto inferior. De este modo, el *Shvá* está compuesto de dos puntos, y pue-

---

522. אֵ, «e» larga. Su guematria es 300.

523. ועד, en castellano «para siempre».

524. עולם ועד, en castellano «para toda la eternidad».

de combinarse con *Pataj, Segol* y *Kamatz*, pero no con *Zuruk*,[525] *Jirik, Jolem* o *Tzeré*. Se sabe que *Pataj* es siervo de *Kamatz*, y la forma de *Pataj* es una línea recta sin punto. Su movimiento también es recto, puesto que se trata del movimiento de la apertura[526] de una puerta. Pues se dice: «Y la puerta se abrirá sobre su eje» [Proverbios 26:14].

כי צירה הוא הצרי, ועל כן היה שם הפתח פתח גדול, מפני שהוא משרת לקמץ גדול, והסגול היה משרת קטן שהוא פתח קטן לצרי שהוא קמץ קטן כלומר כדור קטן, וכן כל חומר קטן מכל צורה, שכל צורה היא כדור גדול כנגד החומר שהוא כדור קטן,

Puesto que *Tzirah*[527] es en *Tzeruf Tzeré*.[528] Además, *Pataj* es llamado «Gran Pataj», puesto que sirve al gran *Kamatz*. *Segol* es un pequeño sirviente, como un *Pataj* pequeño al *Tzeré*, siendo este un pequeño *Kamatz*, e indicando una esfera pequeña.

וכן הרב המורה [הרמב"ם] אמר בארבע סבות התנועה, שהן השכל הנפרד המניע את השכל החושק המניע את הנפש המשכלת המניעה את הצורה הכדורית הדבקה לחומר, והורכב השוא משתי נקודות אחת למעלה בדמות חלם, ואחת למטה כדמות חרק, וכשתעין בד' נקו־ דים והם קמץ גדול ופתח גדול וקמץ קטן ופתח קטן ותשתתף מציאותם בסימן וספר כתב איש ריבי, שהנה ספר כתב כולל ארבעתם, תמצא שהן ב' קמצין וב' צרין,

Y de esta forma, el maestro de la «Guía» [Maimónides] dijo,[529] en relación a las cuatro causas del movimiento, que ellas son el movimiento separado, que mueve el intelecto del deseo, que mueve a su vez al alma individual, y que mueve la forma esférica que se adhiere a la materia. El *Shvá* está compuesto de dos puntos, uno por encima a imagen del *Jolem* y otro en la parte inferior a imagen del *Jirik*. Y cuando contemplas los cuatro puntos vocálicos, que son el gran *Kamatz*, el gran *Pataj*, el pequeño *Kamatz* y el pequeño *Pataj*, y combinas su existencia con la señal de «Y el libro que escribió mi adversario»,[530] puesto que «escribió un libro»

---

525. א, «u» larga.

526. Juego de palabras entre *Pataj* y *Petaj*, la apertura de una puerta.

527. צירה, en castellano «eje». Su guematria es 305.

528. תצרי, guematria 305.

529. *Véase Guía de Perplejos o descarriados*, Libro Segundo, cap. 10, «De las cuatro maneras de manifestarse el influjo de las esfera celestes en la tierra». Traducción de Fernando Valera, Ediciones Obelisco, Barcelona, 2018.

530. *Véase* Job 31:35.

(ספר כתב, *Sefer Katav*) contiene las cuatro vocales, puesto que encontrarás los dos *Kamatz* y los dos *Tzeré*.

ואם תהפכם הנה תמצא שהן ב' פתחין וב' סגולין, וזה כולו הוא מפני שההבדל בין ב' הגדולים תוספת נקודה לגדול על משרתו לגדול, ותוספת נקודה אחת ג"כ היא הבדל שבין הקטנים, והיא נוספת לקטן שבשניהם, וזה הפך ממה שקרא לגדולים, וסוד ארבעתם באמת ב' כדורים שהם מורים על ב' מיני צורות, וב' כדורים מורים על ב' מיני יצרים שהם החומרים, ומפני השתתפותם ידמה זה לזה בדבר ויבדל זה מזה בדב ה, וכל כדור קטן מוקף הוא בחומר לכדור הגדול אשר מקיף בו מכל צד,

Si los inviertes descubrirás que son dos *Pataj* y dos *Segol*. Y eso es todo, ya que la diferencia entre los dos grandes es la suma de un punto al mayor amo sobre su mayor siervo; y la suma de un punto es también la diferencia entre los pequeños, añadiéndose al pequeño de los dos, que es el opuesto en el caso de los grandes. Y el verdadero secreto de las cuatro vocales son las dos esferas que denotan dos tipos de formas. Y las dos esferas se refieren a dos tipos de impulsos materiales. Y ya que ambos se combinan juntos, uno es como el otro en algunos aspectos y diferente en otros. Y cada pequeña esfera que da vueltas es como la materia en relación a la gran esfera que da vueltas en todos lados.

ועל כן הנקודה כדמות חומר לסובב העליון המקיף, ויהיה העליון כדמות סוג הסוגים, והתחתון כדמות מין המינים, ואשר ביניהם אמצעיים לשניהם שמות סוגים בערך ומינים בערך בהערכם לעליון ולתחתון, והנה יתקרבו ויתרחקו, יתקרבו לנקודה ויהיו כדמותה, ויתרחקו מהסובב, או יתקרבו לסובב ויתרחקו מהנקדה, והנה היו נזכרים ו' נקודות וב' עגולים,

Así, el punto es como la materia relativa al borde superior que le rodea. Y el punto superior es de la clase superior, y el inferior es como una especie dentro del resto de especies. Y cualquier cosa que se encuentre entre ambos puntos es un elemento intermediario, como una especie relativa, que cambia relativamente entre lo superior y lo inferior. Se alejan y se acercan, acercándose al punto para convertirse en él, y al mismo tiempo alejándose del borde. Hay 6 puntos y 2^{531} esferas mencionadas.

---

531. Formando la palabra *Bo*, בו, en castellano «en», «por», que aparece en Salmos 103:16.

וסימן כי רוח עברה ב"ו, והנה כל שמנה יורו על גוף שלם, וכל תנועה היא דלוג נקודות מה־
נקודה לנקודה, עד שהיו ב' נקודות או יותר מורכבים, ונקראת הרכבתם קו, ונחלק הקוים
למינים רבים ולסוגים:

Y es la señal de que: «El Espíritu pasó en su interior» [Salmos 103:16].
Cada 8 letras se indica un cuerpo completo, y cada movimiento es una
omisión entre las letras de un punto a otro, hasta que dos o más puntos
se combinan. Dicha combinación es llamada «línea», y las líneas están
divididas en muchos tipos y especies.

והנה הקו והשטח והגוף בעלי כמות, והנקודה אינה בעלת כמות, כמו האחד האמתי במספר
שאינו בעל כמות, והקו יורה על ארך וכן מן א' עד י' כדמות ארך, והשטח יורה על רוחב, וכן
מן א' עד י' במרובעם יורו על דמות רחב, והגוף יורה על עמק, וכן מן א' עד י' במעוקם שהוא
עגולם יורו על דמות עמק:

Y la línea, el lugar y el cuerpo son cuantificables, pero el punto no
lo es, puesto que, como el verdadero número 1, no es cuantificable. La
línea indica la longitud. Una longitud similar a la que va de א a י. Y el
plano indica la anchura. Y el cuerpo indica la profundidad. Y similarmente ocurre de א a י al triplicarse, en su círculo, indicando así la forma
de la profundidad.

וזהו ציור שלשתן:

Y éste es el esquema de tres de ellos:

א ב ג ד ה ו ז ח ט י

א ד ט יו כה לו מט סד פט ק

א ח כז סד קכה ריו שמג תקיב תשכט אלף

וכלל חיבור האורך הוא הכ"ל, וכלל חיבור הרוחב שכינ"ה, וכלל חיבור העמק בסימן ב"א
כ"ה שהם ג"א וכ"ה, הנה סימן הראשונים לכ"ה, והשניים שלנ"ה, והשלישיים גכ"ה, וסימן
כלם המשי"ח כה"ן, ורמז [איוב לז, ו] כי לשלג יאמר הוה ארץ והוא סוד בחכמה.

Y la suma de la longitud entera es *haKol*.[532] Y la suma de toda la anchura es *Shekinah*.[533] Y la suma de toda la profundidad es לכ"ה, cuyo valor es 3025.[534] El valor de לכה es 55, de שלכה es 385, y el valor de גכה es

---

532. הכל, en castellano «el todo». Su guematria es 55.

533. שכינה, la Presencia Divina. Su guematria es 385.

534. O sea 55 multiplicado por sí mismo.

3025. El número de todo ello es *haMashiaj Kohen*,[535] pues ha sido dicho: «A la nieve dijo: conviértete en tierra» [Job 37:6]. Y éste es el secreto de la sabiduría.

כלומר הסובב בחכמה כאמרו [משלי ג, יט] יהוה בחכמה יסד ארץ, וסוד בחכמה הסובב בחללה והכולל את כולן שלשתן יחד לח"ת, וסימן לדר ד ר, ועל סוד דור שהוא בחלם, וסודו צדיק, ורמזו [משלי י, כה] וצדיק יסוד עולם,

Y se encuentra en el interior de la sabiduría, pues se dice: «YHVH creó la tierra con sabiduría» [Proverbios 3:19]. Y el secreto de «con sabiduría» se mueve en las repeticiones. Y el que incluye las tres partes se encuentra en las tablas que son para toda generación. Y respecto al secreto de *Dor*[536] pronunciada con *Jolem*, su secreto es la persona recta. Pues se dice: «El justo es el fundamento del mundo» [Proverbios 10:25].

הארכתי עד כאן באותיות, להורות כי כל צדיק הוא דור שלם ועמו החכמה, והוא א"ב הנפ"ש וסודו בנפשו, ורמזו [ירמיה נא, יד] נשבע ה' בנפשו, ומן דו"ר שלם תזכור על ג' נקודים הנדכרים, ונשארו עוד ב' לגלות סודם והם חקר עם שורק, והנה הם ב' נקודות אחת בין העליונה והתחתונה, כלומר אחת מכרעת בין חולם שהוא למעלה ובין חרק שהיא למטה, ועל כן צייר השורק בג' נקודות למטה להורות על קשר המציאות

Me he extendido hasta ahora en relación a las letras, para indicar que cada persona recta es una generación entera, y que la sabiduría se encuentra en su interior. Se trata del *Av haNefesh*.[537] Y su secreto es igual a *beNefsho*.[538] Pues se dice: «YHVH jura con Su Espíritu (*Nefesh*)» [Jeremías 51:14]. Y así, mencionarás a toda una generación con los tres puntos vocálicos que hemos comentado. Y los dos que quedan para revelar su secreto son *Jirik* y *Zuruk*. Ambos son dos puntos. Uno se encuentra entre la parte superior e inferior, decidiendo entre *Jolem*, que está arriba, y *Jirik*, que está debajo. Además, la imagen del *Zuruk* son tres puntos inferiores,[539] que indican la conexión[540] con la realidad.

---

535. המשיח כהן, en castellano «el Mesías es un sacerdote». La guematria de esta expresión es 438.

536. דר, en castellano «generación».

537. אב הנפש, en castellano «padre del *Nefesh*». La guematria de esta expresión es 438.

538. בנפשו, en castellano «en su *Nefesh*». La guematria de esta expresión es 438.

539. No se entiende pues tres puntos inferiores puede ser *Segol* o *Kubutz*.

540. קשר, *Kesher*, en castellano «unión» o «conexión». Su guematria es 600.

ואם תאמר אין לשקר קושר קושר זה קשר ומהו קשר הוא שש מאות שכולל שק"ר ואמ"ת, הסוד
אות שמש שמוש מלאך ושד, הוא שמוש פנים ואחור, והוא שמוט רוח אופנים, שמוש רוחני
מהכלים וכל העולם עומד על הבל פיהם של תינוקות של בית רבן:

Y si no hay conexión a nada, entonces esto es falso.[541] La conexión es
600, y contiene tanto la falsedad como la verdad. Y su secreto es la letra
del sol, semejante al uso que tienen un ángel y un demonio. Se trata de
un uso que funciona hacia adelante y hacia atrás. Se trata del uso del
espíritu de los *Ofanim*,[542] un uso espiritual de los vapores. Pues el mundo entero permanece sobre el vapor de las bocas de los estudiantes de
nuestros Rabbis.[543]

והסוד הגדול צורת השם שמות הצור, והנם ראש השכל הפועל, ועל כן תדע אשר השכל
הפועל הראש שהוא עצם הצורה, ועל כן נברא ראש מהראש והתחיב להיות בינם קשר שהוא
שקר ואמת,

Y el gran secreto es, *Tzurot haShem*,[544] que en *Tzeruf* es *Shemot haTzur*.[545]
Se trata de *Sejel haPoal haRosh*,[546] puesto que el intelecto activa a la cabeza, ya que es la sustancia de la forma. Por ese motivo, la cabeza fue
creada de la cabeza, y necesariamente hay una conexión entre ambas,
la falsedad y la verdad.

ואם כן הנה כל קושר אמת, ועל כן היתה התורה לאות והיתה התרה לאות גם הקשרה לאות,
כי גלגלי התורה היצרים גם גלגלי היצרים התורה ואין היצרים כי אם מחשבה, וכל מחשבה
ספירה בסוד חשבון ומספר ה, והכל תלוי במספר וחשבון, והעד השכל הכולל היצרים ואם הם
ב' יצר יצר הרי שרק, ואם תאמר הם שנים קדומים הרי זה שק"ר, שאינם כי אם קש"ר, ושמם
תדעהו מן פ"ר ורי"ש הכוללים באמת י"ד אותיות שהם ז"ז, והנה ח' אחריו ר"ק והוא צרי
בעצמו, וכן ש' אחריו רק וגם הוא צרי בעצמו:

---

541. שקר, *Sheker*, en castellano «mentira». Su guematria es 600.

542. Literalmente «ruedas» o «esferas». *Véase* Ezequiel 1:15 a 21.

543. *Véase* Talmud, tratado de *Shabbat*, 119 b.

544. צורת השם, en castellano «las formas del Nombre». La guematria de esta expresión es 1047.

545. שמות הצור, en castellano «los Nombres de Tzur». *Tzur* significa «roca». La guematria de esta expresión es 1047.

546. שכל הפועל הראש, en castellano la cabeza del intelecto agente. La guematria de
esta expresión es 1047.

Y así, he aquí que todo lo que une es la verdad.[547] «La Torah se convirtió en una letra» (היתה התורה לאות), puesto que en *Tzeruf* es «la desconexión de la letra» (והיתה התרה לאות)[548] y también «la conexión de la letra» (הקשרה לאות). Puesto que las letras de la Torah son los impulsos y la rueda de los impulsos es la Torah. Y los impulsos no son nada salvo pensamiento,[549] y cada pensamiento es una *Sefirah*,[550] en el secreto del cálculo y el número. Todo depende del número y el cálculo, siendo el intelecto testigo de todo lo que contiene los impulsos. Y si hay dos impulsos, el malo y el bueno, ambos forman 600 (שרק).[551] Y si dices que hay dos impulsos primordiales, eso es falso (שקר),[552] puesto que no son nada salvo una conexión (קשר).[553] Sabrás que su Nombre procede de פר y רש, contiene 14 letras en verdad, y éstas son 7 y 7. De esta forma hay ח y a continuación hay ר"ק. Eso es *Tzeré* en esencia. Y además, hay ש a continuación de ק"ר. Eso también es *Tzeré* en esencia.

והנה כל הנקוד השרשיי הוא חקצחש, והם כוללים ח' נקודים שהם גוף שלם וכדור מקיף בכל והוא אח"ה, ובא ד' להורות על הרכבת ד' זוגות בערות ד' יסודות, גם ד' מהנקודים אין להם קו ויש לחמישי שהוא קו נקודה ועלה מספרם בסודם חצי חמשים שהם כ"ה נקודים

De este modo, las raíces de todas las vocales son *Jolem, Kamatz, Tzeré, Jirik* y *Zuruk*. Contienen 8 puntos, que son un cuerpo completo y una esfera alrededor de todo lo que es Uno. Y 4 indican la composición de 4 pares a través de los 4 elementos. Así, 4 de las vocales no tienen líneas, como sí ocurre con la quinta, puesto que el *Kamatz* es una línea y un punto. Y el número total de su secreto es la mitad de 50, dando lugar así a 25 puntos.

---

547. En hebreo קושר אמת. La guematria de esta expresión es 1047.

548. La guematria de estas dos expresiones es la misma, 1473 pero no coincide sin embargo con la de la siguiente, que es 1047, como la de *Kesher Emet* (קושר אמת).

549. En hebreo *Majshavah* (מחשבה), su guematria es 355.

550. ספירה, su guematria es 355.

551. Dado que la guematria de *Ietzer* 300 (יצר), multiplicada por 2 es 600.

552. Guematria 600.

553. Guematria 600.

שהם מגלגלי שמים כאשר הם מגלגלי ספרים, גם הם מגלגלי זכר ונקבה, ומהם תבין אשר כל
גלגל זכר ונקבה וכללם הראש אשר גם הוא מתגלגל והוא גלגל מת, גם הוא גלגל תלי אשר
הוא מכשף גם הוא כוסף שם, וממנו תכיר מעשה האלהים אשר הוא משכן האלהי"ם המלאך,
והבן כל מה שנזכר שכבר רחקתי הענין מאד כדי לעוררך על הסוד בראשי פרקים, וסימנהון
של כל הנקודות החמש הוא סוד י"ה, שם היא הוא בסימן נוטריקון,

Se trata de las *Guilgulei Shamaim*,[554] las *Guilgulei Sefarim*,[555] las *Guilgulei Tzajar veNukvah*.[556] Entenderás que toda esfera es masculina y femenina, que la cabeza lo contiene todo, y que también da vueltas. Es una esfera muerta pero también es la esfera de la constelación del Dragón. Es un hechicero, pero también anhela el Nombre. Y así reconocerás el acto de Elohim, Tabernáculo del Ángel. Entiende todo esto, puesto que me he desviado enormemente del tema para que entiendas el secreto del título de los capítulos. La marca de los cinco puntos es el secreto de YH, así como el Nombre היא הוא (Él Ella) es la señal del Notarikon.

ואחר שהודעתיך זה כלו בקצרה, אודעתיך עוד הצריך להשלים בזה כענין האות והנקוד ואחרי
שבקצה הודעתיך מה שכתבתי, ואולי היא אצלך באריכות, הוא שרציתי להעירך מכח תר־
דמתך החזקה ולהודיעך שמה שאמרתי אינו כטפה מן הים מן הראוי לאמר בו ואני בקצוו,
ומאשר רמזתי בסימן חסרוני הנקודות תבין, כי שם היסוד הוא היא,

Y ahora que te he informado brevemente sobre esto, te expondré en detalle lo que se necesita para finalizar el tema de las consonantes y las vocales. Todo lo que te he informado aquí es sucinto, aunque puedas pensar que es largo, ya que quiero que despiertes de tu ensoñación y que sepas que lo que he dicho no es sino una gota del océano de lo que podría decirse, aun de forma sucinta. En torno a lo que he dicho la marca de cinco puntos, entenderás que «el Nombre del fundamento es El Ella».

---

554. מגלגלי שמים, en castellano las «esferas de los cielos». La guematria de esta expresión es 506.

555. מגלגלי ספרים, en castellano las «esferas de los libros». La guematria de esta expresión es 506.

556. מגלגלי זכר ונקבה, en castellano las «esferas de lo masculino y lo femenino». La guematria de esta expresión es 506.

וכמו שתמצא שם היסוד בהויה, כן תמצא שם הויה ביסודה, וגם תמצא כח שם פה כח פה
שם והכל מתנועע מכח השכינה ומכח הרקיע ובכח המספר, וזה כלו סוד חצ"י השם, ואמנם
חצי השם בכל השם והוא סוד השם. תבין כל זה מסוד מעשה המשכן:

Puesto que como descubrirás «el Nombre del fundamento es el Ser».
El Nombre del Ser está en su fundamento. El poder del Nombre es la
boca. Y el poder de la boca es el Nombre. Y todo se mueve a través del
poder de la *Shekinah*, por el poder del firmamento y por el poder del número. Y el secreto de todo esto es la mitad del Nombre. Sin embargo,
la mitad del Nombre es como el Nombre completo,[557] que a su vez es el
secreto del Nombre. Comprenderás que todo esto procede del secreto
de la obra del Tabernáculo.

חלק ה', ענין ג', סימן ר', כולל שתוף האות עם הנקוד:

כבר התבאר לך שהאות בחומר והנקוד כרוח המניע את החומר, וההשגה בכוונת המתנועע,
והמניע היא בשכל והוא בפעל כרוח וכחומר, והתענוג שמקבל המשיג במה שהשיג היא הת־
כלית,

Parte ה, Tema ג, Signo ר, que incluye la combinación de Consonante y
Vocal

Ya se ha indicado que la letra es la materia, y las vocales son el espíritu que mueve la materia. Y la comprensión es el objetivo del movimiento. Y lo que se mueve es el intelecto, que afecta al espíritu y a la materia.
El deleite que el Creador recibe de lo creado es el objetivo.

ואלו הן ד' סבות הנמצאות לכל פעל נמצא בפעל, והנה החומר היא הסבה הפחותה מארבע־
תן. והתכלית היא הסבה המעולה מהן, והפועל קרוב אל התכלית. והצורה קרובה אל החומר:

Éstas son las cuatro causas que existen en todo acto que existe. Y
la materia es la causa menor de todas ellas, siendo el objetivo la más
excelsa de ellas y la forma es la más cercana a la materia.

---

557. Como ya vimos la guematria *Shemi* de *Iod He* es 26, como la del Tetragrama.

וזו הדרך כבר התבארה במופתים מושכלים בספרי החכמות המופתיות ועליהם נסמוך, ועל כן
לא נאריך בעניינים פה, אבל נבאר פה כוונתינו באותיות ובנקודם בכלל לפי קצור זה החבור,
ונאמר כי האות באמתת מציאותו הוא פועל אחד, והיה חומרו הקרוב הוא הדיו,

Esta cuestión ya ha sido aclarada con sabios ejemplos presentes en
los libros que son obras maestras de la sabiduría, y podemos poner
nuestra confianza en ellos. Así que no prolongaremos nuestra explicación sobre ello aquí, sino que sólo explicaremos nuestra intención en
relación a las letras y sus vocales en general, de acuerdo con la brevedad
de este ensayo. Indicaremos sobre la letra que la verdad de su existencia
es un acto único, y que su materia inmediata es la tinta.

ובהיות הדיו בקסת הוא מוכן בכל חלק וחלק ממנו לקבל צורות כל האותיות, שאע״פ שהכנתו
גם כן היא לקבל צורות רבות אחרות, או צורות אותיות אחרות בלתי אילו, כולנו אנחנו לא
נשגיח עתה לדבר בם, כי כוונתינו לאותיות שלנו לבד ולנקודם וללשונינו, ואין לדיו חלק מיוחד
לומר עליו מזה החלק יצויר א׳ ומזה האחרים וכיוצא בם, אבל החלק שהוא מוכן לקבל צורת
אחרת מהאותיות, הוא החלק כמו כן בעצמו המוכן לקבל כל הצורות אחת אחת, אלא שאחר
שקבל זה החלק, זו הצורה נשלם בחלק ההוא להקרא אות מורכב מחומר וצורה, ועל כך לא
הדיו יקרא אות, אבל יקרא חומר האות,

Y mientras que la tinta se encuentra en la botella, es posible considerarla forma de todas las letras y sus respectivas partes. Ya que aunque
puede asumir otras formas, o las formas de otras letras que no son las
nuestras, no las consideraremos aquí. Nuestro objetivo gira únicamente
en torno a nuestras letras, sus vocales y nuestro idioma. La tinta no distingue las partes de una letra como י, א, etc. Sin embargo, la parte que
asume la forma de una de las letras es la misma que asume cualquier
otra. Sólo una parte específica de una letra asume una forma específica.
Esta parte es llamada «una letra compuesta de materia y forma».

אבל האות מפני שאין לו מציאות בלתי החומר, אין לו שם אמתי, והנה עם כל זה האות הוא
שם המין, לא שם האיש לבד, וכל מין כולל אישים פרטים, ועל כן כתת הפעל צורת אות בחלק
מחלקי החומר הדיוני יקרא לו מיד שם פרטי נוסף על השם הכללי, ואז האות בעל ב׳ שמות
שמו האחד הכללי אות מצוי בפעל, ושמו השני הפרטי אלף על דרך משל,

Pero la letra, ya que no puede existir sin la materia, no tiene un nombre real. Sin embargo, la letra es el nombre de un universal, no de un
particular, y toda especie contiene particulares individuales. Además,
cuando un agente da forma a una letra o a parte de ella con tinta, se
le otorga un nombre particular además del nombre universal. De este
modo, la letra tiene dos nombres: primero, su nombre universal, «la

letra existente»; y segundo, el nombre que se le confiere a la letra, por ejemplo *Alef*.

ואם כן שמו הפרטי הוא אשר הבדילו מהכלל, והוא אצל הכלל כצורה לחומר במקרה, מפני שהכלל קיים והפרט הווה ונפסד, והקיים הוא העצם וההוה והנפסד הוא מקרה, ר"ל שקרה לו מקרה ההויה ומקרה ההפסד, והפועל צורת אות בדיו הוא אשר הוציא מה שהיה בכח אל פעל, והוא הסופר הכותב בקלמס, והיה העט כמו כלי אמצעי ביניהם, שבו תקן הסופר צורת האות כפי כחו ורצונו:

Así, el nombre que se le confiere la distingue del universal. Y en relación al universal se encuentra la forma dada a la materia por accidente. Y debido a que el universal persiste mientras que el particular se crea y destruye, lo que persiste es la sustancia, y lo que es creado y destruido es el accidente, lo que significa que fue creada y destruida accidentalmente. Y el agente de la forma de la letra en la tinta es aquel que la produjo aquello que potencialmente existe en el acto. Es el escritor que escribe con la pluma. Y la pluma es el instrumento, el intermediario entre ambos, a través de la cual el escritor produce la forma de la letra de acuerdo a su habilidad y voluntad.

והתכלית הוא שיבין הרואה הקורא כוונת הכותב, עד שישיג על ידי זה הפעל מה שהיה בלבו, ובעת השיג המשיג דבר נשלמה כוונת הפועל וכבר הגיע אל תכליתה, ואחר שהדבר כן אם לא הושג כוונת הפועל, לא נשלמה כוונתו ולא הגיע אל התכלית האחרונה אשר היא המכוונת באמת,

El objetivo del lector es entender la intención del escritor, que el primero entienda el corazón del segundo. Y una vez que ocurre esto, la intención del agente llega a su término y alcanza su objetivo. Ya que esto es así, si la intención del agente no es alcanzada, ésta no se completa y no alcanza su objetivo final y verdadero.

ומפני שתגיע התכלית ההיא, הורה השכל לסופר המשכיל להוסיף צורה על צורה כדי להשלים כוונתו, ולתת כח קרוב וחזק למעיין להבין מהרה כוונתו, והיא ענין התנועה המקרית הנוספת על האות, או אמור התנועה הרצונית, וזה כדי להעתיק מה שהוא חקוק על ספר מהספרים ממקומו ולחקקו עוד בלב המעיין בו:

Y para alcanzar este objetivo, el intelecto instruye al escritor a fin de dar forma y completar su intención y proporcionar al lector un poder inmediato y formidable para comprender su intención rápidamente. Ése es el movimiento accidental que se une a la letra, al movimiento voluntario. Es como copiar lo que se ha escrito en un libro y grabarlo en el corazón del lector.

וידוע שהאותיות אין להם תנועה בעצמם, ועל כן נתן הטבע על פי השכל כחות בכלל הפה, להמציא האותיות במבטא בדמות מציאותם הנמצא בספ'ר, והושמו לאותיות נקודות מורות על תנועתם במבטא בהתעתקם מן הספר אל הפה, ואם כן המתנועעים בעצם הם אותיות הפה, ובמקרה הם אותיות הספ'ר,

Es sabido que las letras no poseen movimiento por sí mismas. Además, el intelecto que proporciona la boca con sus capacidades, de acuerdo a la naturaleza, produce la pronunciación de las letras a imagen de su existencia, tal y como se encuentran en un libro. Y a las letras se les dio vocales para indicar el movimiento de su pronunciación, como si fueran copiadas del libro a la boca. Y así, aquellas que mueven la sustancia son las letras de la boca, y aquellas que se mueven por accidente son las letras del libro.

והשתתף אל זה הכרח מקום התנועות החלקיות, כי לא יתנועע שום מתנועע בלתי מקום ובלתי זמן, וחלקי המקום הם הריחוקים, וחלקי הזמן הם הסבובים הנחשבים הפקודים בשנים ובחדשים ובימים והדומים להם, ומפני הריחוקים צריך אדם לדעת כמה יאריך במבטא כל אות ואות,

Y la necesidad del espacio entre los movimientos parciales se combina con esto, puesto que nada se mueve sin el espacio y el tiempo. Y las partes del espacio son distantes, y las partes del tiempo son cíclicas. Son el pensamiento enumerado en años, meses, días y así sucesivamente. Y debido a las partes distantes, una persona debe saber cuando ha de prolongar la pronunciación de cada letra y letra.

וזהו סוד ההזכרה, ומפני שאלה כולם הם צריכים ענין ארוך אקצרם במסירת קבלה לבד, ואע"פ שהייתי יכול לתת טעם לכל אות נזכרת, מפני מה תאריך זו כזו או זו יותר מזו או זו פחות מזו, אבל צורת הקבלה מספקת להזכרה כי מי שהוא חכם הוא יבין מדעתו:

Y éste es el secreto de la pronunciación. Y debido a que todo esto requiere de una larga exposición, resumiré la Cábala recibida, aunque podría proporcionar una razón por cada letra pronunciada, el motivo de por qué deberías prolongar una junto a otra, o una más que otra, o una menos que otra. Pero esta Cábala sobre la pronunciación es más que suficiente, puesto que cualquiera que sea sabio la entenderá por sí mismo.

ואחר זה עיין מאד בצורת הבטוי בשעה שתרצה להזכיר את השם הנכבד הזה החקוק למעלה
בנקודו, קשט עצמך והתבודד במקום מיוחד, שלא ישמע קולך לזולתך, וטהר לבך ונפשך מכל
מחשבות העולם הזה, וחשוב שבאותה שעה הפרד נפשך מגופך ותמות מן העולם הזה ותחיה
לעולם הבא, אשר הוא מקור החיים הנמצאים המפוזרים בכל חי

Después de esto, contempla la forma de la pronunciación en profundidad. Si deseas pronunciar este Nombre honorable con sus vocales, engalánate y aíslate en un lugar especial, para que tu boca no sea escuchada por nadie. Purifica tu corazón y tu espíritu de todos los pensamientos de este mundo, y piensa en el momento en que tu espíritu se separa de tu cuerpo, muere en este mundo, y vive en el mundo venidero, la fuente de la vida, que se encuentra derramada en todos los seres vivientes.

, והוא השכל שהוא מקור כל חכמה ובניה ודעת, והוא בדמות מלך מלכים אשר הכל יראים
ממנו יראה גדולה מאד, והנה יראת המשיג היא כפולה שהיא יראת מעלה ויראת אהבה,
וכשבאה דעתך להדבק בדעתו הנותנת בך דעת, צריכה דעתך להסיר מעליה עול כל הדיעות
הזרות, זולת דעתו המשתתפים בינך ובינו על פי שמו הנכבד והנורא,

Ése es el intelecto, esa es la fuente de toda sabiduría, entendimiento y conocimiento. Es como el rey de reyes, a quien todos temen y respetan. Dicho temor por el creador es doble, puesto que es el temor de la excelencia y el temor del amor. Y cuando tu consciencia se una a su consciencia, a tu conciencia se otorgará conocimiento, por lo que tu conciencia debe eliminar el yugo de toda lengua extranjera, excepto por el conocimiento que procede de él, que te combina tanto a ti como a él de acuerdo a su Nombre honorable y terrible.

ועל כן אתה צריך לדעת דמות מבטאו: וזהו ציורו כשתתחיל להזכיר אות א' באי זה נקוד
שתזכירהו, מפני שהוא מורה על סוד היחוד, אל תאריך בו כי אם לפי שיעור נשימה אחת, ולא
תפסיק בנשימה ההיא שום הפסק בעולם עד שתשלים ביטויו, ותאריך בנשימה ההיא המיוחדת
כפי שיעור כח אריכות נשימתך האחת ככל מה שתוכל להאריך בה ונגן בא', וגם בכל אות
שתזכיר באימה ביראה ובפחד, עד שתוף שמחת הנפש בהשגתה שהיא גדולה,

Deberías conocer la forma de su pronunciación. Es la siguiente: cuando comiences a pronunciar la letra א junto a cualquier vocal, denotando la secreto de la unificación, no prolongues el sonido como si fuera una aspiración habitual. Tampoco detengas la aspiración hasta que hayas terminado su pronunciación. Y prolonga la aspiración tanto como tu respiración pueda. Pues el sonido de א junto con cualquier otra letra que puedas pronunciar, proporciona temor, respeto y miedo, y se combina con la alegría del espíritu en su amplia comprensión.

צורת הנגון בכל אות ואות תהיה בדמות הנקוד, והוא שתהיה בחלם למעלה, וכשתתחיל בהזכרתו תכוון פניך אל פני המזרח לא למטה ולא למעלה, ואתה יושב מעוטף בבגדים לבנים מכובסים טהורים או חדשים על כל בגדיך, או טליתך וראשך מוכתר בתפילין לפני המזרח שמשם האור יוצא לעולם,

Y la forma del sonido de cada letra es como la vocal. Un ejemplo es cuando aparece *Jolem* arriba. Cuando comienzas su pronunciación dirige tu cara hacia el este, no al norte o al sur. Vístete de blanco, limpio, puro con vestidos nuevos, que incluyan toda tu ropa y tu talit.[558] Y que tu cabeza se encuentre cubierta por los Tefilin, y tu cabeza se mire al este, puesto que es el lugar del que emerge la luz del mundo.

ולך ה' קצוות להניע בם ראשיך, ובחלם תתחיל מאמצע המזרח, וזכך רעיונך ותעלה ראשך עם הנשימה מעט מעט עד שתשלים וראשך למעלה, ואחר שתשלים תשתחוה עד הארץ פעם אחת,

Tienes cinco extremos en los que mover tu cabeza. Con *Jolem* comienza por la mitad del este, aclara tu contemplación y alza tu cabeza con cada respiración, poco a poco, hasta que tu cabeza quede totalmente alzada.

ולא תבדיל בין נשימת הא' לנשימת האות הדבק בו כי אם נשימה אחת קצרה או ארוכה, אך בין האות של השם ובין הא' בישרים, אך בין הא' לאות השם בהפוכים יש לך יכולת להנשים ב' נשימות בלי מבטא ולא יותר,

Tras ello, inclínate hacia suelo de nuevo, y no separes la pronunciación de א de aquella letra a la que se encuentre adjunta, excepto si es una aspiración corta o larga. Pero entre la letra del Eterno y el א junto a las letras directas, o entre el א y la letra del Nombre entre las letras invertidas, sólo puedes tomar dos aspiraciones sin pronunciar, no más.

ובתשלום כל טור וטור יש לך רשות להנשים ה' נשימות לבד ולא יות ר, אבל פחות מן ה' הרשות בידך, ואם שנית או טעית בטור מזה הסדר שוב אל ראש הטור ההוא עד שתאמרהו כראוי, ובדמות החלם נמשך למעלה, נגן בחרק הנמשך למטה ומושך כח העליון להדביקו בך,

Cuando completes cada columna, se te permite realizar cinco aspiraciones, no más, aunque puedes realizar menos de cinco. Y si te equivocas en una columna al hacer esto, repite desde el principio de la co-

---

558. Chal para la oración.

lumna hasta que lo hagas correctamente. Y como *Jolem* se representa arriba, *Jirik* se representa abajo, adquiriendo un poder superior para ti.

ובשרק לא למעלה ולא למטה אלא משיכה אמצעית כנגד הפנים האמצעיים. ובצרי תמשיך ראשך מהשמאל אל הימין, ובקמץ מהימין אל השמאל, שלא תוכל לסבלו ואפילו ההזכרה תשמע הדבר בכל אותו להזכיר עוד פעם אחת בדמות רצוא ושוב, שעל דבר זה נכרת ברית, ומה אוסיף להודיעך שכבר

Zuruk no se encuentra ni arriba ni abajo, por lo que mueve la cabeza directamente hacia el frente. Respecto a *Tzeré*, dibuja tu cabeza de izquierda a derecha, y el *Kamatz* de derecha a izquierda. Y si no ves ni escuchas, déjalo durante una semana entera. Es bueno pronunciar estas palabras una vez más, como *Ratzó veShov*, pues sobre este asunto se pronunció un pacto. ¿De qué más puedo informarte?

ידוע הוא שאם אתה חכם מן הרמוז תבין הסדר כולו, ואם תרגיש בך ששכלך חלוש בחכמה או בקבלה או רעיונך חזקים בהבלי הזמן, אל תזכיר את השם פן תוסיף לחטוא, ודע שבין דף של יו״ד לדף של ה׳ תוכל להנשים כ״ה נשימות לא יות ר, ובלבד שלא תפסיק בנתים לא בד־ בור ולא במחשבה, וכן בין ה״א לו׳ ובין ו׳ לה״א רק פחות מכ״ה, בין דף לדף תוכל להנשים:

Se sabe que si eres sabio entenderás todo lo que se ha indicado aquí, y si sientes que tu intelecto es débil en sabiduría o Cábala, o que tus concepciones se encuentran enormemente afectadas por las cuerdas de la temporalidad, no pronuncies el Nombre, no sea que agrandes así tus pecados. Has de saber que entre la página de י y la página de ה, puedes tomar solamente 25 aspiraciones. No debes hacer pausas entre ellas al pensar o al hablar. Lo mismo ocurre entre ה y ו, así como entre ו y ה.

ואחר שרמזתי לך זה אודיעך ז״ה עוד סוד ה׳ העגול המעוש ת, שאם תרצה להתחיל בו לפי הצורות הנזכרות הרשות בידך, והם י׳ שמות הקדש שלמים, וזו היא צורת אותיותי ונקודם:

Y después de indicarte todo esto te informaré más detalladamente acerca del secreto del Nombre circular de diez formas, pues si deseas empezar a practicar de la forma indicada, tienes mi permiso. Estos son los diez Nombres divinos completos. Ésta es la forma de sus consonantes y sus vocales.

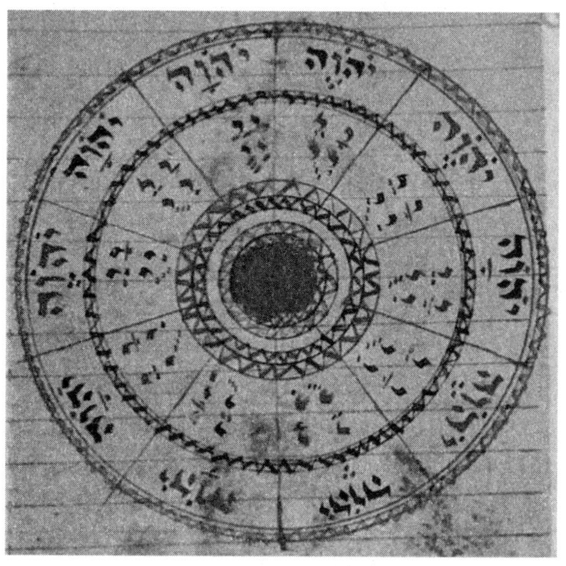

י' מתגלגל בניקודים אבל הו"ה עומדים ונזכרים אחר הזכרת השם יודי"ן מנוקדים והנשימות
שוות לראשונה מאות י' לתיבות הו"ה, וכלל השם שוה לטו ר, והבן זה ממה שכבר נכתב
למעלה, הנה כבר קצרתי לך סוד מבטא השם וסדריו בתכלית בקצור לפי הצריך:

’ se mueve junto a las vocales, pero הוה permanece quieta y enmude-
cida tras mencionar las cinco *Iod* en sus vocales. Y las aspiraciones son
iguales al inicio, desde la letra ’ hasta las partes de הוה. El Nombre completo es igual a una columna. Entiende esto conforme a lo que ha sido
escrito antes. Pues te he dado una breve descripción sobre el secreto de
la pronunciación del Nombre y su orden de forma más breve y necesaria posible.

החלק הט׳, סימני אותיותיו ו׳ה׳י׳ה׳, חלקיו ד׳, ועניניו ר׳, והשם צ׳ד׳ק׳:

סימן ו׳, ענין א׳, סימן צ׳, כולל קשר כל הכחות בשם:

כבר חשבו חכמים רבים מפני שהלשונות הסכמיות והכתב ג״כ מוסכם וכן הנקוד, שלא יתכן מפני זה שיוכל אדם לשנות חלק מחלקי הטבע הכללי בשים עת מן העתים לא בשם ולא בזו־
לת שם,

Capítulo noveno, cuyas letras son ה ,י ,ה ,ו, tiene cuatro partes y cuatro temas a través del Nombre ק ,ה ,צ

Parte ו, Tema א, Signo צ, que incluye el anudamiento de todos los Poderes en el Nombre

Muchos sabios consideraron que, ya que los idiomas son convencionales, y lo mismo ocurre con la escritura y las vocales, es imposible que una persona sea capaz de alterar partes de la naturaleza a través de la ayuda de cualquier Nombre.

ואמנם מה שבא מזה נכתוב או בקבלה בא בצורת משל שיבינו ממנו החכמים מה שראוי להבינו, והוא נמשל,

Sin embargo, todo lo que está escrito o transmitido por la Cábala, viene en forma de alegoría, de modo que el sabio entenderá lo que es o debería ser, es decir, el significado alegórico.

ויחשבוהו הפתאים כפשוטו, מפני שאין בם יכולת להשיג כל דבר על בוריו, כי מפני שבני אדם ג׳, והם חכמים וסכלים ובינוניים, ולא יתכן למי שכותב דבר להודיעו לאנשי דורו בכלל וגם לבאים אחריו,

Y los ignorantes piensan que esto es literal, y por eso no pueden comprender todo con claridad. Esto muestra que hay tres tipos de seres humanos: sabios, ignorantes y mediocres. El que escribe algo no puede hacerlo llevar a todo el mundo de su generación o a las generaciones venideras de modo que tanto el sabio como el ignorante le entiendan igualmente.

שיכתוב מה שיכתוב על דרך שתשוה דעת החכם והסכל בו, הוכרח בעל השכל הכותב לכתוב
דבר המספיק לכל איש, ברוב כפי מה שהוא, ועל כן היה כח בהסכמה להתקיים, ולפעמים
תשתנה על פי רבים, וזו הטענה בעצמה כבר האמנתים אני וטענתיה לזולתי לפי דעתי סוד ה'
יתברך, ר"ל שם בן ד' אותיות והמורכבים ממנו:

Un escritor debe escribir de acuerdo a un tipo de persona en concreto. Así, la convención del significado alegórico que cambia la naturaleza obtiene el poder de la existencia, y a veces es posible cambiarla. Esta
pequeña afirmación se debe a lo que yo mismo creo y he hecho creer a
otros, basándome en el conocimiento del Nombre del Eterno, bendito
sea. Es decir, el conocimiento del Nombre de cuatro letras y aquellos
otros Nombres que están compuestos a partir de ellas.

ואמנם אחרי שקבלתי מהשם מה שקבלתיו, ראיתי שהטענה הנזכרת הביא אל בעליה לטעון
חלשת השגת השגת השכל,

Y ciertamente, después de haber recibido del Eterno aquello que re-
cibí, observé que la afirmación anterior fue impuesta debido a la debilidad de comprensión del intelecto.

והיותו חושב שמה שגוזר השכל האנושי כאשר הוא יכול להשיג קצת המושכלות, דין הוא
שישיג אלה אשר הדמיון גוזר מניעתם, ואם יחשוב חושב שזה מושג בשכל, ניסרהו ונודיע
לו שהשכל האנושי יש לו גבול יעמד אצלו ולא יעברנהו, ואם יחשוב לעבור יתבלבל ותשוב
השגתו דמיונית בהכרח, ועל כן אין ראוי להכחיש המקובל התוריי, עד שיבוא מופת מושכל
שיכחישנו בהכרח, וזה שכבר כל משכיל שלא יתכן להניא מופת מושכל להכחיש מופת מוש־
כל, כי המפתים המושכלים הם אמת ודבריהם אמת,

Esto se debe a que el intelecto humano es aquello capaz de decre-
tar cuando es posible concebir verdades intelectuales, así como forzar
la comprensión de aquello que la imaginación considera imposible. Y si
alguien pudiera pensar que esto es comprensible por medio del intelecto, entonces quitemos este pensamiento de dicha persona, y hagámosle
saber que el intelecto humano tiene un límite y no puede ir más allá de
él. Y si contempla todo lo que entra, entonces su pensamiento se vuelve confuso, y necesariamente ha de regresar a lo imaginativo. Además,
aquello que se considera Cábala de la Torah no debería ser negado a no
ser que contradiga necesariamente una prueba. Porque los sabios son
verdad y sus pruebas son verdad.

והם אשר נולדו מתבנית ההקש האמתיות בשני הקדמות צודקות לפחות ובתולדה אמתית
באמרך על דרך משל כל אדם חי וכל חי מרגיש , ואם כן כל אדם מרגיש וזה מופת מושכל לא
יכחישנו שום משכיל, וכן אם יאמר לך אדם כל לשון כל מושכל, וכל מוסכם לא ישנה הטבע, ואם
כן כל לשון לא ישנה הטבע, וזה מופת אחר שיתבאר במופת שכל לשון מוסכם אבל היות כל
מוסכם בלתי משנה הטבע זה מושכל ראשון ולא יצטרך למופת הנה זה כולו אמת:

Todo esto proviene de los auténticos patrones de silogismos en los
que al menos hay dos premisas y una conclusión cierta. Por ejemplo,
todo hombre es un animal, y todo animal es un ser que siente; por lo
tanto, todo hombre es un ser que siente. Esa es una prueba que no puede ser negada por ningún hombre sabio. Y similarmente, si una persona fuera a decirte que todo idioma es convencional, no hay convención
capaz de cambiar la naturaleza, y por lo tanto no hay idioma que sea
capaz de cambiar la naturaleza. De hecho hay una afirmación que debería ser demostrada sonoramente: que todo idioma es convencional.
Sin embargo, que una convención no cambie la naturaleza es una concepción primaria que no necesita prueba. Y todo esto es verdad.

אבל מה שהתאמת אצלינו אשר אמרנו עליו שלא עלה ביד אדם על דרך זו זולת הנביא, ולא
כל נביא אלא הידוע אשר נזכר עליו זה הכח המופלא הוא שאמרנו, כי בהדבק שכלו המתפעל
עם השכל הפועל כן יוליד בו מדע מחודש אצל הנביא שלא היה נמצא בו בפעל כי אם בכח,
ובעת התדבקות יצא מה שהיה בכח אל פעל וחדש בו חלק,

Pero lo que antes considerábamos cierto no es logrado por cualquiera sino por el profeta, y no cualquier profeta, sino el escogido, aquel
cuyo poder es milagroso. Se trata del intelecto activo que se adhiere al
intelecto que actúa en su interior, y da a luz a una nueva cognición
entre los profetas, que no estaba presente antes salvo en potencia. Y
durante esta adhesión, lo que era potencia se convierte en acto, pues los
efectos de la cognición proporcionan algo nuevo.

ודמה זה מצד אחד לשנוי הטבע, מפני שהטבע הוא ברוב או כמה שהוא דומה לכל או לרוב,
נוסף בו ג״כ מפני שכלו שכל פועל בפעל דומה לחלק הכולל הכל, ובהיות שכל האדם משכיל
כל המושכלות שתחתיו כולל את כלם, ואז יתכן לקבל שפע מכח השפע ההוא, יוכל גם הוא
לתת צורה חלקיית בחומר חלקיי, בדמות פעל הטבע המתפעל בהויה ובהפסד בצורה חלקיית
קצה זמן,

Esto es semejante a un acto de cambiar la naturaleza, puesto que la
naturaleza se encuentra, en la mayoría de ocasiones en todo o parte del
todo. Y debido a su intelecto, un intelecto activo también le fue añadido,
siendo así parte del todo. Y cuando el intelecto humano concibe todas

las verdades intelectuales del todo, entonces se puede recibir la *Shefa* del poder de dicha *Shefa*. Y entonces también da forma parcial a la materia en la forma de un acto de la naturaleza, apareciendo y desapareciendo parcialmente durante un cierto tiempo.

ומפני שהטבע הכללי קיים, יאריכו ענייני פעולותיו החלקיות זמן יותר ארך, ממה שהאריך פעל שכל הנביא, שהוא לא יעמד עמו תמיד,

Y debido a que la naturaleza general persiste, las cualidades de sus acciones parciales durarán más que las acciones del intelecto del profeta, que no siempre persisten junto a él.

ועל כן ראוי ליחס הפעל ההוא המשתנה על פי שכל הנביא אל מי שיהיה סבה ראשונה לשנוי ההוא שהוא השם, ומפני שהנביא לא ישיג את השם אלא מתוך ידיעת השם, כמו שהפילוסוף השלם לא ישיג את השם אלא מתוך מעשיו, יחסנו אנחנו וכל מי שקדם לנו בהסכמה שוה, זה הפעל האישי המשתנה מדרכי הטבע המיני אל שם השם,

Además, la acción que cambia de acuerdo al intelecto del profeta debería ser atribuida a su causa primaria, que es el Eterno. Y debido a que el profeta no comprende al Eterno salvo a través del conocimiento del Nombre, y el filósofo no comprende al Eterno salvo por sus acciones, consideramos que el acuerdo común entre todos se encuentra en la acción particular, aquella que cambia la naturaleza de las especies en Nombre del Eterno.

ואמרנו שבכח השם עשה הנביא מה שעשה, והשם הוא אחד ושמו אחד, וזה דבר שלא יושג בהרגש ולא בדמיון ולא במושכל ראשון, אבל יושכל אחר מופתים רבים מושכלים, ויש לנו טע־ נות רבות ברורות מקובלות ומושכלות, שהיינו יכולים לאמת בם מה שאמרנוהו על דרך ספור, אבל לא נכתב זה החבור על כונת כן, אלא שכוונתינו בו לכתוב העניין המקובל והמוסרו בקבלה,

Y hemos dicho que el profeta hace lo que hace gracias al poder del Nombre. Y eso es algo que no se puede entender a través del sentimiento, la imaginación o cualquier concepción primaria. Pero puede entenderse tras muchos argumentos.[559] Tenemos muchas afirmaciones recibidas para probar lo que hemos indicado de múltiples maneras. Pero este ensayo no se ha escrito con ese propósito, sino que nuestra intención es escribir acerca del tema para transmitir una forma concreta de Cábala.

---

559. La palabra *Mofet*, que significa «argumento», «demostración» tiene también el sentido de «milagro», «prodigio».

ואע"פ שכבר השכלנוהו גם כן שהוא כן, ואי אפשר להיות זולתו אחר שקובל, וגם הושכל, ועל כן נכתוב ממנו המקובל, ואם יזכו גם כן החכמים והמשכילים יבינו, ולא יבינו כל רשעים, והרוצה לבחון יחקור וימצא:

Lo hemos indicado detalladamente ya que así ha sido recibido y concebido. Y si el sabio y el intelectual son dignos, entonces ellos comprenderán. Y todos los malvados no entenderán. El que desee entender, descubrirá y encontrará.

ואחר זה תדע כי הכחות הכלליות אשר בכל המציאות הם י' ספירות בלימה, וסודם י' שמות בסבוב י"ה, והם הנזכרות אשר כתבנום, וידוע כי חצי י' הוא ה' ובחבור מה שקדם אל ה' עמה תמצא י"ה, ובמלואו הוא יו"ד ה"א, והיה הנמצא המחובר הו"ד אות ד' ויהיה הסוד דו"ד הו"א,

Y tras esto, has de saber que las fuerzas generales de la existencia son las 10 *Sefirot Belimah*.[560] Y su secreto es יה, cuyo valor es 15 Nombres en rotación de יה. Y se pronuncian de la forma que hemos indicado. Se sabe que la mitad de 10 (י) es 5 (ה). Y cuando ה se combina con lo que le precede, encontrarás que es יה. Su deletreo es יוד הא.[561] Y combinado en *Tzeruf* es *Iod Hu Ot*[562], y su secreto es «él es David» (דוד הוא).[563]

והנה החשוק הנותן החשק בלב החושק והעד אהוב הו"א, ומפני שבין ב' אוהבים ב' חלקי אהבה שהיא שבה דבר אחד, בצאתה לפעל הורכב השם בב' חלקים, והוא שתוף אהב"ה אלהי"ת שכלית עם אהב"ה אנושית שכלית והיא אחת, כמו ששמו כולל אחד אחד, מפני חבור מציאות האנושי עם המציאות האלהי בעת ההשגה השוה עם השכל, עד היותו היא והוא דבר אחד,

Y de los lugares deseados, el deseo se encuentra en el corazón del que desea, y el testimonio es igual a «él es el amado» (אהוב הוא) igual a «él es el amante» (אוהב הוא). Y ya que los dos amantes son dos partes del amor que vuelve a uno cuando este se actualiza, del mismo modo el Nombre está compuesto de dos partes. Son una combinación del Amor del Intelecto Divino con el Amor del Intelecto Humano. Y es uno porque Su Nombre contiene «uno uno».[564] Esto se debe a la combina-

---

560. *Véase* nota 142.

561. Guematria 26.

562. הוא אות יוד, literalmente «él es la letra», que Abulafia lee como *Iod He Alef,* o sea las letras iniciales de esta expresión.

563. Guematria 26.

564. אחד אחד, cuya guematria es 26, la misma que la del Tetragrama.

ción de la existencia humana con la existencia Divina en el momento
de la concepción del intelecto con la realidad, y así tanto él como ella
son uno.

וזהו כחו של האדם שיוכל לקשור החלק התחתון וידבק בעליון, וירד העליון וינשק את הדבר
העולה לקראתו, בדמות החתן המנשק את כלתו בפעל מרב חשק אמתי מיוחד לתענוג שניהם
מכח השם:

Ésta es la capacidad del hombre, puesto que puede unir la parte
inferior con la superior. La parte superior desciende y besa a ésta para
que se levante, del mismo modo que el esposo besa a su esposa debido
al exceso de deseo único por el deleite de ambos en el poder del Nombre.

חלק ה', ענין ב', סימן ד', כולל כמות השמות שבם קושרים ומתירים:

הקשר הוא בעצמו הת"ר וסודם שש"ה, ואם כן שמות הקשר ששה, גם שמות ההתר ששה,
ועל כן היה אות הקשר ו' בכל מקום, ושמו ו' שהוא ששה ששה,

Parte ה, Tema ב, Signo ד, que incluye la cantidad de Nombres anudados
y desanudados.

Lo anudado[565] es igual a lo desanudado y su secreto es el número 6.
Así, los Nombres del nudo son 6, y los Nombres de lo desanudado tam-
bién son 6. Además, la letra que conecta todo es ו, cuyo valor es 6. Y su
Nombre es *Vav*, cuyo valor es «6 6».[566]

והיסודות אשר בם כל קשר וכל התר הם הג', והם א"ש מי"ם ורו"ח הרי סודם שש"ה, והש-
מות המופשטות מהחומר והצורה הם ששה הם הנחתמים והחותמים והחתימות אשר כללו
ו' קצוות, גם ו'ו אלכסונים, והם שש פעמים יה"ו מצורף, וחסרו מהם ו' האין שהם ל' הרי
שלשה.

Y los elementos que anudan y desanudan todo son tres: fuego, agua
y aire. Y su secreto también es 6. Y los Nombres, abstraídos de la materia y la forma, son 6, son sellados y son el sello mismo. Así ocurre

---

565. קשר, en castellano «nudo» o «anudado», su guematria es 600.

566. O sea 12. La letra *Vav* deletreada formada por dos *Vav*

con las letras que contienen 6 extremidades y 6 diagonales. Son 6 veces YHV (יהו).[567] Hay 6 ה que faltan, cuyo valor es 30 (ל). De esta forma son 3.

וכן ל"ו אחרונים, הרי לשלש"ה וכלם הרי שש"ה, כי כל ששי"ם הם שש"ה, והכלל כי הששים הם הקשרים והם התרים, ונוספו על אדמ"ה שלש יסודות הנזכרות, ועל כן היו היסודות ד' והם ג"ג כדמות המזלות, אשר בם ההקשר וההתר בתנין ובסודותיו, עד שוב כחו אצל היודע את השם אסור בידו בתוספת ה' על החומ ה,

Así, otras letras se unen, y estas pertenecen al 3. Juntos son 6, puesto que cada 60 son 6. Pues 60 son los nudos y lo desanudado. Y los 3 elementos anteriores fueron añadidos a la tierra. Además, los elementos son 6 y estos son «3 3», como los signos del zodiaco, en los que se encuentra lo anudado y lo desanudado del Dragón y sus misterios, hasta que el poder vuelve a estar sellado en las manos del que conoce el Nombre, con la adición ה a la materia (החומר).

ובהתגלגלו י"ב פעם שהוא שם בן י"ב וסודו מרבע, והנו אני והו אני והוא אני והו אני והוא והאלפין נוספו לסוד שדי, וכן [תהלים קיח] אנא יהוה אנא יהוה אנא יהוה אנא יהוה אנא יהוה הושיעה נא

Los elementos se mueven 12 veces, como el Nombre de las 12 letras, y su secreto es un cuadrado. Y éste es *Ani Vehu*,[568] *Ani Vehu, Ani Vehu, Ani Vehu.*א se añade al secreto de Shaddai (שדי). Pues se dice: «Por favor, oh Eterno, sálvame; dígnate oh Eterno, oh Eterno, dígnate de darnos éxito» [Salmos 118, 25].

הצליחה נא הושיענו הצליחנו, וזה כולו ראיה על זמן הדרור שהוא זמן הגאו"ת וזמן הקדוש לקדש בו את השם, וכבר נרמז סוד הקשר שם באמרו [שם] אחר ברוך הבא בשם יהוה וכו' ועוד אל יהוה ויאר לנו אסרו חג בעבותים עד קרנות המזבח,

Esa es toda la evidencia de la época de liberación, tiempo de orgullo y tiempo de santidad, un tiempo que santificar al Eterno. Y el secreto del nudo ya ha sido mencionado, pues se dice: «Bendito el que viene en Nombre del Eterno » [Salmos 118:26], «Él es el Eterno, y nos ha iluminado, atad víctimas con cuerdas a los cuernos del altar» [Salmos 118:27].

---

567. Guematria 12.

568. אני והו, en castellano «yo y él», una forma de dirigirse a Dios en la oración.

כי זה אסור לפרשו, מבואר פן ילחמו בנו שונאינו בכלי מלחמתינו שהוא סוד השם, כמו שנא־
מר [תהלים כ, ח] אלה ברכב ואלה בסוסים ואנחנו בשם יהוה אלהינו נזכיר. המה כרעו ונפלו
ואנחנו קמנו ונתעודד וכן [שמואל א יז, מז] כי לא בחרב ובחנית יהושיע יהוה,

Porque esto no ha de ser interpretado en el sentido de que nuestros enemigos lucharán contra nosotros con nuestras propias armas, que son los secretos del Nombre, pues se dice: «Estos los carros y aquellos los caballos, pero nosotros el Nombre de YHVH, nuestro Dios, invocamos» [Salmos 20:8]. «Pues YHVH no salva con espada ni lanza» [1 Samuel 17:47].

ומבואר אמירת דוד [שם קמט, ו] רוממות אל בגרונם וחרב פיפיות בידם, לעשות נקמה בגוים
תוכחות בלאומים, לאסור מלכיהם בזקים ונכבדיהם בכבלי ברזל, לעשות בהם משפט כתוב
הדר הוא לכל חסידיו, וזה סוד הקשר העליון והתחתון שקושר את השם בשם:

David lo explica al indicar: «Encomios de Él haya en su garganta y espada de dos filos en sus manos, para tomar venganza en las naciones, castigos en los pueblos; para atar a sus reyes con cadenas, y a sus nobles con férreos grilletes; para cumplir en ellos el fallo prescrito: será ello un honor para todos sus fieles» [Salmo 149:5-9]. Éste es el secreto del nudo superior e inferior que une el Nombre con el Eterno.

חלק י׳, ענין ג׳, סימן י׳, כולל איכות הקשר וההתר:

ודע שהיודע את השם צריך שידע שם העצם, שבו נקרא ביום בריתו, ויקשרנו עם השם המפו־
רש אשר הוא גם כן שם העצם,

Parte י, Tema ג, Signo י, que incluye la calidad de lo anudado y lo desanudado.

Has de saber que el que conoce el Nombre debería conocer a su vez el Nombre sustancial por el cual es llamado en el día de su *Brit*, y unirlo así al *Shem haMeforash*, pues también es el Nombre de la esencia.

ויש ממנו חלקים ויש ממנו כללים ויש בראש ויש בתוך ויש בסוף. בראש כענין [במדבר יג,
טז] ויקרא משה להושע בן נון יהושע, שקשר לו כתר השם בראשו, ובתוך כעין אברם שהוסיף
לו השם ה׳ שהוא סוף הכתר ה,

Esto afecta a los particulares y universales, algunos al inicio, otros en medio y algunos al final. Al inicio responden al tema de «Y Moisés llamó a Oseas» [Números 13:15], así unió la corona al Nombre a partir del inicio. Y en medio se encuentra el Nombre de Abram (אברם), a quien se le añadió la letra ה,[569] con la adición que se encuentra al final de *Keter*.

והיה מהשם תוך וסוף, ולאברהם תוך קרוב לסוף. ובסוף אליה שהוא שלם אליהו, וסופו הוא קשר ו' של שם עמו, וכן נביאים רבים, וכפי הצורה הזו צריך לחבר ולהמיר שם בשם ולחדש ענין, לקשור ההתר ולהתיר ההקשר בשמות הידועים, בהתגלגלם עם י"ב מזלות ועם ז' כוכבים ועם ג' יסודות, עד שיתפשט והקושר והמתיר מחומר האסור והמותר, וילבש צורה מחדש בו אסור והתר:

Y en el Nombre (YHVH) ה está en la mitad y al final, y en Abraham (אברהם) se encuentra en la mitad cerca del final. Al final se encuentra en Elías (אליה), cuyo Nombre completo es Eliyahu (אליהו). Su final es la ו que lo conecta con el Nombre. Y algo parecido a esto ocurre con muchos otros profetas. De esta forma deberías poder añadir y transmutar un nombre con el Nombre, renovando así lo anudado y lo desanudado de los Nombres conocidos, puesto que estos se mueven junto a las doce marcas, los siete planetas y los tres elementos, hasta que el que anuda y desanuda se desvista de la materia que permite y deja de permitir, vestido con la forma y renovándola con lo que está permitido y con lo que no está permitido.

חלק ה', ענין ד', סימן ק', כולל תועלת ההקשר וההתר:

זו היא תכלית התועלת לפי המושכל והמורגש, כגון האדם שהיה בבית הסהר ה, על דרך משל ביוסף הצדיק ע"ה, ויצא מבית האסורים למלוך, וגבר ומלך עד שאמר [בראשית מה, ט] על עצמו שמני אלהים לאדון לפרעה,

Parte ה, Tema ד, Signo ק, que contiene el beneficio de lo anudado y lo desanudado.

Éste es el beneficio final de acuerdo a lo que se concibe y percibe. Ese es el caso del hombre que estuvo en prisión, como en la historia de José el justo, la paz sea con él. Éste fue liberado de la prisión para reinar, so-

---

569. Convirtiéndose así en Abraham. Ver Rashi sobre Génesis 17:5. A Abram se le añade una *He* y a Sarah una *Iod,* que son dos letras del Nombre.

breponiéndose y reinando hasta que se dijo a sí mismo: «Elohim me ha hecho faraón» [Génesis 45:9].

שהוא אדון אדניו, ויכול לאסור את אוסריו אשר אסרווהו ולהתיר עצמו, שאין ספק שכבר הגיע בזה התכלית אשר חשק בהא האסור אל מה שבקש מהשם, והנה תכלית התכליות היא התו־ עלת האחרונה, והתועלת האחרונה היא השגת המבוקש האחרון בכל דבר ודבר כפי עניינו:

Él se convirtió en el señor de sus señores, pudiendo esclavizar a aquellos que le esclavizaron y abandonaron, y desatarse a sí mismo. No hay duda de que el prisionero alcanzó objetivo final de aquello que deseaba, y por eso suplicó al Eterno. Puesto que el objetivo final es también el beneficio final. Y el beneficio final consiste en lograr aquello que se busca en cada cosa de acuerdo a sus cualidades.

החלק הי' סימני אותיותיו וי'ה'י'ה' חלקיו ה', ועניניו ה', והשם ל'ב'ר'כ'ה':

חלק ו', ענין א', סימן ל', כולל השגת השכל:

השכל הוא שם לדבר המנהיג הכל, שהוא הסבה הראשונה לכל, והוא שם לדבר הנפרד מכל חומר, והוא הנשפע מהסבה הראשונה,

Capítulo décim, cuyas letras son ו , י, ה, י, ה, tiene cinco partes y cinco temas a través del Nombre ה כ, ה, ב, ל,

Parte ו, Tema א, Signo ל, que incluye la Comprensión del Intelecto.

El Intelecto es el Nombre de lo que gobierna todo, es la causa primera de todo. Es el Nombre de lo que está separado de toda materia. Es la
Shefa que fluye de la causa primera.

אשר באמצעות השפע ההוא מנהיג הדבר הראשון את השמים המתנועעים, והשמים הם בעלי חומר בלתי משיג, ובעלי צורה מושכלת בלתי משכלת, ובעלי נפש משכלת ומושכלת.

Y con dicha *Shefa* gobierna todo lo que hay en los cielos. Y los cielos
están hechos de materia intangible, una forma intelectual intangible, y
un espíritu que es tanto intelectual como tangible.

והנפ"ש שמקבלת הוא שפע מהנפרד ויקרא שכל דבק בהולי בעל הצורה, והנפש והוא אשר בו תשכיל נפש השמים עצמה, וכל מה שלמטה ממנה, ותשכיל שכלה בעצמו שהוא הנותן לה צורת ההשגה, ותשכיל ממה שלמעלה ממנה מציאות, ושהוא סבת מציאותה וקיומה, ותתעדן בהשגתה עדון מופלא שאינו דומה לדבר ממעדני זה העולם החשוך,

Y el intelecto, que recibe la *Shefa* de forma separada, es aquel a través
del cual el espíritu de los cielos se comprende, tanto a sí mismo como a
todo lo que se encuentra debajo. Comprende su propio intelecto, dando forma a la comprensión. Comprende a aquello que se encuentra por
encima de la existencia, que es la causa de su existencia y la realidad. Y

recibe un maravilloso placer de la comprensión, un placer totalmente alejado de aquellos de este mundo oscuro.

ובציורה שמציירת משיגת שסבתה נפרד מחומר, והיא בעלת חומר, ואי אפשר לה קיום השגה בלתי חשק להיותה מתדמה אל הנפרד אשר הוא בכל מקום,

Y a través de la imagen que se forma, concibe que su causa está separada de la materia, pero al mismo tiempo posee materia. Es imposible comprender algo sin el deseo de parecerse a lo que le separa, de forma ubicua.

ויש לגוף שהיא כח בו שתי נקודות בצד אחד, ואחת בצד שני, בשיעור שוה מתכלית הרוחק אשר בין שתיהן,

Y un cuerpo tiene dos puntos potenciales, uno en un lado y otro en otro, a una distancia igual al punto más lejano de ambos.

והיא חושקת לקיים עצמה ומציאותה, והשגתה בגלגול גופה סביב, שהשגתה גוזרת לקיים בה כל מציאותה וכל ענייניה בחזרת חלילה, ולהבטל עם המנוחה ואינה יגעה לא היא ולא גופה במהירות תנועתה, שהרי אין לה תנועה בעצמה כלל, אבל אפה המתנועע בעצם, ועם כל זה אינו מחליף מקומו, ויש לדבר הרבה בזה, אבל אין זה מקום הדברים ההם כי נחלפו מקומותם,

Desea completar su esencia, su existencia y comprender el movimiento alrededor de su cuerpo, puesto que su comprensión decreta que complete su existencia y todas sus cualidades por repetición. Es algo que se encuentra anulado por el resto. No se fatiga, ni a sí mismo, ni a su cuerpo, por la velocidad de su movimiento, puesto que sustancialmente no se mueve nada. Sólo su cuerpo se mueve sustancialmente, y aún así nunca cambia de lugar. Hay mucho que decir acerca de esto, pero es algo que se encuentra fuera de lugar aquí.

ואולם השכל ג"כ עוד הוא שם לסבה הראשונה הקרובה הפועלת לכל מה שלמטה מן הש־ מים, כלומר לכלל הארץ המורכבת מהיסודות וליסודות בעצמם ולכל המורכב מהם,

Además, el intelecto es el Nombre de la causa primera que afecta a todo bajo los cielos, es decir, a toda la tierra compuesta por los elementos, a los propios elementos, y a todo lo que esté compuesto por ellos.

וזו הסבה שמה אצלינו שכינה, גם רוח הקדש או רוח אלהים חיים וכדומה לאלה השמות,

Para nosotros, el nombre de esta causa es *Shekinah*, pero también *Ruaj haKoddesh*,[570] *Ruaj Elohim Jaiim)*[571] y otros nombres similares.

ופעם יקרא מלאך, ופעם יקרא אלהים, גם יהוה או אדני או שדי גם צבאות וכן מלאך אלהים ומלאך יהוה, וכבר נודע במופת שהוא השכל הפועל בנפש האדם שכל, והם אם כן ג' מדרגות, ושלשתם עצמות אחת, והם השם יתברך שפעו הנבדל ושפע שפעו הדבק בנפש,

A veces es llamado *Malaj*,[572] otras veces Elohim, y también el Eterno, Adonai, Shaddai o *Tzevaot*,[573] así como *Malaj Elohim*[574] y *Malaj haShem*.[575] Se sabe gracias a argumentaciones que es el intelecto activo y que afecta al intelecto del espíritu del hombre. Y así, hay tres niveles, y todos ellos son una sola sustancia. Dichos niveles son el Eterno, bendito sea, su *Shefa* y la *Shefa* de su *Shefa*, que se adhiere al espíritu.

והנפש דבקה בו דבוק אמיץ עד היות שניהם גם כן עצמות אחת, והנה לאדם העליון ד' והם נפש ושכל נשפע ושכל נבדל וסבה ראשונה לכל, וכן לאדם התחתון ד' והם ג"כ נפש ושכל נשפע ושכל נבדל וסבה ראשונה לכל, והסבה הראשונה כוללת הכל והיא אחת לכל, והשכלים רבים הנבדלים והנשפעים והנפשות רבות, רק השכל הפועל עצמותו אחת ופעולותיו רבות מצד המקבלים שהם רבים,

Y el Espíritu se adhiere rápidamente al influjo, hasta que se convierte en la misma sustancia. Y el Hombre superior contiene cuatro niveles, que son Espíritu, Intelecto que fluye, Intelecto separado, y la Causa primera de todo. El Hombre inferior también tiene cuatro: Espíritu, Intelecto que fluye, Intelecto separado, y la Causa primera de todo. Hay muchos intelectos, que fluyen y están separados, y muchos Espíritus. Sólo el Intelecto Activo es Uno en esencia, y sus efectos son muchos en aquellos que lo reciben.

---

570. רוח הקדש, en castellano «espíritu de santidad»

571. רוח אלהים חיים, en castellano «espíritu del dios vivo».

572. מלאך, en castellano «ángel», «mensajero».

573. צבאות, en castellano «ejércitos».

574. מלאך אלהים, en castellano «ángel de Dios».

575. מלאך יהוה, en castellano «ángel del Eterno».

ומפני שהאדם בעל חומר מחליף צורותיו הפרטיות, התחייב הפרד נפשו מגופו, כדי שתדבק
בשכלה הנשפע לה, אשר בו השיגה עצמה וכל העצמים שלמטה ממנה, והשיגה ג״כ מציאות
מה שלמעלה ממנה, אבל לא עצמותם, מפני שכל משיג ענין מושג ההשגה, משתפת את
שניהם ביותה בפועל להיותם דבר אחד והנה השכל האנושי הנשפע מהשכל הפועל הנבדל,
היא מדבקת את הנפש באלהיה, והדבור ההוא הוא סבת חיי הנפש הנצחיים בחיי אלהיה, כמו
שנאמר על זה [דברים ד, ד] ואתם הדבקים בה' אלהיכם חיים כולכם היום ונאמר [דברים י, כ]
את ה' אלהיך תירא ואותו תעבוד ובו תדבק ובשמו תשבע, וזו היא השגת השכל:

Y debido a que el hombre posee una materia que cambia sus formas
particulares, el espíritu debe separarse necesariamente del cuerpo para
adherirse a su intelecto que fluye, comprendiéndose a sí mismo y a todas las sustancias bajo él. Pero no así a su sustancia, ya que concebir
algo concebible requiere combinarse con ello, siempre que la concepción sea una acción. Éste es el habla del Intelecto humano que fluye del
intelecto activo. Eso es lo que hace que el espíritu se adhiera a Dios. El
habla es la causa de la vida eterna del espíritu en la vida de Dios, pues
se dice: «Vosotros, que os habéis adherido a YHVH, estáis hoy todos vivos» [Deuteronomio 4:4]. Pues «temerás a YHVH, tu Dios, te adherirás
a Él y jurarás por Su Nombre » [Deuteronomio 10:20]. Ésa es la comprensión del Intelecto.

חלק י', ענין ב', סימן ב', כולל צורת השגה השכל:

צורת השכל היא צורה מושכלת דקה מן הדקה זכה מן הזכה פנימית מן הפנימית, ומפני רוב
אורה וזהרה הבהיר המאיר המאיר העולם כולו, נעלמה צורת יפיו כהעלמת צורת יפי אור השמש
מעיני נעטלף ומי שעיניו כואבות,

Parte י, Tema ב, Signo ב, que incluye la forma para comprender el Intelecto.

La forma del intelecto es la forma más completa, pura e intelectual.
Y gracias al brillo de su luz y el brillo de su resplandor, que ilumina al
mundo entero, la forma de su belleza fue sellada tal y como la forma de
la belleza del sol se encuentra sellada en los ojos del murciélago o de alguien con ojos doloridos.

ואע"פ שאור השמש הוא הנותן בו ראות לראות בם, כל מה שיגבר אז אורם תכהינה עיניו
יותר מפני חולשת עצמה, ואין המונע מצד האור, כי אם מצד חומרם וצורתם חלשים, כן גם
הנפש האנושית החכמה, ברצותה לעיין במי שנותן בה אור השכל יחלש כחה מהשיגו,

E incluso aunque la luz del sol le otorgue el poder de la vista, el brillo
hace que sus ojos se oscurezcan debido a su propia debilidad. Nada detiene a la luz salvo si la materia y forma son débiles. Ocurre algo similar con la sabiduría humana, el espíritu. Cuando éste desea contemplar
a aquel que proporciona la luz del intelecto, resulta ser muy débil para
comprenderle.

לא מפני שהוא מעלים אורו ממנה, אלא מפני היותה בעלת חומר, ואם לחכמה כך של שכן
לזולתה, וכאשר יקרא יקרא לעטלף עם אור השמש, ולנפש עם אור השכל, על דרך משל יקרא לכל
שכל נפרד בהשתכלו בשכל העליון אשר הוא הסבה הראשונה לכל,

Éste no oculta su luz, sino que es culpa de la materia. Y si eso ocurre
con la sabiduría, cuanto más ocurrirá con lo demás. Y lo mismo que
ocurre con el murciélago y la luz del sol, y con el *Nefesh* y la luz del intelecto, por analogía ocurre con cualquier intelecto separado que contem-
ple al intelecto supremo, la causa primera de todo.

והוא האלוה לכל, והוא אשר המציא הכל יתברך ויתעלה שמו לנצח נצחים, וזה מפני היותו
צח מצוחצח בתכלית הבהירות, ואי אפשר להשתכל בו מרוב יפיו אשר אין לו תכלית, ולפיכך
לא ישיג עצמו זולתו ולא ידע מה הוא כי אם הוא, וכל מה שאין לו אצל שכלינו תכלית, יש
לו אצל תכלית ידועה לו ומקיף בו מכל צד, ומפני היות כל מקיף בדמות צורה למוקף והוא
מקיף הכל, ואינו מוקף מדבר שכבר אמרנו שאין לו תכלית, יקרא צורה לכל נמצא, ומפני
היות הכל בריותיו והוא בלתי נברא ובלתי נמצא מזולתו, כי לבדו סבה לכל ודבר מחויב המ־
ציאות בבחינת עצמו, וכל נמצא זולתו הוא מחויב המציאות בבחינת סבתו, ואיפשר המציאות
בבחינת עצמו ונמנע המציאות בבחינת העדר סבתו, אשר הוא הדבר אשר המציא המציאות,
יקרא על זה ממציאו או פועל או בורא, וכיוצא באלה השמות אשר יורו על המצאה, וכאשר
התבאר שהשכל פעלו יאמרו עליו שהשכל אצלו כחומר ביד היוצר,

Es el Dios supremo de todo, él ha dado todo a la existencia, bendito sea su Nombre y alabado sea por toda la eternidad. Esto se debe a
su lucidez y claridad. No puede ser contemplado debido al exceso de su
belleza infinita. Además, su sustancia es desconocida a todo lo demás,
y nadie sabe qué es él salvo él mismo. Y todo lo que aparece en nuestro
intelecto sin fin presenta un fin ante él, y él lo rodea por todas partes.
Y ya que lo que rodea tiene la forma de lo rodeado, y él rodea a todo y
no es rodeado por nada, ya que no tiene fin, es llamado «La forma todo
ser existente». Y ya que todo forma parte de su creación, él es increado

y no existe debido a la acción de otro, puesto que solo él es la causa de todo, existiendo necesariamente a partir de su sustancia, puesto que cualquier otro ser existente es un ser necesario de su causa y no puede existir sin ella. De ahí que sea llamado «Originador», «Eficaz» o «Creador», y otros nombres semejantes que indican que Él originó la existencia. Está claro que todo es debido a su hacer. Se dice que de él que todo a lo que se le compara es la materia en manos del Creador.

וזו היא הצורה הנקראת צורת השכל, אשר שכל האדם יכול לצייירה, עם שאר הצורות המוש־
כלות המושגות ממנו, כלומר מעניניו וממעשיו ושפעיו בדרכי הסלולות הידועות,

Y esa es la forma llamada «la forma del intelecto», a través de la cual el intelecto humano puede formar una imagen de todas las otras formas intelectuales que se surgen de él: sus cualidades, acciones, y su *Shefa*. Son conocidas a través de la «Vía Negativa».

ואשר השתכל במורה הנבוכים אם היתה נפשו במבוכה הוא יסיר מבוכתה ממנה, כי הוא
רופא הנפשות החולות, ושומר בריאות הבריאות, אשר הדבר על פי ה' ביד משה, והוא רופא
מומחה ורופא חנם ופירושו משה גלה תורת משה על פי השם שהוא צורת השכל:

Y respecto a aquel que contempla la Guía de los Perplejos y su *Nefesh* ha quedado perplejo, debería dejar de lado su perplejidad, puesto que Maimónides es el sanador de las *Nefashot*[576] enfermas y el guardián de la salud pública. Y la interpretación de Maimónides revela la Torah de Moisés por la boca del Eterno, quien es la forma del intelecto.

חלק ה', ענין ג', סימן ד', כולל תואר דבורו עם כל מי שדבר אתו:

הדבור נמצא בג' עניינים ובג' נושאים בכלל, וכמו שנושאים הדבור זה רחוק מזה, כעניין כן
הדבור הנשוא בבחינת אמתתו זה רחוק מזה בכל ענייניו:

Parte ה, Tema ג, Signo ד, que incluye la descripción de Su habla de quienquiera con habla

El habla existe en tres tipos y tres sujetos en general. Tal y como ocurre con los sujetos, uno es remoto del otro en sus cualidades, así como

---

576. Los espíritus.

en el aspecto de su verdad. Uno está alejado del otro en todas sus cualidades.

וג' נושאי הדבור הם הלב והפה והספר, וג' ענייניהם הם האותיות הנכתבות. האותיות הנ־
בטאות. והאותיות הנחשבות, ואשר משתף הדבור לשלשתם הוא שם אותיות, ואשר יבדיל
ביניהם הם ג' שמות,

Y los tres sujetos del habla son el corazón, la boca y el libro. Y sus tres
tipos son las letras mentales, las letras habladas, y las letras escritas. Y
el habla común a todas ellas son las letras del Nombre. Y lo que las distingue son los tres nombres.

ואלה הם הכתב המיוחס לספר הנושאו, והלשון המיוחס לפה הנושאו, והבין המיוחס ללב
בנושאו, וסימן שלשתם ג' ראשי תיבות, והם ל"י כ"ל בכ"ר והפוך בכ"ל, וסימן [בראשית כד,
א] ה' ברך את אברהם בכ"ל,

Estos son la escritura que se atribuye al libro que los contiene, el lenguaje es atribuido a la boca que la contiene, y la comprensión es atribuida al corazón que la contiene. La marca de estos tres nombres son
las iniciales de *Li Kol Bejor*,[577] que al revés aparece como *Bekol*.[578] Pues se
dice: «Y el Eterno bendijo a Abraham en todo» [Génesis 24:1].

וסימן הנושאים פל"ס מעגל רגלך, ועוד סימן הנשואים בטח אל ה' בכ"ל לב"ך ואל בינתך אל
תשען, והנה כבר נודע ההבדל הגדול שביניהם, ואעפ"כ סובל שיקראו שלשתם דבו,ר מפני
יחס שם אחד שכלל אותם, כן הדבור האלהי הבא לכל מי שדבר אותו או מדבר או ידבר לע־
תיד,

La señal de los sujetos es: «Allana la vereda que sigue tu pie».[579] Pues
se dice: «Confíate a YHVH con todo tu corazón, y en tu propia inteligencia no estribes».[580] La gran diferencia entre los sujetos es bien conocida, pero no se permite denominar «habla» a ninguno de los tres cuando se les atribuye un nombre. Lo mismo ocurre con el habla divina que
llega a cualquiera con quien él habló, habla o hablará.

---

577. לי כל בכור, en castellano «todo primogénito es mío».

578. בכ"ל, en castellano «en todo».

579. *Véase* Proverbios 4:26.

580. *Véase* Proverbios 3:5.

הוא ענין רביעי לנזכרים, והשתתף עמם בשם דבור, מפני שהדבור מורה על ההנהגה כי תרגום
וינהג ודב ר, ונבדל מהם תכלית ההבדל בעצם, ובענין זולת שם ההנהגה ומה שיורה עליו שתוף,
היות זה הדבור נמצא להשלים בו חפץ ובחירה וכוונה ורצון, וזה גם כן בדמותו מזה הצד יתכן
לשתפם או בכיוצא בזה, שהרי אלה הנושאים זה ענינם לפי הכוונה הטבעית המשותפת עם
ההסכמיית בזה:

Éste es un cuarto tipo de los sujetos mencionados, y es equivoca-
mente conocido como «habla», puesto que el habla gobierna. Así dice la
traducción aramea «él gobernó» en lugar de «él habló». Se distingue enteramente de ellos en sustancia y en toda cualidad excepto en el Nombre del gobierno. Y esta equivocación del habla indica Su finalidad con
deseo, elección, intención y voluntad. De acuerdo a esta semejanza es
posible caer en el equívoco. Puesto que tal es la intención que está más
allá de las cualidades de estos sujetos de acuerdo con la intención natural, común en aquello que es convencional.

והנה תכלית ההבדל בין הדבור האלהי ובין האנושי ואפילו בינו ובין הקרוב לו יותר שהוא הבין
ומדע שבלב, מפני שזה מקבל וזה נותן, ועוד שזה קבלתו תלויה בחשבו באותיות, וזה בלי
אותיות נותן שפעו,

Ahora bien, la diferencia entre el habla divina y el habla humana es
el entendimiento y conocimiento del corazón, puesto que uno recibe
y el otro da. Además, lo que uno recibe depende del pensamiento que
tenga de las letras, mientras que el otro proporciona su *Shefa* sin letras.

ר"ל מבלי שיחשוב האותיות מה שנותן, כי מחשבתו בספירות בלתי מוגשמות, כמו שהוא
בלתי בעל גשם, אלא שהלבבות אצלו בקלף, אצלינו שהוא חומר נושא צורות האותיות המ־
צויירות בדיו שהוא חומריהן הקרוב, וכן ה' יתברך הלבבות אצלו כלחות והנפשות כדיו,

Es decir, sin pensar en las letras que proporciona. Su pensamiento
se manifiesta en las *Sefirot* incorpóreas, puesto que él es incorpóreo. Su
corazón es como un parche para nosotros, puesto que es la materia que
contiene la forma de todas las letras escritas en tinta, su materia apro-
ximada. De forma similar es el Eterno, bendito sea. Su corazón es como
una tabla, y las *Nefashot* son la tinta.

והדבור הבא להם מאתו שהוא ההשגה בצורות האותיות הנכתבות בלוחות הברית, אשר הם כתובים משני עבריהם מזה ומזה הם כתובים, ומכל צד נקראים פנים ואחור, כדמות ההשגה המעיינת פנים ואחור, והרמז על זה אחור וקדם צרתני,

Y el habla que se dirige hacia Él es la comprensión de las formas de las letras que fueron escritas en las Tablas de la Alianza, escritas en ambos lados. Y en cada lado fueron escritas delante y detrás, ya que la contemplación está tanto delante como detrás. Pues se dice: «Por detrás y por delante me constriñes».[581]

ואע"פ שאצל השם אינו דבר מהמינים הנזכרים אצל הלב המקבלו דבור הוא, והעד על זה שהוא מופת אמתי מושכל ומורגש ומקובל היות הדבור המחשבי, שולח אל כל הפה דבור אשר אינו מין דבורו, ולא ישתתף כי אם שם דבור, כמו שאמרנו עם תכלית ההבדל בענין עצמותם,

E incluso si el Eterno no hablase de los tipos mencionados, el habla se encuentra en el corazón que recibe. Testigo de esto es una argumentación conceptual, perceptible y cabalística. Se trata del habla mental que dirige a toda la boca un habla diferente. Y nada es común a ella salvo la palabra «habla», puesto que como hemos dicho, la pronunciación de dicho habla se diferencia por su sustancia.

וכן עד שני גם כן היות הדבור המחשבי שולח לכל מכתב דבור באמצעות החומרים והכלים, והוא תתו צורות אותיות לחומר שהוא הדיו, ועל פי היד והעט ושאר האמצעים, ועם כל זה ידענו רוב ההבדל שביניהם, כן בתתו צורה לכל חומר, ידמה בזה לסופר על דרך משל מצד מן הצדדים, ואם כן הדבור הבא ממנו לנפש שהלב חומרה, אם יקרא דבור בשם משותף, אינו רק השגה שכלית על דרך האמת:

Un segundo testigo es el habla mental que envía el habla a toda escritura, a través de los materiales e instrumentos. Y da forma a las letras de la materia, a través de la tinta y a través de la mano, la pluma y el resto de medios. Sin embargo, sabemos que existe una gran diferencia entre los tipos de habla. Y similarmente, cuando él da forma a la materia, en cierta media actúa como un escritor. Y así, aquello que procede de él y se dirige al espíritu y a aquello que el corazón desea, es llamado de forma equívoca «habla». Aunque en realidad sea la comprensión intelectual de la verdad.

---

581. *Véase* Salmos 139:5.

חלק י', ענין ד', סימן ב', כולל ההבדל אשר בין המשיגים והמתנבאים:

איני צריך להאריך בביאור דבר זה, מפני ההקדמות שקדמנו לו בענייני ההשגות, וזה שאחר
שתדע שכל ההשגה אנושית בכלל בין קרובה לשכל כמושכלת, בין רחוקה ממנו כמורגשת,
בין האמצעית אשר ביניהם כמדומה, כלן באות מהשם יתברך,

Parte י, Tema ד, Signo ב, que incluye la diferencia entre Comprender y
Profetizar

No necesito extenderme en esta explicación debido a las premisas
que ya te he dado en lo referente a la comprensión. Y después de conocer la forma que todo hombre auténtico tiene de comprender, ya sea a
través del intelecto, la percepción o algo intermedio entre ambos, todo
proviene del Eterno, bendito sea.

אין ספק אצלי שלא יתרחק משכלך ענין ההבדל אשר בין כל משיג ומשיג, ואעפ"כ אאעוררך
על ענייננו, ידוע שכל מי שרדף אחר דבר אחד להשיגו והשיגו יקרא משיג, וכל השגה נחלקת
לג' חלקים, והיא מורגשת ומדומה ומושכלת, והמורגשת כליה חמשת החושים ידועים, העין
והאזן והאף והחיך והיד עם כלל הגוף,

No dudo de que los distintos tipos de comprensión no están más
allá de tu intelecto. Sin embargo, te daré una serie de puntos sobre este
tema. Es sabido que, cuando alguien persigue algo y al final lo consigue,
a esto se le llama «obtención». Y toda obtención es de tres tipos: percepción, imaginación y concepción. Y los instrumentos de la percepción
son cinco partes del cuerpo: ojo, oreja, nariz, paladar y mano, junto con
el resto del cuerpo.

והכחות שהם נושאים אותם, הם הראות והשמע והריח והטעם והמשוש וההשגה שמשיגים
הכלים הנזכרים הה' עם הכחות הנזכרים הה' היא בכלל נחלקת לה' השגות כלליות, והן
השגת הנראה כתפוח על דרך משל, והנשמע בקולו כשיבקע בכח חזק, והמריח כמהו, והמוט-
עם כמהו, והממושש כמהו:

Y las capacidades que contienen son: vista, oído, olfato, gusto y tacto. Y la comprensión u obtención que se consigue a través de estos cinco instrumentos con estas cinco capacidades se divide en cinco tipos
de obtención general: la obtención de lo visible, de una manzana, por
ejemplo, su sonido, si es que cae por la fuerza, su olfato, gusto y tacto.

והנה אלה ה' השגות בדבר אחד והוא התפוח, גם תהיינה ההשגות האלו בדברים רבים מש־
תנים ומתחלפים אלה מאלה, וההשגה שמשיג הדמיון, שהוא המקבץ אלו הה' כחות במח,
היא חזקה בעת בטולם ברדפו אחריה לפי כחו, והיא חלושה כ"כ עתים בעת שהגוף ישן ואינו
חולם,

Y he aquí que la comprensión de la imaginación, que contiene estos
cinco poderes en el cerebro, es fuerte cuando se anulan y persiguen dicha comprensión de acuerdo a su fuerza. Y dicha fuerza se debilita bajo
dos circunstancias: cuando el cuerpo duerme y no sueña,

ובעת שהגוף ער ברדפו אחר השגה מכל השגותיו, ומפני שאין אדם יכול לצייר כי אם ציורים
ידועים לפי טבע האנושות, כשרודף הדמיון להשיג השגה שאינה ממין השגותיו, יחלש אפילו
להשיג השגותיו הטבעיות שבכחו, כמי שרודף אחר סוס שאינו יכול להשיגו, ומדלג פסיעות
גסות כדי למהר להשיגו, ונופל ומשבר רגליו ואינו יכול לזוז ממקומו, שכבר הפסיד גם כחו
הראשון ולא השיג הנרדף, וההשגה שמשיג השכל האנושי גם היא בעלת כחות ידועים, אין
בה כח והכנה טבעית להשיג זולתם,

y mientras el cuerpo está despierto y busca cualquier otra cosa. Y ya
que un hombre no puede formar imágenes sino de aquello que conoce
de acuerdo a la naturaleza humana, cuando la imaginación busca algo
que no es de su naturaleza, la comprensión crece débilmente, como alguien que persigue un caballo que no puede alcanzar y sigue corriendo
con el fin de alcanzarlo, para finalmente caer y romper sus piernas y no
poder moverse más. Este hombre ha perdido su capacidad original, ya
que no ha alcanzado aquello que ansiaba. Y la comprensión del intelecto humano es también algo que depende de las capacidades definidas,
y no hay una capacidad y habilidad natural de comprensión tras dicha
comprensión.

גם הם בעלי גבול לפי טבע המושכל הנגלה והנעלם, והמדומה אצל הדמיון המדמה הוא פעל
הדמיון בעצמו, וגם ממנו מתפעל כח הדמיון שהוא המדמה, וכן המורגש אצל ההרגש, המר־
גיש הוא פעל ההרגש בעצמו, וגם ממנו מתפעל כח ההרגש שהוא המרגיש, וכן המושכל אצל
השכל, המשכיל הוא פעל השכל בעצמו, וגם ממנו מתפעל כח השכל שהוא המשכיל:

Hay un límite de acuerdo con la naturaleza de lo revelado y sellado en
la naturaleza intelectual. Y la imagen de la imaginación es un efecto de la
propia imaginación. Y de forma similar a esto se encuentra aquello que es
percibido por la percepción: es el efecto de la propia percepción, ya que la
percepción también se ve afectada por aquello que percibe. Y ocurre de
forma similar a lo concebido por el intelecto: es el efecto del intelecto mismo, y el intelecto también se ve afectado por aquello que concibe.

ואחר זה תדע שמדרכי ההרגש תכיר דרכי הדמיון, ומדרכי שניהם תכיר דרכי השכל, ומפני
שההרגש חיצוני פעולתו קלה להשיג, שגם פעלו חיצוני, ומפני שהדמיון פנימי ופעלו ג"כ
פנימי הנה הוא קל להשיג מצד רדיפתו ותנועתו המהירה, וכבר מצד שלא ישיג מורגש או
מושכל שהם לבדם, וכל מה שהוא ממינם עקר המציאות האמתי כלל, והדמיון אינו משיג שום
מציאות אמתי לעולם, אבל הוא חמור גרם רבץ בין המשפתים,

Después de esto has de saber que se puede conocer la forma de la
imaginación a través de la forma de la percepción, y que puedes conocer
la forma del intelecto a través de ambas. La acción de la percepción es
algo externo, y por lo tanto es fácil de comprender, puesto que su efecto
también es externo. Y la imaginación es interna y su efecto también es
interno, siendo fácil de comprender a través de su rápido movimiento.
Aunque no comprende lo que es percibido o concebido por sí misma,
ya que la imaginación nunca alcanza a la existencia real, ya que es «un
asno huesudo, tumbado entre dos majadas»,[582]

פעם טעה למורגש ושומר מציאותו מה שהשיגוהו החושים, ופעם נוער למושכל ושומר
מציאות מה שהשיגו השכל, ופעם בודה כל דבר מלבו ואין שום מציאות ואע"פ שחושב שכל
מה שהשיגו הוא לבדו האמת, ואין אמת זולתו,

A veces inclinada hacia la percepción, reteniendo la existencia de
aquello que los sentidos han comprendido, a veces inclinada hacia el
intelecto reteniendo la existencia de aquello que el intelecto ha comprendido y otras veces inventando las cosas por sí misma, sin afectar a
la propia existencia. Sin embargo, la imaginación piensa que todo lo que
se comprende es la verdad y nada más que la verdad.

וזו ההשגה המדומה השלישית היא מטעה ומשבשת כל השגה אמתית נמצא והיא, ובהבטל
ההשגה המדומה הנזכרת השקרית, ובהמחות זכרה מלב המרגישים והמשכילים, יבולע המות
לנצח ומחה ה' אלהים דמעה מעל כל פנים, וחרפת עמו יסיר כי פי ה' דבר. כלומר סוד השכל
נגלה אחר העלמו, ומכאן ואילך צא וחשוב ותראה בשכלך, כי מעלת המשיגים ויתרונם זה
על זה הרבה וחזק מאד כפי כח כל איש ואיש, וכפי חזק רדפו אחר השכל לפי דרכיו, שאחר
שהוסר המונע השיג כל אחד ואחד נשמה יתירה,

Esta tercera comprensión imaginaria engaña y obstruye la comprensión verdadera, y siempre la niega. Y cuando se anula la falsa comprensión imaginaria, eliminando todo rastro de ella del corazón de los
que perciben y conciben, entonces «destruirá para siempre la muerte y
enjuagará YHVH Elohim las lágrimas de todos los rostros» [Isaías 25:8].

---

582. *Véase* Génesis 49:14.

Esto significa que el secreto del intelecto es revelado tras su ocultación. De aquí en adelante ten esto presente y verás con tu intelecto los niveles de aquellos que comprenden sus ventajas sobre los demás. Dependen de su fuerza de acuerdo con la capacidad de cada individuo, y la intensidad de su búsqueda del intelecto de acuerdo a su esfuerzo. Así, una vez que el obstáculo es eliminado, todo el mundo adquiere una *Neshamah* suplementaria.

וחיה וחיי הגדול והקטן שוים בנצחות, ונבדלים במעלה, כי מעלת הרודפים הנבואה גדולה ממעלת הרודפים החכמה, ומעלת הנביאים המדברים והמחברים גדולה ממעלת הנביאים המתעצמים בנבואה, והנשלחים מעולים מהם, והמשגים חלקי שום טבע כדי לאמת שהשם שלחם מעולים מכלם:

Y la vida del grande y del pequeño se ven igualadas en la eternidad, aunque se encuentren diferenciadas en niveles. Puesto que el nivel de aquellos que buscan la profecía es mayor de aquellos que buscan sabiduría, y el nivel de los profetas que hablan y escriben es mayor que el de aquellos que se ven sobrecogidos por la profecía. Y aquellos a los que se les asigna una misión son grandes, y aquellos que transforman una parte de la naturaleza para indicar que han sido enviados por el Eterno son los más excelsos de todos.

חלק ה׳, ענין ה׳, סימן ה׳, כולל ציור הכרח השפע המניע לדבר ולחבר:

שם שפע הוא שם מוסכם בלשון, לאמרו על דבור ענין נכבד, ואפילו על רבוי ענין יסוד מהיסודות, באמרו [דברים לג, יט] כי שפע ימים ינקו, ועניינו הוא כענין מי שיש לו תוספת מעלה בעצמו או בענייניו כלם או בקצתם,

Parte ה, Tema ה, Signo ה, que incluye la necesidad de *Shefa* para hablar y componer

El Nombre *Shefa* es convencional en el lenguaje, para así poder expresar algo honorable e incluso incrementar uno de sus elementos, pues se dice: «Chuparán la abundancia (*Shefa*) de los mares» [Deuteronomio 33:19]. Se trata de la cuestión de incrementar el nivel de la sustancia, de todas sus cualidades o de algunas de ellas.

והוא שם דומה לשם נתיבות ג"כ, מפני שהנדיב בהיות לו ממון נוסף על צרכו יכריח רבים
להשפיעו בידם, וכבר ימצאו בשפע קצוות ראשונות, אחת בתכלית ראשונה ואחת בתכלית
אחרונה כנגדה, ולהם אמצעיים ביניהם, מתרחקים מזה הצד ומתקרבים אל שכנגדו, וכן מתק־
רבים לזה ומתרחקים ממה שהוא כנגדו:

Es similar a la palabra *Netivot*,[583] puesto que el generoso, cuando tiene más de lo que necesita, hará que mucho de lo que tiene fluya hacia
otros. De este modo tenemos dos extremos de *Shefa*, uno en un final
y el otro en su opuesto. Hay intermediarios entre ambos, alejándose y
acercándose de uno y otro.

והמשל בזה המלך והעני האחרון שבכל מלכותו, כי המלך בתכלית העושר והעבד שהוא העני
האחרון הוא בתכלית העניות, ומהמלך נשפע עושר להשיר איש, והאיש לאיש והאיש לאיש,
עד הגיע השופע הטוב לידי אדון העבד, ומאדניו יגיע לעבד שיפרנסהו, ומן העבד לא יעבור
שום שפע לזולתו, שאין לו אלא צרכו ההכרחי לחיות בו, ולפי זה המציאות המצויר במשל
העושר קרה לכל נמצא מהשם על האדם,

La analogía a esto se encuentra en las figuras del rey y del hombre
más pobre del reino, puesto que el rey es rico en extremo y el pobre
tiene necesidad en extremo. La *Shefa* fluye del rey para enriquecer a
alguien, yendo de una persona a otra hasta que la buena *Shefa* llega al
amo del esclavo y de ahí al esclavo al que mantiene. La *Shefa* no se mueve del esclavo, puesto que éste no tiene más que lo necesario para poder
vivir. Algo similar a esta analogía del hombre rico ocurre con todo lo
que existe entre el Eterno y el hombre.

והשפע המושכל נשלם בשפע האדם, ר"ל בשכלו אשר קבל, הבא מן הנפרד שהוא ס וף
הנפרדים, והשפע המוגשם התחיל מן הגלגל המקיף בכל, ונשלם בשמימיים בגלגל הירח, ובא־
רציים באדם, ועל זה היה העולם נחלק לג' חלקים, למושכל כולו נפרד, ולמושכל בלתי נפרד
לעולם, ולמושכל אמצעי ביניהם קצתו נפרד וקצתו בלתי נפרד, ומפני שכל מי שנמצא השפע
אתו טבעו גוזר שישפיעהו על המוטבע לקבלו, כשאין מונע בין המשפיע ובין המקבל,

La *Shefa* inteligible se completa a través del intelecto del hombre,
puesto que el intelecto de éste proviene del intelecto separado que es
el último de los intelectos separados. Y la *Shefa* física comienza con la
esfera que rodea todo, y se completa con la esfera de la luna, situada
entre los seres celestiales, y del hombre, situado entre los seres terrena-
les. Además, el mundo está dividido en tres partes: un intelecto com-

---

583. Literalmente «senda» o «costumbre». Aquí tiene el sentido de «generosidad».

pletamente separado, un intelecto inseparable, y un intermediario, que es al mismo tiempo separable e inseparable. Puesto que cualquiera que posee *Shefa* está ligado por su naturaleza a dejarlo fluir hacia cualquier cosa que pueda recibirlo por su naturaleza, sin importar el obstáculo que pueda haber entre el que da y el que recibe.

כדמות האש בנערת שיכריחהו בהדבק בו לקבל כחו עד שישוב אש כמהו, גזר טבע השכל האלהי שישפיע שכל על נפש הנביא, שהיא הכח הדברי, בהדבקו בו, והדברי ישפיע על הד־מיוני, והדמיוני ישפיע על הדברי החיצוני, ועל כל מקומותיו,

Es como un fino hilo de fuego que obliga a aquel que entra en contacto con él a recibir su poder hasta que también se convierte en fuego. De esta forma, la naturaleza del intelecto divino decreta que el intelecto influirá en el espíritu del profeta, que no es sino su facultad del habla, al adherirse este a él. El habla influirá a su vez en lo imaginativo, y lo imaginativo influirá al habla externa y a todas sus localizaciones.

וההשפע ההוא בהרבותו יכריח מקבליו כשלא ימנעום מונעים לקבל ממנו, וכמו שהכריחם לקבל כן יכריחם לתת, אם אין להם מונעים, עד הגיע כל חפצו עד סופו, כחפץ המלך הנזכר בשפעיו, שרצה להשפיע ממונו על כל האמצעיים, עד הגיע ממנו החלק הקטן ההוא אל העבד, שגם הוא חי משפע ממון המלך, אלא שהתעתוגים יחסרו וימעטו בירידת המעלות ויתעלו בע־לייתם, ומפני היות האדם מורכב מכחות הרבה, יתחייב שיראה השפע בשכלו, והראות ההוא יקרא בשם השגה שכלית נחשבת,

La *Shefa* hace que no haya obstáculos entre aquellos que la reciben, obligándolos a recibir y a dar, hasta que su deseo se haya satisfecho totalmente. Es como el deseo del rey, quien deseaba, a través de la *Shefa*, que su riqueza fluyera hasta que una pequeña parte llegase al pobre esclavo que subsiste gracias a la riqueza del rey. No obstante, el deleite disminuye al ir bajando de nivel en nivel, y se incrementa al subir de nivel. Y ya que el hombre está compuesto de muchas facultades, es necesario que vea la *Shefa* con su intelecto, y dicha visión es la comprensión del intelecto.

וידלג השפע עוד לדמיון, והתחייב שהדמיון ישיג מה שבטבעו להשיג, ויראה מה שיראה
בדמות גשמות מדומה רוחני משותף, ויקרא הכח ההוא איש או מלאך או כיוצא בם, ומפני
שנראה להמון שהמוזג במורגש, יותר ראוי להסמך עליו מהמושג במדומה, המשותף עם המו־
שכל, הוצרכו הכתובים להעיד שהנבואות כולן מורגשות:

La *Shefa* va más allá de la imaginación, puesto que la imaginación
necesariamente comprende lo que se encuentra en su naturaleza, con-
templando aquello que combina la imagen física con la espiritual. Dicho
poder de la imagen es llamado *Ish*,[584] *Malaj*[585] y otros términos semejantes. Y ya que la población considera que lo que es comprendido a través
de la percepción es más confiable que aquello que es comprendido a
través de la imaginación y lo intelectual, entonces la Escritura tiene que
dar testimonio de que todas las profecías han sido percibidas.

והנה יהיה הדבר המושכל באמת מעולה מכל מושג, אבל אי אפשר לאמת לאמת דבר בלתי שתוף
לפי טבע כל אדם, כי שלשת ההשגות דומות בעניניהם לעניין החומר והצורה, כי ההרגש
חומר לדמיון והדמיון חומר לשכל, וכבר יעבור הדבר הנשפע למורגש בקצת העתים, ולפי רבוי
השפע יכריח השכל אדם המדב־ר, הסופר לדבר ולחב־ב, לפי הזמן ולפי המקום ולפי הדור ולפי
הנביא, המתענג בהשגת צורת הנבואה:

Ciertamente la comprensión más elevada es la intelectual. Pero eso
es algo que no puede ser verificado sin ser combinado previamente de
acuerdo a la naturaleza humana, puesto que existen tres tipos de comprensión semejantes en sus cualidades en cuanto a materia y forma. La
percepción es una cuestión de la imaginación, y la imaginación es cuestión del intelecto. Y lo que fluye ocasionalmente se convertirá en percepción. Y de acuerdo al aumento de *Shefa*, el intelecto de un hablante
o escritor le obligará a hablar o escribir, de acuerdo al tiempo, lugar,
generación y al profeta que se deleita en la comprensión a través de la
profecía.

הנה כבר סיימתי לחבר לך מה שהכריחני השפע הנזכר הנכבד לדבר בו, ולכתבו בקצור כפי
כחי וכפי מעוט שכלי, ורוב מונעי מהשגת השכל, וכללתי כל העניינים בי' חלקים גדולים, ועלה
מספר החלקים הקטנים ל"ח, ועלה מספר עניניהם ל"ח, וסימנו באותיות ל"ח, וסימן כלל
שלשתם מד"ע, ועוד עשרה חלקים גדולים לסימן עדי"ם, וספרי מעיד על מדע"י שהוא חצי
שמ"י, וזה סימן שלשת הדרכים יחד:

---

584. איש, en castellano «hombre».

585. מלאך, en castellano «ángel».

De esta forma termino de explicarte lo que la honorable *Shefa* me ha obligado a decirte y escribir de forma breve de acuerdo a mi capacidad, a mi insignificante intelecto, y a los muchos obstáculos que aparecen durante la obtención del intelecto. He incluido estos temas en 10 grandes secciones. Y el número de secciones pequeñas es de 38, sus temas son 38, su marca con las letras es לח,[586] y la señal de los tres tipos de divisiones juntos es *Mada*.[587] Y con las diez grandes secciones añadidas junto a esta señal se forma *Edim*.[588] Y mi libro da testimonio de *Madai*,[589] que es la mitad de *Shemi*.[590] Y ésta es la marca de los tres caminos juntos:

אבגד"ה, וזחט"י, כ"ל, מנסע"פ, צק"ה, ש"ת:

תשר"ק, הו"ה, והי"ה, ויהי"ה:

אבגד"ה, אבגד"ה, א"ב, אבגד"ה, אב"ג, א"ב, אבג"ד:

אב"ג, אבג"ה, אבגד"ה:

אברהם ספרדי בן שמואל אבו אלעפיא זצ"ל:

ברוך נותן ליעף כח ולאין אונים עצמה ירבה:

Abraham, sefardí, hijo de Samuel Abulafia, el justo de bendita memoria.

Bendito él, que da fuerza al fatigado y gran poder al desamparado.

---

586. Que forman la palabra *Luaj*, «tabla», «pizarra», lugar en el que se escribe.

587. מדע, en castellano «conocimiento». Su guematria es 114 o sea 38 multiplicado por tres.

588. עדים, en castellano «testigos». Su guematria es 124, o sea 114 más diez.

589. קרצ׳ en castellano «mi ciencia», «mi conocimiento», su guematria es 124.

590. שמי en castellano «mi Nombre». El autor se refiere a su nombre de pila. Abraham que es 248, el doble de 124.

ÍNDICE